Collection « Études africaines »

dirigée par Denis Pryen et son équipe

Forte de plus de mille titres publiés à ce jour, la collection « Études africaines » fait peau neuve. Elle présentera toujours les essais généraux qui ont fait son succès, mais se déclinera désormais également par séries thématiques : droit, économie, politique, sociologie, etc.

Dernières parutions

Téphy-Lewis EDZODZOMO NKOUMOU, *L'office du juge constitutionnel en Afrique subsaharienne. Etude comparative à partir des exemples béninois, gabonais et malgache*, 2024.

Jeanne HEURTAULT, *L'exode de jeunes sénégalais vers l'Europe, Une ethnographie en Casamance*, 2024.

Sylvain SHOMBA KINYAMBA, *Critique de l'université congolaise par l'université. Reculade scientifique et marchandisation des patrimoines*, 2024.

Babou DIÈNE, Modou Fatah THIAM et Mamadou Hady BA (dir.), *La littérature africaine à l'épreuve des récits de filiation. L'autofiction et le récit transpersonnel*, 2024.

Mamane HALIDOU, *Un pouvoir traditionnel à l'épreuve de l'histoire au Niger (1849-2017). La Sarauta Samna Karhe de Tibiri dans le Dallol Mawri*, 2024.

Joseph Pascal MBAHA, Armand LEKA ESSOMBA, Paul TCHAWA (dir.) *Territoires, pluralisme identitaire et coexistence communautaire en Afrique. Dynamique de conflits et imaginaires de l'espace*, 2023.

Jean-Pierre NZEZA KABU ZEX-KONGO, *Le Congolais, pire ennemi du Congo. Comment l'ancien Congo belge est-il devenu si pauvre ?* 2023.

Nouhoum DABITAO, *Géopolitique des rébellions touareg au Mali. (1960-2015)*, 2023.

Moriba TOUNKARA, *Cartographie des risques dans les institutions de microfinance de l'espace UMOA, Une contribution du professionnel comptable*, 2023.

Droit des déchets
et développement durable

5-7, rue de l'École-Polytechnique, 75005 Paris

http://www.editions-harmattan.fr

ISBN : 978-2-336-43812-2
EAN : 9782336438122

Nabil Madani

Droit des déchets et développement durable

Le cas des déchets ménagers

Préface de Bouchra Nadir

L'Harmattan

DU MÊME AUTEUR

N. Madani, ***Droit de l'environnement***, 4 volumes, 1re édition, Éditions Bouregreg, Rabat, 2023, 1707 p. (en arabe).

SOMMAIRE

PRÉFACE

Le droit des déchets ménagers est au centre des intérêts scientifiques du professeur Nabil Madani. Il lui a consacré l'essentiel de ses travaux de recherche. Dans le présent ouvrage, il a présenté le cadre juridique des déchets ménagers et sa contribution à la réalisation du développement durable. Il a fondé sa réflexion sur les concepts de déchets, de développement durable, de l'effectivité et des acteurs concernés.

L'intérêt d'une telle démarche découle du fait que la gestion durable des déchets ne doit pas être comprise uniquement dans son sens environnemental. Ses prolongements sur les plans économique, social, culturel, écologique et territorial sont aujourd'hui reconnus.

Le professeur Nabil Madani est arrivé à cette thématique au terme de longues années de recherche qu'il a consacrée d'abord aux déchets, notamment à l'occasion de la préparation d'un mémoire de master intitulé : « Vers la recherche d'un nouveau cadre de gestion des déchets ménagers : la société de développement local », puis élargissant son cercle d'investigation au domaine du développement durable pour retenir finalement que le droit des déchets ménagers est indissociable de la politique de développement durable.

Le présent travail est l'aboutissement provisoire de cet itinéraire. Sa pertinence ne s'est pas démentie depuis que l'auteur en a présenté une première version en tant que thèse qu'il a soutenue en 2016 pour l'obtention de son doctorat d'État en droit.

Aux difficultés d'ordre théorique que soulève le concept de déchets, de déchets ménagers, s'ajoutent les problèmes inhérents au décalage constant que l'on relève entre les pratiques observées et le dispositif légal tel qu'il est organisé par la loi 28-00 sur la gestion des déchets ménagers et leur élimination. Il a eu le courage d'adopter une perspective juridique, enracinée dans une démarche pluridisciplinaire et dans une approche critique car ces derniers aspects ne sont pas assez développés dans la littérature juridique contemporaine.

Cet ouvrage permet de faire l'état des lieux de la doctrine et l'évaluation de la politique législative et de son articulation avec les politiques publiques sectorielles.

Il permet à ceux qui l'utilisent de protéger plus efficacement leur environnement et de faire un pas de plus vers une démarche de développement durable.

Bouchra Nadir
Professeure de droit à l'Université Mohammed V,
Rabat, Royaume du Maroc

LISTE DES ABRÉVIATIONS ET ACRONYMES

CESE : Conseil Économique, Social et Environnemental
CET : Centre d'Enfouissement Technique
CEV : Centre d'Élimination et de Valorisation
CJUE : Cour de justice de l'Union européenne
CMD : Catalogue Marocain des Déchets
CNE : Conseil National de l'Environnement
CNEIE : Comité National des Études d'Impact sur l'Environnement
CREIE : Comité Régional des Études d'Impact sur l'Environnement
CSDU : Centre de Stockage des Déchets Ultimes
DEA : Direction de l'Eau et de l'Assainissement
DGCL : Direction Générale des Collectivités Locales
DM : Déchets ménagers
EIE : Étude d'Impact sur l'Environnement
GES : Gaz à effet de serre
GID : Gestion Intégrée et Durable
MDP : Mécanisme de Développement Propre
NIMBY : Not In My Back Yard
OCDE : Organisation de Coopération et de Développement Économique
ONEM : Observatoire National de l'Environnement Marocain
PANE : Plan d'Action National pour l'Environnement
PNDM : Programme National des Déchets Ménagers
PCB : Polychlorobiphényles
PPD : Prêt de Politique de Développement
PPP : Partenariat Public-Privé
SDL : Société de Développement Local
SEEE : Secrétariat d'État chargé de l'Eau et de l'Environnement
SEM : Société d'Économie Mixte
SNAT : Schéma National d'Aménagement du Territoire
SPA : Service Public à Caractère Administratif
SPIC : Service Public à Caractère Industriel et Commercial

INTRODUCTION

La question des déchets concerne des objets et des incidences environnementales considérés fréquemment comme des cas modernes, récents ou récemment apparus, au moins dans leur importance ou dans leurs dimensions[1].

Du fait, les impacts sur la santé humaine et l'environnement engendrés par la production et la gestion des déchets sont multiples : émissions de gaz à effet de serre (GES), consommation de ressources naturelles, dégradation de la qualité de l'air (émissions liées à l'incinération en libre champ par exemple), pollution de l'eau, toxicité pour la santé humaine, nuisances locales (sonores, olfactives), changement d'affectation des sols (espaces consacrés au stockage), etc. Ces impacts ne se limitent pas à la phase de traitement des déchets et sont étroitement dépendants de la nature du déchet concerné[2].

De plus, le stockage et le traitement des déchets ménagers génèrent des pollutions olfactives, étant donné que leur odeur se dégrade rapidement, dans un milieu généralement anaérobique, en émettant des composés odorants[3].

En outre, exceptant les aléas naturels, les pollutions et les dégradations engendrées par les déchets représentent l'une des plus importantes atteintes à l'environnement du fait du caractère ubiquiste de ces derniers. Leur concentration est spatialement hétérogène dans un espace continu[4].

Sur un autre volet, et avec la révolution industrielle traduite par un besoin croissant en matières premières, voire en ressources naturelles, permettant la satisfaction d'une économie

---

1 P. THIEFFRY, *Droit de l'environnement de l'Union Européenne*, Bruylant, Bruxelles, 2011, p. 383.

2 Ministère de l'Écologie et de Développement Durable et ministère des Affaires étrangères, Programme national de prévention 2014-2020, Direction générale de la prévention des risques, Bureau de la qualité écologique des produits, p. 12.

3 Agence de l'environnement et de la maitrise de l'énergie, *Pollutions olfactives*, Dunod, 2e édition, Paris, 2008, p. 33.

4 E. KAH, « La méthode d'évaluation contingente appliquée aux déchets urbains », *L'Espace géographique*, 2003/1, tome 32, p. 48.

en grande expansion, d'énormes problèmes environnementaux ont émergé, remettant en cause le modèle de développement adopté à cette époque.

Du fait, la question de la dégradation de l'environnement se posait avec acuité et de hautes voix commençaient à revendiquer un développement qui tient compte du présent et de l'avenir de l'humanité, son environnement.

En effet, la préoccupation mondiale de la question environnementale est récente et les contours du champ de recherche sur les relations entre droit et environnement n'ont commencé à se dessiner qu'à partir du début des années 70, surtout après la conférence de Stockholm en 1972. Par la suite, la communauté internationale s'est montrée de plus en plus préoccupée de la protection de l'environnement en adoptant plusieurs conventions et traités internationaux et bilatéraux en la matière. C'est ainsi que le droit international de l'environnement eut émergé.

Par ailleurs, lors du sommet de la terre de Rio en 1992, un nouveau concept a été adopté par la communauté internationale qui est celui de « développement durable » ; ledit concept a intégré d'autres dimensions à prendre en charge dans le nouveau modèle de développement humain, environnemental et social.

Pour sa part, le Maroc, signataire de la plupart des conventions relatives à la protection de l'environnement et au développement durable, n'a pas manqué ses engagements internationaux en transposant les principes généraux du droit international de l'environnement à sa législation interne.

Cette transposition s'est traduite par la mise en place d'un arsenal juridique spécifique, qui constitue le droit national de l'environnement. Et parmi les secteurs faisant l'objet d'une réglementation spécifique figure la gestion des déchets.

Dans ce cadre, et depuis environ deux décennies, une attention particulière a été accordée à la gestion des déchets. Nonobstant, les actions entretenues en la matière restent insuffisantes et nécessitent plus d'efforts[1]. Les changements

1 Conseil National de l'Environnement, Programme national de gestion des déchets ménagers, 5e session, Rabat, 2007, p. 6.

socio-économiques liés à l'accroissement démographique, à l'exode rural, à la promotion du secteur du tourisme, entre autres, ont rendu plus difficile l'accès aux services de base, vu la difficulté de les prendre en charge au plan directeur d'urbanisation. Cette conjoncture a engendré une augmentation de la quantité des déchets solides produite essentiellement par les ménages. En effet, la production des déchets ménagers (DM) en milieu urbain est de 10 000 tonnes/jour, soit 0.78 kg/hab/jour en milieu urbain et de 0.3 kg/hab/jour en milieu rural, soit successivement un équivalent annuel de 6.52 Mt et de 1.45 Mt[1]. Il faut mentionner que la composition de ces déchets varie entre matière organique (50 à 70 %), papier (5 à 10 %), plastique (6 à 8 %), métal (1 à 4%) et verre (1 à 2 %)[2].

En 2006, le taux de collecte a été estimé à hauteur de 70 % dans les centres urbains, tandis que la mise en décharge n'était que de 13 %. Quant aux quantités de DM générées, il est prévu qu'elles atteignent 8,68 Mt à l'horizon 2030[3]. Or, là où la collecte des déchets ménagers est opérationnelle, elle vise à nettoyer les quartiers générant des déchets et se limite plus à l'élimination qu'à la valorisation, informelle de surcroît, de ces déchets.

De plus, les coûts économiques attachés à la dégradation de l'environnement au Maroc sont liés en partie à une performance contestable du système de gestion des déchets ménagers. Du fait, une proportion considérable des déchets est encore acheminée vers des décharges non contrôlées, souvent dans ou au long de ruisseaux ou de lits de rivières et dans les zones dans lesquelles les ressources en eau sont vulnérables, d'où en

---

1 Ministère de la Transition Énergétique et du Développement durable, 4e rapport sur l'état de l'environnement du Maroc, 2020, p. 215.

2 A. AJIR, « Gestion des déchets solides au Maroc: Problématique et approche de développement », in *Proceedings of International Symposium on Environmental Pollution Control and Waste Management,* 7-10 January 2002, Tunis (EPCOWM'2002), p. 742.

3 Le Réseau régional d'échange d'informations et d'expertise dans le secteur des déchets dans les pays du Maghreb et du Mashreq (REME), rapport pays sur la gestion des déchets solides au Maroc, avril 2014, *op. cit.*, p. 9.

résulte non seulement une pollution des sols et de l'eau, mais aussi atmosphérique[1].

Sur le plan juridique, en l'absence d'une réglementation spécifique dans le domaine des déchets, de manière générale, et des déchets ménagers, de manière particulière, des problèmes structurels ont émergé générant la dégradation de l'état de l'environnement. Ce n'est que récemment qu'il a connu une évolution assez importante caractérisée par le renforcement de son cadre réglementaire.

Cette absence a constitué le principal handicap à l'amélioration de la gestion des déchets, en raison notamment de l'inadaptation des dispositions de certains textes juridiques anciens et de la lenteur dans l'adoption de nouveaux textes[2].

De ce fait, l'insuffisance de mesures réglementaires spécifiques adaptées pour les grandes catégories de déchets (ménagers, industriels, médicaux et pharmaceutiques, entre autres) a engendré des dysfonctionnements au niveau des modalités de gestion, et une dilution des responsabilités en matière d'élimination des déchets par leurs producteurs.

Cet arsenal, jugé insuffisant, a été renforcé, à partir de 2002, par une panoplie de lois environnementales touchant de près ou de loin le secteur de la gestion des DM.

Ce fut, dans un contexte critique caractérisé par des conditions insuffisantes[3] de collecte, de transport, de mise en décharge et de traitement des DM constituant une menace sérieuse à la santé publique et à l'environnement, qu'il a été exigé de mettre en place un arsenal juridique spécifique capable de réglementer ce secteur et permettant de contrecarrer les risques et les impacts y afférents.

---

1 Commission économique des Nations Unies pour l'Europe, « Examen des performances environnementales du Maroc », Nations Unies, 2014, New York et Genève, 252 p,

2 Banque Mondiale, « Projet régional de gestion des déchets solides dans les Pays du Mashreq et Maghreb », Rapport final du pays Maroc, METAP, 2004, p. 8.

3 Conseil National de l'Environnement, Programme National de Gestion des Déchets ménagers, *op. cit.*, p 8.

Ainsi, l'adoption de la loi 28-00, relative à la gestion des déchets et à leur élimination[1], constituait une avancée majeure pour l'intégration de la composante environnementale dans ce service public vital.

Dans ce contexte, le présent ouvrage traite la question générale relative à l'articulation entre le droit de l'environnement et le développement durable à la lumière d'un exemple particulier : le secteur des déchets ménagers.

En effet, constituant un sujet marginal dans la société et même dans la sphère politique, étant donné que la législation en la matière est récente, et bien qu'ils représentent des nuisances et des risques de pollution évidents, les déchets l'ont été également dans la recherche scientifique.

Ceci est particulièrement constaté dans les sciences juridiques qui ont peu investi ce domaine, alors que leur place y était légitime. Les recherches menées placent principalement la solution technique en leur centre[2].

L'examen de la production bibliographique, que ce soit au niveau national qu'international, en apporte une confirmation et révèle le peu de confiance faite à la recherche autre que technique sur ce sujet.

D'autant, l'image sociale du déchet, ambiguë, peut expliquer l'origine de ce quasi vide en sciences juridiques. Le déchet est à la fois le banal, l'inutile, mais il est aussi ce qu'on rejette, voire le répulsif, comme le souligne Jean Gouhier : *« Le terme exprime d'abord une dépréciation réelle et constatée : le bien n'a plus de fonction affectée et par conséquent plus d'ancrage géographique. [...] il faut donc l'éloigner, le mettre en marge. [...] On lui attribue une nuisance plus ou moins fondée : laid,*

1 Dahir n° 1-06-153 du 30 chaoual 1427 (22 novembre 2006) portant promulgation de la loi n° 28-00, relative à la gestion des déchets et à leur élimination, *BO* n° 5480 du 15 Kaada 1427 (7/12/2006).

2 E. Le Dorlot, « Les déchets ménagers : pour une recherche interdisciplinaire », in : *Strates* [en ligne], 11| 2004, mis en ligne le 14 janvier 2005.

sale, malsain, dangereux, il paraît nécessaire de le dissimuler, de l'enfouir, de le détruire[1]. »

Un « décalage » s'est donc construit entre la gravité du problème environnemental posé par le déchet et sa représentation sociale, ce qui conduit par conséquent au faible investissement scientifique dans ce domaine[2].

Aussi, se dévoile-t-il l'importance de la réflexion à l'articulation droit et développement durable capable de répondre au mieux aux problématiques soulevées par la gestion des déchets.

Au niveau du cadre conceptuel, les concepts de « développement durable » et « effectivité » apparaissent de manière quasi récurrente dans les domaines d'étude qui abordent la problématique de la gestion des déchets. Dans la littérature scientifique, se trouve une grande diversité d'interprétations, d'utilisations et de définitions lorsque ces concepts sont évoqués.

En ce qui concerne le concept de développement durable, nos propos font principalement référence au développement territorial durable, ce concept étant souvent exploité pour explorer spécifiquement le lien entre la gestion intégrée et durable des déchets et le développement durable dans un cadre territorial.

Le concept de développement durable a été adopté par le Sommet de la terre à Rio en 1992, se basant sur les travaux de la commission Brundtland. Il est question pour ce concept de l'articuler au domaine des déchets ménagers et d'interroger sa transposition au niveau du cadre réglementaire régissant ce secteur.

Il s'agit pour nous de vérifier l'apport du droit des DM et sa contribution dans une perspective de développement durable à réduire massivement les volumes des déchets, c'est-à-dire, à mieux consommer, à trier, à recycler, à moins jeter, voire à une

---

1 J. Gouhier, *Géographie des déchets : l'art d'accommoder les restes*, Paris, Centre de documentation industrielle, Centre Georges Pompidou, 1984, p 18, cité par : E. Le Dorlot, *op. cit.*

2E. Le Dorlot, *op. cit.*

gestion intégrée et durable des DM et à créer de l'essor territorial : économique, social et environnemental.

Du point de vue juridique, au-delà de l'omniprésence du terme de développement durable, le juriste est amené à s'interroger sur sa portée pratique dont les significations demeurent incertaines. Pour Chantal Cans, le développement durable est un concept flou, adopté en droit interne, « *sans que le sens et la portée exacte de cette notion d'origine internationale aient été clairement définis*[1] ». De sa part, Jacques Theys s'interroge plus récemment : « *Si derrière une rhétorique de bons sentiments, le discours flou, le développement durable n'a pas finalement pour principale qualité de gommer les contradictions qu'il énonce*[2]. »

En d'autres termes, le développement durable apparaît plus comme un ensemble d'objectifs que comme un ensemble de normes créant des obligations de droits[3].

Actuellement, il est temps de dépasser un stade souvent incantatoire et de traduire le développement durable dans le corpus des textes qui lui donneront la plénitude de ses effets juridiques[4], mais la puissance du vocable incite à l'intégrer dans un foisonnement de lois et de règlements traitant de domaines aussi divers, y compris celui des déchets ménagers, en se recoupant pour mettre en évidence la triple finalité afférente au développement durable.

Quant au concept de *validité* développé par F. Ost/M. V. de Kerchove[5], les auteurs offrent l'hypothèse que la validité s'articule autour de trois aspects : la validité formelle (qui offre le concept de légalité), la validité empirique (pour l'effectivité)

---

1 Voir C. Cans, « Le développement durable en droit interne : apparence du droit et droit des apparences », in : *AJDA*, n° 5, 2003 ; « Environnement et développement durable », in : « Droit et politiques de l'environnement », La Documentation française, Les Notices 2009, pp. 7-18.

2 J. Theys, « L'approche territoriale du "développement durable", condition d'une prise en compte de sa dimension sociale », in : *Développement durable et territoires* [en ligne], dossier 1 | 2002, mis en ligne le 01 septembre 2002.

3 Y. Veyret (sous la dir.), *Le développement durable : approches plurielles*, Hatier, Paris, 2005, pp. 42-43.

4 *Ibid.*, p. 39.

5 F. Ost, M. Van de Kerchove, *Le système juridique entre ordre et désordre*, Paris, P.U.F., 1988. P. 243.

et la validité axiologique (donc, légitimité). Nous nous sommes limités dans ce contexte au seul aspect de la validité empirique du droit des DM, voire de son effectivité.

L'effectivité du droit est souvent relative à l'évaluation d'une disposition législative. Ainsi, elle est définie dans ce contexte comme le « *degré de réalisation, dans les pratiques sociales, des règles énoncées par le droit*[1] ». Ce concept a été largement développé par le professeur Michel Prieur dans un ouvrage récent, et notamment la question des indicateurs juridiques de l'évaluation de l'effectivité du droit de l'environnement[2]. Malheureusement, le présent travail a été finalisé avant l'apparition dudit ouvrage pour exploiter les indicateurs développés afin de mesurer l'effectivité du droit des déchets au Maroc.

Ainsi, les éléments précités ont offert un cadre pertinent quant à l'interprétation des interactions entre un droit émergent et qui ne cesse d'évoluer et de chercher de l'effectivité, et un territoire en quête de développement durable. Le développement territorial durable, et en particulier lié à la gestion intégrée et durable des DM, permet de tenir compte des dimensions de la durabilité, de solutions législatives innovantes et d'instruments juridiques novatrices, ainsi que de leurs interrelations. Une meilleure compréhension de la gestion intégrée et durable des DM fournit des outils quant à l'évaluation de la mise en œuvre du Droit des DM et permet d'identifier les opportunités de développement territorial qu'elle offre. L'identification du degré de durabilité des dispositions du droit des DM permet de guider l'analyse de manière à pouvoir questionner les applications qui en découleraient.

Ces différentes approches, parfois combinées les unes aux autres, nous ont fourni un cadre d'analyse adéquat au regard de

---

1 P. Lascoumes, « Effectivité », in : Arnaud. J. (dir.), *Dictionnaire encyclopédique de théorie et de sociologie du droit*, LGDJ, 1993, p. 130. Voir également P. Lascoumes, E. SERVERINE, « Théories et pratiques de l'effectivité du droit », in : *Droit et société*, 1986, n° 2, p. 101 : pour une conceptualisation des différents écarts entre le droit et les pratiques.

2 M. Prieur et al., *Mesurer l'effectivité du droit de l'environnement, Des indicateurs juridiques au service du développement durable*, Peter Lang, Bruxelles, 2021, 268 p.

notre objectif. Elles nous ont apporté en effet un éclairage diversifié sur le phénomène étudié, sans toutefois tomber dans d'assemblage théorique disparate.

Le présent ouvrage est ainsi scindé en deux parties :

PARTIE I : Le cadre juridique de gestion des déchets ménagers et développement durable

PARTIE II : L'ancrage territorial durable du droit des déchets ménagers

PARTIE I

LE CADRE JURIDIQUE DE GESTION DES DÉCHETS MÉNAGERS ET DÉVELOPPEMENT DURABLE

La modernisation de la gestion des déchets ménagers a constitué une des priorités des autorités marocaines dans la vague des réformes juridiques et institutionnelles touchant le domaine de l'environnement. Cependant, les actions prévues à mettre en œuvre souffrent encore de retard quant à leur opérationnalisation, notamment en ce qui concerne la généralisation de la collecte et de son extension en milieu rural, en plus du retard que connait la fermeture des décharges sauvages, représentant des bombes à gaz retardées, et leur remplacement par d'autres contrôlées.

Ces constats ont mis en exergue une situation critique de ce secteur dévoilant les dysfonctionnements auxquels il est confronté : pluralité d'intervenants, ce qui causerait une dilution de la responsabilité, absence d'un cadre financier spécifique, faible valorisation des déchets, manque d'implication de la population[1]…

Face à ce constat, la gestion des DM au Maroc a connu une évolution assez importante qui s'est caractérisée par le renforcement de son cadre réglementaire (chapitre premier) et par l'évolution de son organisation opérationnelle, et surtout avec l'introduction d'un nouveau mode de gestion, la gestion déléguée (chapitre deuxième).

1 Banque Mondiale, « Projet régional de gestion des déchets solides dans les pays du Mashreq et Maghreb », Rapport final du pays Maroc, METAP, 2004., p 2.

CHAPITRE 1

LA RÉGLEMENTATION DES DÉCHETS MÉNAGERS AU MAROC

La gestion des DM a souffert pour longtemps de la quasi-absence d'un cadre réglementaire et institutionnel spécifique. Il s'agit de textes éparpillés, de portée limitée, touchant directement ou indirectement le secteur des déchets, sans mentionner leur typologie ou déterminer les aspects de leur gestion en l'absence d'une politique publique en la matière[1].

Ainsi, le secteur des déchets a été érigé par une réglementation très vétuste, fragmentée et non spécifique, et par conséquent ne répond plus aux contraintes contemporaines d'optimisation de la gestion de ce secteur. De plus, ledit cadre était très vaste et souffrait de nombreuses contraintes.

Cette situation a influencé la gestion du secteur des déchets et générait des impacts néfastes sur la santé humaine et sur l'environnement[2] et s'est traduite par une gestion anarchique qui a généré des problèmes structurels et a contribué à la dégradation de l'état de l'environnement.

Dans ces circonstances, il était fort recommandé de dépasser l'ancienne réglementation, jugée générale et insuffisante, et de mettre en place un arsenal juridique spécifique qui éclaircit l'appréhension juridique de la notion de déchet (section 1) et qui est capable d'améliorer la qualité des prestations de ce service public en érigeant son cadre réglementaire spécifique (section 2).

---

1 B. Nadir, « La gestion des déchets solides ménagers et assimilés : le développement d'une nouvelle politique territoriale environnementale », in : *REMALD*, Imprimerie El Mâarif Al Jadida, Rabat, 2009, p. 64.

2 Secrétariat de l'État chargé de l'Eau et de l'Environnement, *Manuel de formation sur la gestion des déchets solides*, Formation des associations dans le domaine de l'environnement, 2010, p 24.

Section 1 : L'appréhension juridique de la notion de déchet

Le concept de déchet est au cœur du débat autour duquel s'y entremêlent des considérations environnementales, économiques, sociales, stratégiques, techniques et culturelles. On le qualifie parfois un produit, et dans d'autres un déchet, et ce, selon l'angle de vue. Lorsque « *les prismes se mélangent, l'exercice de qualification atteint un haut niveau de sophistication juridique*[1] ».

Depuis longtemps, la notion juridique de déchet a été constamment objet d'exploration de la doctrine. La présente section a pour ambition d'éclairer la définition du déchet d'un regard nouveau, confrontant les évolutions respectives du droit comparé et du droit marocain.

Ainsi, il est tout à fait légitime de s'interroger sur une définition juridique de la notion de « déchets » (sous-section 1) et de chercher les contours de cette définition en établissant la distinction entre « déchet » et « non-déchet » (sous-section 2).

§.1- Qu'est-ce qu'un déchet ?

À première vue, le concept de déchet paraît facile à percevoir par tout individu. Nonobstant, il est assez délicat, voire probablement impossible, d'aménager une définition juridique précise de ce qu'est un déchet[2].

Cette délicatesse peut être interprétée par le caractère relatif de la notion de déchet se rapportant à deux volets ; d'un côté, la transformation au statut de déchet s'effectue dès qu'un objet perd sa fonction principale, donc le déchet est dépendant de sa fonction principale. Et de l'autre côté, ce qui peut être qualifié de déchet pour perte de sa fonction principale peut s'avérer utile et avoir par conséquent une fonction secondaire. En effet, cette relativité est indépendante de la définition spécifique que l'on

---

1 L. N. Harada, « Qualification juridique du déchet : à la recherche des critères perdus », (première partie), in : *BDEI*, N°2, mars 2006, p. 19.

2 L. Bontoux, F. Leone, *La définition juridique du déchet et son impact sur la gestion des déchets en Europe*, OPOCE, Bruxelles, 1997, p 8.

va pouvoir élaborer[1] même que la valeur peut être considérée comme une notion relative[2].

Cela veut dire que c'est ce caractère relatif de la notion de déchet qui permet d'expliquer pourquoi certains déchets conservent une valeur économique significative. Alors que si un déchet perd la valeur pour celui qui l'a produit, il permet de garder une certaine valeur pour l'utilisateur secondaire, celui-ci qui en identifiera[3].

En outre, le terme déchet renvoie, à ce niveau, à une dépréciation[4] de la valeur de l'objet. Si la dépréciation peut être considérée un trait commun, néanmoins, elle est liée à une norme de référence qui ne traite pas sur le même pied d'égalité, mais suivant la qualité de la matière, la valeur d'usage de l'objet, ou bien même sa fiabilité fonctionnelle. La notion de déchet est relative aussi bien par rapport à l'espace qu'au temps[5].

La relativité de la notion de déchet peut être également perçue par rapport à l'évolution technologique et au lieu de production[6].

D'ailleurs, cette relativité est illustrée par une panoplie de définitions de déchet, internationales et nationales (paragraphe A) qui s'articulent entre deux approches différentes (paragraphe B).

A. Définitions internationales et nationales

Est-ce qu'on parle d'une seule définition juridique ou de définitions juridiques du déchet ?

Du fait, la définition de la notion de « déchet » varie d'un pays à un autre selon sa perception et le degré de progrès

---

1 L. Bontoux, F. Leone, *La définition juridique du déchet et son impact sur la gestion des déchets en Europe*, OPOCE, Bruxelles, 1997, p 8.

2 G. Bertolini, « L'or et l'ordure, le déchet et l'argent », p. 38, n : J. C. Beaune (sous dir.), *Le déchet, le rebut, le rien*, Seyssel : Champ Vallon, Lyon, 1999, 232 p.

3 L. Bontoux, F. Leone, *op. cit.*, p. 8.

4 P. De Coninck, « Une approche systémique de la gestion intégrée des déchets et des résidus », in : *RUPTURE*, Vol. 3, n° 1, 1996, Montréal, p. 32.

5 *Ibid*, p. 33.

6 L. Bontoux, F. Leone, *op. cit.*, p. 10.

technique qu'il connait et a suscité plusieurs débats et faisait l'objet d'une multitude d'affaires en justice[1].

D'ailleurs, la notion de déchet est également dépendante de l'évolution de la technologie et du lieu de production. Par exemple, les excréments de cheval, il y a plus d'un siècle, on les considérait comme un déchet dans les grandes villes, mais comme un engrais bien utile dans les zones rurales. Aujourd'hui, ils ont presque disparu de la plupart des grandes villes à la suite des changements technologiques[2].

Ainsi, nous ne nous retrouvons pas en face d'une définition commune[3] de déchet, mais plusieurs définitions qui s'entrecoupent dans quelques aspects de définition.

En effet, avant d'exposer la définition juridique de la notion de déchet adoptée par la législation nationale, il nous parait judicieux, tout d'abord, de passer en revue des définitions internationales de celle-ci.

1- Définition du Programme des Nations Unies pour l'Environnement

La notion de déchet est définie par le Programme des Nations Unies pour l'Environnement (PNUE) à travers la convention de Bâle[4] portant sur le contrôle des mouvements transfrontaliers de déchets dangereux et de leur élimination. Ainsi, elle y définit comme « *des substances ou objets qu'on élimine, qu'on a l'intention d'éliminer ou qu'on est tenu d'éliminer en vertu des dispositions du droit national* ». Par ailleurs, cette convention évoque deux catégories de déchets :

---

1 Voir P. Stookes, *A practical approach to environmental law*, Oxford, New York, 2005, pp. 244-247.

2 L. Bontoux, F. Leone, *op. cit.*, p. 9.

3 V. C. London, « Déchet/non-déchet : un débat sans fin ? », in : *Petites affiches*, 17 juillet 1998, cité par Absi-Berrahou, H., « Développement durable et gestion des déchets en droit marocain », sous la direction de S. Kinana et J.-P. Colson, thèse de doctorat d'État soutenue en novembre 2001, Université Cadi Ayyad, Marrakech, p. 7.

4 La Convention a été ouverte à la signature le 22 mars 1989, et est entrée en vigueur le 5 mai 1992. Son rôle consiste à limiter le transport international de déchets dangereux, notamment au départ des pays membres de l'OCDE à destination de pays n'appartenant pas à l'OCDE, afin d'éviter une manipulation et une élimination inadéquates.

les déchets dangereux, ceux appartenant à la liste figurant en annexe de la convention, et les autres déchets ; comme elle exclue de ces catégories les déchets radioactifs et ceux en provenance de l'exploitation normale d'un navire.

Cette définition ouvre le débat sur le sens des termes « éliminer » et « se défaire ». Le manque d'acception commune du terme « se défaire » est une question majeure du débat sur la définition de déchet.

2- Définition de l'Organisation de Coopération et de Développement Économique

L'Organisation de Coopération et de Développement Économique (OCDE) a défini, dans sa décision sur les mouvements transfrontières de déchets dangereux C(88) 90 (Final)[1], le déchet comme « *des matières autres que radioactives destinées à l'élimination, pour les raisons figurant au tableau 1* » de l'annexe de ladite décision et qui les canalisent en seize catégories.

En effet, la définition de déchet se réfère à un ensemble de critères définis au tableau 1 à l'annexe mettant de la décision en relief les raisons pour lesquelles des matières sont destinées à l'élimination. De sa part, l'élimination est illustrée en énumérant l'ensemble des opérations qui la désignent en distinguant entre les opérations qui débouchent de celles qui ne débouchent pas sur une possibilité de récupération, de recyclage, de réutilisation, de réemploi direct ou de toute autre utilisation de déchet[2].

3- Définition de l'Union Européenne

La directive cadre sur les déchets (directive 75/442/CEE modifiée par la directive 91/156/CEE) définit un déchet comme *« toute substance ou tout objet qui relève des catégories figurant à l'annexe I, dont le détenteur se défait, ou dont il a l'intention ou l'obligation de se défaire »*[3]. Cette définition du

---

1 Adopté le 27 mai 1988 et amendée le 28 juillet 1994 - C(94)152/FINAL.

2 B. Colas, *L'OCDE et l'évolution du droit international de l'économie et de l'environnement*, Editions OCDE, 2012, p. 204.

3 L. Bontoux, F. Leone, *op. cit.*, p. 5.

« déchet » donnée en droit communautaire correspond quant à elle dans son principe à la définition prévue dans la Convention de Bâle[1].

La première directive cadre sur les déchets (75/442/CEE) en 1975 a fait apparaitre la première définition juridique européenne du « déchet ». Il y est, dans son article 1, *« toute substance ou objet dont le détenteur se défait ou a l'obligation de se défaire en vertu des dispositions nationales en vigueur ».* Ensuite, une liste des « déchets » est exclue de cette définition (les déchets radioactifs, les eaux usées, etc.). En considérant que le recyclage est un moyen d'élimination, cette définition qualifie indirectement tous les matériaux recyclables comme des déchets.

La révision de 1991 de la directive cadre sur les déchets (91/156/CEE) a remplacé cette première définition pour devenir *« toute substance ou tout objet qui relève des catégories stipulées dans l'Annexe I dont le détenteur se défait, ou dont il a l'intention ou l'obligation de se défaire ».* À noter que l'Annexe I contient seize catégories différentes de déchets et repose sur la décision du Conseil de l'OCDE (88)90. Ces seize catégories introduisent une terminologie plus vaste que le simple déchet. Elles parlent de déchets, de produits, d'éléments, de substances et de matériaux. En effet, cette condition supplémentaire qui veut que la substance ou l'objet figure dans les catégories de l'Annexe I permet de limiter les possibilités d'interprétation de la définition et de fournir une interprétation unique du concept de déchet sur le plan européen[2].

Cependant, l'annexe I donne simplement des exemples de matériaux qui doivent être considérés comme des déchets, ce qui remet en question la formulation de la définition de l'Article 1 et ouvre un débat sur la signification précise du terme crucial « se défaire ». Le concept « se défaire » n'est pas défini dans la directive et diffère de la définition du déchet de la décision de l'OCDE (88)90 (utilisant le terme « *éliminer* »), créant ainsi des

1 Voir : DE Sadeleer, *Le droit communautaire et les déchets*, 1995, p. 237 note 44 ; Hannequart, *Le droit européen des déchets*, 1993, p. 130, cités par : A. Flückiger, « La distinction juridique entre déchets et non-déchets », in : *Le droit de l'environnement dans la pratique*, vol. 13, n°. 1, 1999, p. 93.

2 L. Bontoux, F. Leone, *op. cit.*, pp. 10 et 11.

problèmes d'interprétation du verbe « *se défaire* » au niveau des États membres. La notion « *se défaire* » est considérée par de nombreux États membres comme plus large que la notion d'« *éliminer* » de l'OCDE[1].

De plus, la directive 91/156/CEE définit toujours les « déchets » indépendamment du fait qu'ils puissent être recyclables. Nonobstant, cette directive établit une distinction en régissant la possibilité d'autorisations différentes entre les opérations de valorisation (Annexe MB) et les opérations d'élimination (Annexe IIA)[2].

Cette situation juridique, qui laisse une grande marge d'interprétation, a stimulé les conditions favorables à la résolution d'une série de différends au niveau de la Cour de Justice Européenne (CJE)[3].

Les résolutions de ces cas ont toutes confirmé l'interprétation très large du terme « déchet », indépendamment de la vente, réutilisation ou recyclage ultime du matériau. Selon la CJE, le fait qu'une substance soit considérée comme un « bien » ne modifie pas son caractère de « déchet »[4]. En bref, dans la législation européenne actuelle, une chose peut être à la fois un « déchet » et un produit, un bien, une matière première, ou une substance indépendamment de sa valeur économique, de sa collecte, de son traitement, etc. La définition du déchet est indépendante de sa valeur qualitative ou commerciale, de son éventuel marché, des fins géographiques ou de la destination du déchet. La Cour de Justice n'a pas traité la notion de « se défaire » ni la notion de matière première secondaire issue de déchets[5].

Pour renforcer cette définition, une directive-cadre, relative aux déchets, a été adoptée par le Parlement européen puis validée par le Conseil, en novembre 2008, (Directive européenne 2008/98/CE du 19 novembre 2008 relative aux

1 G. Touré, *La politique de l'environnement dans les capitales africaines : le cas de la ville d'Abidjan en Côte d'Ivoire*, Editions Publibook, 2006, p. 11.
2 L. Bontoux, F. Leone,, *op. cit.*, p. 11.
3 *Ibid.*
4 Affaire C-206 et C-207/88 (Vessoso et Zanetti), RCE 1 1464 (1478).
5 L. Bontoux, F. Leone, *op. cit.*, p. 11.

déchets) qui s'inscrit dans le droit fil de cette évolution et qui prône « une société de recyclage »[1].

En définitive, la définition de la notion de déchets est déduite en premier degré de l'interprétation large faite par la Cour Européenne de Justice à la directive relative aux déchets, telle modifiée par la suite[2].

4- Définitions du déchet dans les législations nationales européennes

Il existe en Europe de nombreux concepts différents concernant les déchets. Ils ont évolué dans chaque État membre afin de répondre aux conditions géographiques, culturelles, historiques et administratives locales. Par conséquent, les concepts nationaux de déchet varient selon les pays et sont parfois difficiles à traduire. Les directives cadres européennes sur les déchets ont contribué à harmoniser cette situation, mais la Commission européenne condamne le fait que les législations nationales utilisent encore des définitions et des classifications qui s'éloignent de la terminologie européenne[3].

Le terme « déchet » est doté d'une connotation négative, car il qualifie un matériau du point de vue de l'activité amont qui l'a produit. C'est la perspective de celui qui ne peut plus l'utiliser. Néanmoins, cela ne signifie absolument pas que la récupération ou le recyclage soient exclus. C'est la raison pour laquelle la législation française, par exemple, a introduit la notion supplémentaire de « déchet ultime » pour décrire un déchet ne pouvant en aucun cas être récupéré. Bien entendu, ce concept dépend aussi de l'état de l'art technologique[4].

Dans la législation française, le système juridique dont s'en inspire le Maroc en grande partie, la Loi 75-633 1975, révisée le 13 juillet 1992, définit le déchet comme un *« matériau résultant d'un processus de production ou de transformation, ou d'un*

---

1 D. Blain, G. Fries, « Responsabilité environnementale et sociétale des entreprises internationales de traitement et de valorisation des déchets », in : *Annales des Mines* - Responsabilité et Environnement 2/2009 (n° 54), p. 46.

2 C. Vial, *Protection de l'environnement et libre circulation des marchandises*, Bruylant, Bruxelles, 2006, p. 204.

3 L. Bontoux, F. Leone, *op. cit.*, p. 9.

4 *Ibid.*, p. 12.

usage, que le détenteur élimine ou souhaite éliminer ». Une distinction est établie entre « déchet » et « déchet ultime ». Tout produit résiduel dont le traitement n'est ni économiquement ni techniquement viable actuellement, notamment par l'extraction de la partie récupérable ou la réduction de son caractère polluant ou dangereux est un « déchet ultime ».

5- Définition marocaine

Selon la conception juridique, la définition de la notion de déchet dans la législation marocaine se réfère au troisième article de la loi relative à la gestion des déchets et à leur élimination, la loi 28-00[1].

Selon cette loi, est qualifié de déchets *« tous résidus résultant d'un processus d'extraction, exploitation, transformation, production, consommation, utilisation, contrôle ou filtration, et d'une manière générale, tout objet et matière abandonnés ou que le détenteur doit éliminer pour ne pas porter atteinte à la santé, à la salubrité publique et à l'environnement ».*

Ainsi, la définition adoptée par la loi 28-00 est proche de celle retenue par la législation française et est compatible aussi avec celles des pays avancés puisqu'elle réunit tous les aspects jugés indispensables pour sa qualification[2].

Aussi ressort-il de cette définition que les résidus visés ne sont pas dépouillés de toute valeur économique. Et l'abandon en question peut être interprété comme *« une non-utilisation qui peut être temporaire comme l'objectif est la transformation et la valorisation du déchet[3] ».*

De plus, la loi en question a pour ambition de préserver la collectivité ou l'environnement de toutes nuisances générées par les déchets.

---

1 Dahir n° 1-06-153 du 30 chaoual 1427 (22 novembre 2006), *BO* n° 5480 du 7 décembre 2006.

2 H. Absi-Berrahou, *op. cit.*, p. 8.

3 M. Prieur, *Précis de droit de l'environnement*, Dalloz, 4e édition, Paris, 2001, p. 593.

En déduction, nous pouvons retenir que la définition de déchet en droit marocain concilie entre les dimensions économique et environnementale[1].

B. Deux approches différentes dans la définition du déchet

De manière générale, le déchet désigne, dans le langage courant, la perte qu'une chose éprouve dans son volume, sa valeur, dans quelques-unes de ses qualités[2]. Ainsi, les différentes définitions mentionnées ci-dessus insistent sur cette mention de perte, de dépréciation.

De prime abord, les déchets se voient en tant qu'objets source de nombreux conflits d'intérêt. Cette situation est due en grande partie aux interprétations de la jurisprudence qui a essayé de délimiter progressivement les contours de la notion de déchets[3].

De la définition juridique de la notion de déchets, on déduit deux conceptions : objective et subjective.

1- La conception objective

La conception objective de la notion de déchet vise les déchets dont la qualification ne dépend ni d'un acte ni de la volonté du détenteur, mais d'une cause objective, telle que la mise en danger de l'environnement ou, plus largement, une obligation légale[4].

D'après cette conception, le déchet est un bien dont la gestion est contrôlée pour la protection du bien public et de l'environnement. La volonté du propriétaire ne joue ici aucun rôle : ce sont des critères extérieurs à sa personne qui exigent la gestion contrôlée d'un objet qui n'est plus utilisable dans son

---

1 H. Absi-Berrahou, *op. cit.*, p. 8.

2 G. Touré, *La politique de l'environnement dans les capitales africaines…*, *op.cit.*, p 23.

3 Sur la notion de déchet, voir notamment C. London, « Déchet/not-déchet : un débat sans fin ? », *LPA*, 9 mai 1999, n° 90, p. 25 ; P. Steichien, « Être ou ne pas être un déchet… », *Droit de l'environnement*, 2001, n° 91, p. 213 ; M. P. Lavoillotte, « Réflexions sur la définition d la notion de déchet : le débat continue », *Droit de l'environnement*, 2002, n° 103, p. 273 ; N. De Sadeleer, « Les déchets, les résidus et les sous-produits, Une trilogie ambiguë », in : *RDUE*, 2004, n° 3, p. 457 ; cité par : C. Vial, *op. cit.*, p. 201.

4 A. Flückiger, *op. cit.*, p 94.

but initial et qui menace le bien de la communauté ; peu importe que pour le propriétaire de ce bien, il ait encore ou non une valeur économique. Cette conception met en évidence le fait qu'un matériau constitue un déchet dès lors que se distingue la question du recyclage et de la réutilisation de l'élimination proprement dite[1].

Autrement dit, la principale caractéristique d'une opération de valorisation de déchets tient au fait que son objectif ultime réside dans la fonction utile que peuvent remplir les déchets, en se substituant à l'usage d'autres matériaux qui auraient dû être utilisés dans le but de satisfaire ce besoin, ce qui aurait pour conséquence de préserver les ressources naturelles[2].

En effet, et partant de cette conception, l'illustration de la question soulevée, donnée auparavant, est différente : un bien est un déchet même lorsqu'il peut faire l'objet d'une réutilisation économique et même si des objets ou des substances dont leur détenteur se défait offrent des opportunités de réutilisation économique, il n'en existe pas moins un intérêt public au contrôle des phases essentielles de leur gestion[3].

Par ailleurs, la qualification des déchets en tant que marchandises dangereuses pour l'environnement ne dispose d'aucun lien avec leur caractère valorisable ou éliminable[4].

La conception objective du déchet a pour but de limiter la liberté du détenteur d'un objet dans les cas où celui-ci porterait préjudice à l'environnement ou à l'ordre public ; ils sont parfois qualifiés par la doctrine de « déchets forcés »[5].

Et partant, en cas de disparition de l'intérêt public, le détenteur a, en principe, toute la liberté du sort de l'objet qu'il détient comme un déchet, en l'occurrence de « s'en défaire ». À

---

1 G. Touré, *op. cit.*, p. 24.
2 C. Vial, *op. cit.*, p. 207.
3 G. Touré, *op. cit.*, p. 24.
4 C. Vial, *op. cit.*, p. 201.
5 Bender/Sparwasseriengel, Umweltrecht, 1995, n° 118, p. 572 ; A. Flückiger, *Le régime juridique des plans* : *l'exemple du plan de gestion des déchets,* 1996, p. 197. Le terme de « déchet forcé» apparaît par exemple dans le décret de la Région Wallonne du 5 juillet 1985 (cit. in Hannequart, *Le droit européen des déchets*, 1993, p. 130). Cité par A. Flückiger, *op. cit.*, p. 94.

partir de ce cas de figure, on est alors devant le sens subjectif de la notion de déchet[1].

2- La conception subjective

La conception subjective de la notion de déchet se réfère aux choses dont la qualification de déchet dépend de l'acte de se défaire ainsi que de la volonté de se défaire[2].

Selon cette conception, le déchet est considéré comme tout bien abandonné par son propriétaire. Cette qualification de déchet est tributaire de la volonté du propriétaire de l'objet en question et non pas de sa valeur objective ; cette définition est inspirée de la notion de *res derelictae* du droit civil qui désigne la chose délaissée volontairement par son détenteur, c'est-à-dire la chose livrée à l'abandon et n'appartenant plus à personne[3].

Au sens subjectif, la notion de déchet désigne le cas où le détenteur d'un bien s'en défait ou exprime la volonté de s'en défaire ; le terme pivot dans cette conception est « se défaire »[4].

À titre d'illustration, si A, propriétaire du bien X, veut s'en défaire et exprime cette volonté par exemple en le jetant dans un bac à déchets, personne ne pourra lui opposer que la chose est encore utilisable et, par conséquent, celle-ci constitue un déchet. Mais, si celui-ci rassemble du vieux papier pour le ramassage, sachant que ce papier sera recyclé, peut-on encore parler de déchet alors même que le bien en question va faire l'objet d'une réutilisation économique ? Peut-on considérer les déchets comme des matières commercialisables qui font l'objet de relations commerciales ? Au vu de ce qui précède, il n'y a pas dans ce cas de « déchet », puisqu'il ne manque que la volonté du détenteur de se défaire du bien au sens de la conception subjective[5].

En effet, et partant de l'empreinte de subjectivité, comme elle est attachée au comportement de son détenteur, la définition littérale du déchet apparaît difficilement saisissable et elle se heurte à une conception objective qui prendrait en considération

---

1 A. Flückiger, *op. cit.*, p. 96.
2 *Ibid.*, p 94.
3 H. Absi-Berrahou, *op. cit.*, p. 9.
4 A. Flückiger, *op. cit.*, p 97.
5 G. Touré, *op. cit.*, p. 23.

le degré de risque sanitaire ou environnemental que porte la substance ou l'objet rejeté par son détenteur[1].

Ainsi, les réponses varient selon la conception que l'on adopte ; ces deux conceptions ne sont pas contradictoires, mais complémentaires[2].

§.2 - Vers une clarification des aspects de la définition juridique du déchet

À partir des définitions susmentionnées dans le paragraphe précédent, le premier constat à en déduire est la difficulté de délimiter le contour de la notion de déchet[3]. Cela est dû en grande partie au manque d'éclaircissements de quelques aspects de la définition de déchet et que nous ne pouvons cependant les isoler pour leur manque de clarté.

D'une part, le caractère ambivalent du déchet rend difficile de distinguer entre le rebut à éliminer et la ressource à valoriser[4].

Ainsi, la notion de déchet est relative, puisqu'elle est dépendante du temps, du lieu et de la possibilité éventuelle de réutilisation. Par exemple, les cailloux « stériles » extraits des mines de charbon, stockés longtemps dans les terrils sans perspective d'usage, ont servi plus tard à construire des autoroutes. Les bidons, les caisses en bois, les pneus usagés deviennent des matières à fabriquer des objets utiles. Donc, le recyclage et la valorisation font naître dans les déchets de véritables mines de matières premières[5].

---

1 A. Langlais, « Quel statut juridique pour les déchets agricoles ? », in : *Ruralia* [en ligne], 10/11/2012, mis en ligne le 25 juin 2003, p. 3.

2 G. Touré, *op. cit.*, p. 24.

3 C. Vial, *op. cit.*, p. 201.

4 G. Bertolini, « Les déchets : rebuts ou ressources ? », in : *Économie et statistique*, n° 258-259, octobre-novembre 1992. pp. 130.

5 S. Le Maître, « Gestion des déchets ménagers : du consommateur à l'"acteur-citoyen" entre contrainte et persuasion », sous la direction de M. Antoine Soubeyran et M. Hubert Stahn, thèse de doctorat soutenue le 15 juin 2009, Université de la Méditerranée (Aix-Marseille II), Faculté des sciences économiques et de gestion, Marseille, p. 25.

D'autre part, la définition actuelle de valorisation[1] n'est pas claire et ne reflète pas la réalité environnementale.

En effet, la définition du déchet mérite la clarification de ces aspects (paragraphe A) et d'en déduire les typologies (paragraphe B).

A- Est-il possible de décerner les contours de la notion de déchet ?

La notion de déchet est confrontée d'un côté à la distinction entre valorisation et élimination, et de l'autre, à la détermination du moment précis où un déchet cesse de l'être et, dans une moindre mesure, à la distinction entre les sous-produits selon qu'ils constituent ou non des déchets[2].

1- Caractère ambivalent du déchet : rebut ou ressource ?

Étant donné l'ordre juridique érigé par la réglementation des déchets, un objet n'est pas d'office qualifié de déchet ; il est fondamentalement autre chose précédant son abandon qui le réduit à cette qualification[3]. Néanmoins, ce label, « déchet », est variable et n'est plus définitif ; s'il est attaché à la désappropriation et au rejet, il peut revêtir une autre forme, ressource ou sous-produit.

Statut du déchet : désappropriation et rejet

Au sens étymologique, le terme « déchet » renvoie à la déchéance et évoque la perte de la valeur d'usage. Il est toujours lié à ce qui est mis à côté, délaissé. En effet, la notion de déchet n'est pas liée, d'origine, à la nature de la substance ou

---

1 En vertu de l'article 3 (alinéa 23) de la loi 28-00, la valorisation est définie comme « toute opération de recyclage, de réemploi, de récupération, d'utilisation des déchets comme source d'énergie ou toute autre action visant à obtenir des matières premières ou des produits réutilisables provenant de la récupération des déchets, et ce, afin de réduire ou d'éliminer l'impact négatif de ces déchets sur l'environnement ».

2 N. Madani, « The concept of waste in Moroccan law : from the absence to the legal recognition », in : *IJAR* (International Journal of Advanced Research), volume 3, issue 8, p. 431.

3 J.-C. Beaune, *Le déchet, le rebut, le rien*, *op .cit.*, p. 101.

du matériau, mais à l'abandon de cette substance ou de ce matériau[1].

Par ailleurs, la définition juridique de ce terme n'est pas loin de cette conception qui associe le résidu, ce qui reste, et l'abandon comme étiquettes de déchet. À partir de ce moment, on ne parle de déchet que si le rejet, le dessaisissement de l'objet en question, est volontaire. À défaut, il ne s'agit plus de déchet, mais d'épave[2] : l'élément qui fait une dépossession fortuite est toujours objet d'appropriation et peut être recherché par le *versus dominum*, son vrai maître[3].

Autrement dit, tout élément qui est abandonné est un déchet. Ce n'est pas pour autant que cet élément est inutilisable, en l'état ou après modification. Seuls les déchets qualifiés d'ultimes ou dangereux sont réellement inutilisables et doivent être neutralisés pour éviter tout impact sur l'environnement.

La définition du déchet énoncée dans le troisième article de la loi n° 28-00 suppose une volonté d'abandon de la part du détenteur – le déchet se limiterait au *res derelictae*. Il entend également soumettre à la réglementation des déchets, toutes les activités touchant aux déchets présentant un risque pour l'environnement, même si ces déchets sont destinés à la récupération, laquelle opération paraît moins compatible avec l'abandon.

Cette contradiction a été exploitée devant les tribunaux répressifs par des prévenus qui contestèrent, parfois avec succès, la qualification de déchet attribuée à une substance collectée ou vendue pour être réutilisée[4].

En revanche, la déréliction de l'objet lui fait perdre son maître, son premier occupant, par prise de possession, par occupation. C'est ainsi que se présente la *res derelictae* du droit civil[5].

---

1 Ph. Ch.-A. Guillot, *Droit de l'environnement*, Ellipses Edition, 2e éd., Paris, 2010, p. 189.

2 Les épaves sont, selon l'article 717 du code civil français, « les choses perdues dont le maître ne se présente pas ».

3 J. C. Beaune, *op. cit.*, p. 102.

4 M. J. Littmann-Martin, « Le droit pénal des déchets en France », in : *Revue internationale de droit comparé*, vol. 44 n°1, janvier-mars 1992, p. 186.

5 J. C. Beaune, *op. cit.*, p. 102.

Alors, comme le disait Lionel Panafit[1], le déchet est avant tout défini par le statut social que lui confère son détenteur en le faisant passer d'un objet qui possède encore une certaine valeur à un objet jugé obsolète dont il décide d'abandonner la propriété.

D'ailleurs, la conception retenue par ladite loi 28-00 a ruiné cette approche civiliste du déchet : le déchet est juridiquement tout objet abandonné, et également tout objet que son détenteur – qui d'ailleurs n'en est pas juridiquement le propriétaire[2] – envoie à l'abandon.

Sous-produit et fin du statut de déchet

Les nuances en matière de délimitation des contours de la définition juridique de la notion de déchet ont causé l'émergence de la déqualification de certains déchets en les qualifiant de « non-déchets »[3].

Par ailleurs, la jurisprudence, en tentant de rechercher des indices pour la qualification du déchet, a été amenée à écarter un certain nombre de moyens soulevés par les acteurs économiques. Finalement, elle n'acceptera de le déqualifier de déchet pour le qualifier de sous-produit que si des conditions bien particulières sont réunies[4]. C'est ainsi qu'apparait la notion de sous-produit qui déclenche la fin du statut de déchet. Le terme de « sous-produit » n'est pas le seul utilisé pour marquer la fin du statut de déchet, mais il existe bien d'autres qui sont utilisés, à titre d'exemple les « biens de seconde main »[5].

---

1 Voir : L. Panafit, « Les déchets, un bien public, un mal privé », in P. Magali (coord.), *Les déchets ménagers, entre public et privé*, L'Harmattan, Paris, 2002.

2 En droit, le statut de détenteur naît d'une situation juridique par laquelle est reconnu le droit réel du propriétaire, détention et propriété ne pouvant pas être réunies sur la même tête. Le propriétaire possède toujours par l'intermédiaire du détenteur. Ce dernier ne peut donc juridiquement pas accomplir un acte de disposition comme l'abandon (voir sur ce point Mazeaud et al., *Leçons de droit civil*, « Les biens », t. II, vol. 2, Montchrestien, 1989, 7e éd., n° 1410).

3 N. Madani, « The concept of waste in Moroccan law… », *op. cit.*, p. 431.

4 L. N. Harada, « Qualification juridique du déchet : à la recherche des critères perdus », (deuxième partie), *BDEI*, n° 2, mai 2006, pp. 17-18.

5 M. Gillet, « Économie sociale et gestion des déchets ménagers », in : *Reflets et perspectives de la vie économique*, 2002/1, t. XLI, p. 84.

Du fait, les déchets, dans un souci de lutte contre le gaspillage d'énergie et de matières premières, ont tendance à être considérés comme un potentiel de « matière première secondaire »[1].

Cette rigidité de la déqualification du déchet peut nuire aux activités d'aides internationales ; en considérant que des excédents d'aliments (par exemple du beurre, du lait en poudre, ou du grain) qui ont dépassé leur date de mise sur le marché et se retrouvent donc « hors spécifications », pourraient être qualifiés, en vertu de la définition très large, de déchets à cause de la notion de « se défaire »[2].

La situation est différente dans le cas des vêtements usagés. Ils sont déqualifiés de déchets, les vêtements triés pour réutilisation directe en tant que vêtements et sont traités donc sous l'angle des transactions commerciales. Tandis que les autres types de vêtements usagés sont régis par la législation des déchets, les entreprises caritatives, qui sont les principaux fournisseurs de l'industrie du recyclage textile, risquent de perdre une partie de leurs revenus provenant de leurs ventes à des opérations de recyclage établies dans les pays qui ne souhaitent pas importer de déchets, comme c'est le cas d'ailleurs des pays de l'UE par le règlement 259/93/CEE[3].

Le pragmatisme justifie vraisemblablement une autre dérogation temporaire ; elle est relative à la qualification des pièces automobiles de récupération, issues du démontage de véhicules hors d'usage, eux-mêmes qualifiables de déchets dans leur totalité (rubrique 2712). La circulaire du 24 décembre 2010 a le mérite de porter l'attention vers l'obligation de mettre en œuvre une procédure de sortie du statut de déchet pour ces pièces de récupération automobiles. Elle anticipe d'ailleurs sur les critères à retenir pour leur sortie du statut de déchet. En

---

1 G. Bertolini, « La politique française de gestion des déchets depuis 1973 », in : *Les politiques d'environnement. Évaluation de la première génération : 1971-1995*, sous la direction de B. Barraqué et J. Theys, Paris, Recherches, 1998, pp. 171-188, cité par : L. Rocher, « Les contradictions de la gestion intégrée des déchets urbains : l'incinération entre valorisation énergétique et refus social », in : *Flux*, 4/ 2008 (n° 74), p. 24.
2 L. Bontoux, F. Leone, *op. cit.*, p. 33.
3 *Ibid.*

revanche, rien ne justifiera que l'existence d'un contrat de distribution avec obligation de reprise des lots d'engrais non conformes s'oppose à la qualification de déchets de ces lots non conformes (commentaire sous la rubrique 2790). À l'inverse, l'obligation de reprise démontre l'intention, voire l'obligation du détenteur de ces lots non conformes et non commercialisables–ne répondant pas à la législation « produit » applicable– de s'en défaire. Plus généralement, on rappellera que la qualification de « *déchet* » s'apprécie au cas par cas, par la méthode du faisceau d'indices. Par conséquent, les résidus de fabrication réintégrés dans le procédé de production sur le lieu même de leur génération ne sauraient être exclus, en toute abstraction, de la notion de déchets[1].

Cette tendance vers la déqualification de déchet puise ses fondements dans la recherche à atteindre un objectif essentiel de la législation des déchets. Il s'agit de la réduction de l'utilisation de ressources naturelles et de tendre vers « une société de recyclage » en invitant les entreprises à recycler ou à valoriser dans leurs procédés de fabrication des déchets, parfois dans des proportions telles que ces déchets deviennent de véritables matières premières secondaires dans certaines industries (par exemple, dans la fabrication de papier, de verre, de ciment, les fonderies, etc.)[2].

Nonobstant, la qualification/déqualification des déchets nécessite des critères opérants pour établir la distinction entre « déchet » et « non-déchet ».

2- À la recherche de critères de qualification de déchet

Tout exercice de qualification juridique implique un choix privilégié qui s'accompagne nécessairement de l'exclusion des autres choix possibles en optant pour la sélection de critères de qualification émanant d'un conflit permanent entre des acteurs affirmant des intérêts pratiques opposés[3].

---

1 L. Grinfogel, « Vers une nouvelle doctrine administrative en matière d'installations de traitement de déchets », in : *BDEI*, n° 33, mai 2011, p. 44.

2 *Ibid.*, p. 45.

3 L. N. Harada, « Qualification juridique du déchet : à la recherche des critères perdus », (première partie), *op. cit.*, p. 19.

Tous les problèmes présentés ci-dessus montrent combien peut être cruciale la distinction entre déchet et non-déchet pour toutes les parties prenantes. D'un côté, il existe une préoccupation légitime de la part du législateur qui vise à assurer une gestion correcte des déchets, évitant les effets nocifs sur la santé publique et l'environnement (c'est-à-dire en réduisant le risque). De l'autre, la législation doit promouvoir la récupération des ressources et obéir aux obligations internationales.

En outre, le caractère valorisable ou non du déchet est tributaire du coût que comporte la valorisation et de la rentabilité de la réutilisation envisagée, à ce que l'appréciation y afférente est subjective et liée à des facteurs instables[1].

En effet, il existe des critères de qualification/déqualification de déchets inopérants et opérants.

Les critères inopérants pour déqualifier le déchet

Il existe trois critères considérés inopérants pour déqualifier le déchet : la valeur économique, le danger pour l'environnement et le statut de bien immeuble.

Le juge communautaire a évincé l'argument de la valeur économique de l'objet qui cherche à soutenir que leur détenteur n'avait pas l'intention de « s'en défaire », et par ricochet de le déqualifier de déchet. Ce jugement a été motivé par deux raisons : d'une part, en considérant que la valeur économique du déchet n'a pas d'influence sur l'obligation qu'incombe aux États de prendre « *les mesures appropriées pour promouvoir la prévention, le recyclage et la transformation des déchets, l'obtention à partir de ceux-ci de matière première et éventuellement d'énergie* » (dir. n° 75/442, 15 juill. 1975, art. 3); et de l'autre part, et surtout, parce que le terme « se défaire » n'établit pas de distinction selon l'intention du détenteur qui se défait de la chose (CJCE,28 mars 1990, aff. jointes C-266/88, C-207/88 et C-359/88,Vessoso et Zanetti). L'arrêt « Van de Walle » (CJCE, 7 sept. 2004, aff. C-1/03, Van de Walle) illustre également ce point en affirmant qu'une substance dont le

1 C. Vial, *op. cit.*, p. 203.

détenteur se défait, « *fut-ce involontairement* », peut être qualifiée de déchet[1].

En ce qui concerne le fait que le résidu ne porte aucun préjudice à l'environnement, il n'a pas été également retenu pour la déqualification d'un déchet. La CJCE a en effet jugé « *qu'à supposer même que les débris de pierre ne comportent pas, par leur composition, de danger pour la santé de l'homme ou l'environnement, leur accumulation est nécessairement source d'inconvénients et de nuisances pour l'environnement, dès lors que leur réutilisation complète n'est ni immédiate, ni même toujours envisageable* » (CJCE, 18 avr. 2002, aff. C-9/00, Palin Granit Oy)[2]. En effet, il faut en déduire qu'un déchet ne présente pas forcément en soi de dangers pour l'environnement.

En outre, si la protection de l'environnement est à la base de la législation sur les déchets, il est communément admis qu'elle a eu jusqu'à ce jour un effet positif sur l'environnement. En revanche, face à sa complexité croissante, la protection de l'environnement risque d'être détériorée, ce qui exigerait d'adopter un mécanisme permettant de résoudre les problèmes ponctuels[3].

Par ailleurs, le juge communautaire a estimé important de qualifier les déchets en tant que marchandises indépendamment de leur caractère valorisable, même s'il y a difficulté d'établir la distinction entre les déchets recyclables et ceux non recyclables, notamment lors du contrôle des transactions opérées à la frontière[4]. Toutefois, cette qualification s'avère susceptible de porter préjudice à la protection de l'environnement, étant donné qu'il s'agit d'objets de nature particulière, que leur accumulation, avant même qu'ils deviennent dangereux pour la santé, peut constituer un danger pour l'environnement[5].

Quant au critère lié au fait que l'objet en question soit un bien immeuble, il ne présente aucun obstacle à la qualification de déchet. Bien que le déchet soit reconnu d'habitude comme

---

1 L. N. Harada, « Qualification juridique du déchet : à la recherche des critères perdus », (deuxième partie), *op. cit.*, pp. 17-18.
2 *Ibid.*
3 L. Bontoux, F. Leone, *op. cit.*, p. 32.
4 C. Vial, *op. cit.*, p. 202.
5 *Ibid.*, p. 203.

un bien meuble, des terres polluées ont été qualifiées de déchet « *du seul fait de leur contamination accidentelle par les hydrocarbures* »[1]. Cependant, la question qui reste suspendue[2] est celle relative à la législation appliquée, celle des établissements classés, lorsqu'il s'agit de l'industriel, le dernier exploitant, qui devra remettre en l'état le site contaminé, ou celle relative aux déchets, étant donné que les biens immeubles contaminés aient été qualifiés de déchet.

Le critère dominant et dominateur : le « résidu »

Le droit marocain des déchets a adopté le « résidu » en tant que critère dominant pour la qualification juridique du déchet. En vertu de cette législation, un résidu est présumé être un déchet. Cette définition s'avère basée sur la notion de « se défaire » et son *« champ d'application dépend de la signification de ce dernier*[3] *».*

En effet, et en l'absence de définition pour ce concept, il est revenu à la jurisprudence d'en délimiter progressivement les contours. Pour ce faire, il a classiquement suivi une lecture téléologique de la définition, consistant à tenir compte de l'objectif de la Directive européenne de 2008 sur les déchets. C'est dans ce contexte qu'a émergé le critère « résidu » comme critère dominant pour la qualification juridique du déchet[4].

En droit marocain, deux propositions coexistent dans la définition de déchet, séparées par la virgule qui suit le mot « filtration ». Si la lecture des deux propositions est indépendante (*lecture dualiste*[5]), *« tous les résidus d'un*

---

1 L. N. Harada, « Qualification juridique du déchet : à la recherche des critères perdus », (deuxième partie), *op. cit.*, p. 18.

2 J.-P. Boivin, J. Ricour, *Sites et sols pollués*, éd. Le Moniteur, 2005. p. 145. Cf., également, A. Moustardier, « Les pouvoirs spécifiques du maire en matière de réhabilitation des sites et sols pollués, in : *BDEI,* n° 4/2005, p. 4 » et N. Fourneau, A. Hourcabie, « Sites et sols pollués : remise en état, déchets et autorités compétentes », in : *BDEI,* n° 3/2005, p. 4.

3 L. N. Harada, « Qualification juridique du déchet… », (première partie), *op. cit.*, p. 21.

4 N. Madani, « The concept of waste in Moroccan law : from the absence to the legal recognition », *op. cit.*, p. 433.

5 L. N. Harada, « Qualification juridique du déchet… », (première partie), *op. cit.*, p. 21.

processus d'extraction, d'exploitation, de transformation, de production, de consommation, d'utilisation, de contrôle ou de filtration» doivent être considérés comme déchets, quel que soit leur sort ultérieur. La qualification est alors basée sur des données purement objectives. Alternativement, une chose qui n'est pas un résidu, mais que son détenteur abandonne ou a l'obligation d'éliminer doit également être qualifiée de déchet. C'est la partie subjective de la définition dualiste. Néanmoins, s'il faut lire ensemble les deux propositions (*lecture moniste*[1]), le déchet n'existera donc que s'il y a résidu et si ce résidu est abandonné ou devrait être éliminé.

En outre, la CJCE a permis d'examiner de nombreux moyens tendant à soustraire une substance donnée à la catégorie de déchet. Elle a ainsi évalué la pertinence de différents critères susceptibles de qualifier – ou de déqualifier – le déchet et en a déduit qu'une substance devra être qualifiée de déchet lorsque l'existence d'un certain nombre d'indices pourra être vérifiée. Dans cette recherche du faisceau d'indices, le critère « résidu » joue un rôle pivot[2].

D'ailleurs, dans l'arrêt « Inter-environnement Wallonie »[3] et l'affaire « Palin Granit Oy » relative à la qualification de débris de pierre[4], la CJCE a posé une première ligne de démarcation entre déchet et sous-produit en établissant trois conditions permettant d'extraire un résidu de la catégorie de « déchet ». La première condition retient l'exercice de qualification juridique dans le flou, puisqu'il est question de rechercher l'intention du détenteur de réutiliser ou non le résidu. C'est le seul aspect subjectif qui semble subsister dans les critères de qualification du déchet, l'impondérable référence à l'intention du détenteur du résidu. Quant aux deux autres critères, ils sont purement objectifs. L'absence de transformation avant réutilisation du résidu permet de distinguer la valorisation d'un déchet de la réutilisation d'une matière première secondaire (ou résiduelle).

---

1 L. N. Harada, « Qualification juridique du déchet… », (première partie), *op. cit.*, p. 21.

2 Ph. Billet, « Le déchet face au déclin de l'abandon », in : *Environnement*, avril 2003, p. 9.

3 CJCE, 18 déc. 1997, aff. C-129/96, point 33.

4 CJCE, 18 avr. 2002, aff. C-9/00, point 35.

Ce critère vise directement la préoccupation sanitaire et environnementale, puisque des risques de pollution sont associés au processus de transformation préalable. Le critère relatif à la « continuité du processus de production » est moins clair. Le caractère nécessaire du résidu dans un même processus de production (par exemple, l'utilisation des débris de pierre pour combler des galeries) paraît crucial[1] mais pas indispensable, puisque la Cour admet que le résidu puisse être « commercialisé » dans « un processus ultérieur » sans perdre pour autant sa qualité de sous-produit[2]. La réutilisation du résidu par une autre personne que le producteur, et dans un processus de production distinct, n'est donc pas exclusive de la qualification de sous-produit. La notion de continuité semble ainsi faire référence à une continuité temporelle (proche du critère lié à la certitude de la réutilisation) ou à une réutilisation inscrite dans un processus industriel habituel. Ces conditions mûrement réfléchies et élaborées avec pragmatisme paraissent ménager un juste équilibre entre protection de l'environnement et activités économiques autour des sous-produits[3].

Ainsi, au regard de la jurisprudence précitée « Palin Granit Oy », les deux premières conditions sont bien vérifiées puisque « *le coke de pétrole est intégralement utilisé de manière certaine comme combustible dans le processus de production* ». La troisième l'est également : l'absence de transformation préalable va de soi comme le résidu est le résultat d'un choix technique « *en vue du recours à un combustible précis* ». En construisant ainsi la catégorie juridique des sous-produits, le juge communautaire a comblé un vide juridique important[4].

Le déchet devient donc un « *concept juridique indéterminé* »[5], façonné par des considérations externes variables dans le temps et dans l'espace.

---

1 CJCE, 11 sept. 2003, aff. C-114/01, point 40.

2 CJCE, 18 avr. 2002, aff. C-9/00, Palin Granit Oy, point 34.

3 L. N. Harada, « Qualification juridique du déchet… », (deuxième partie), *op. cit.*, pp. 18-19.

4 *Ibid.*, pp. 18-19.

5 *Ibid.*, p. 20.

B. Typologies des déchets

Les typologies de déchets varient selon la diversité des conceptions juridiques de la notion de déchet. Ce dernier est un concept juridique indéterminé. Chercher les typologies du déchet est une opération délicate. Dans ce cadre, ils seront traités en examinant leur classification.

1- Classification des déchets

La complexité de la définition de la notion de déchet pose un problème de classification. Les déchets sont classés selon la nature du danger qu'ils font courir à l'homme ou à son environnement ou suivant leur provenance[1].

En application des articles 29 et 83 de ladite loi 28-00, la classification des déchets est régie par le décret n° 2-07-253 du 14 rejeb 1429 (18 juillet 2008) portant classification des déchets et fixant la liste des déchets dangereux[2] ; il inventorie et classe les déchets dans un catalogue appelé « Catalogue Marocain des Déchets » (CMD)[3] en six chiffres répartis sur vingt catégories.

Classification par nature : déchets dangereux et déchets non dangereux

Loin de la distinction entre « déchet » et « non-déchet », il existe également une distinction qui ne manque pas d'importance à établir[4]. La distinction entre déchet dangereux et déchet non dangereux est plus importante pour l'industrie étant donné qu'elle conditionne le niveau de contrôle et la charge administrative régissant le matériau en cause.

En outre, les déchets dangereux sont définis en référence à des listes de déchets[5] et de caractéristiques[6]. La loi 28-00 les a définis comme *« toutes formes de déchets qui, par leur nature*

---

1 Voir M. R. Gillet, *Traité de gestion des déchets solides et son application aux pays en voie de développement*, 1986, vol. 1 et 2., 538 p.

2 *BO* n° 5654 du 7 août 2008.

3 Voir article premier dudit décret.

4 L. Bontoux, F. Leone, *op. cit.*, pp. 39-41.

5 Ils sont désignés par le symbole « DD » dans l'annexe I portant « Catalogue Marocain des Déchets » au décret n° 2-07-253 du 14 rejeb 1429 (18 juillet 2008).

6 Voir article 2 du décret précité.

dangereuse, toxique, réactive, explosive, inflammable, biologique ou bactérienne, constituent un danger pour l'équilibre écologique tel que fixé par les normes internationales dans ce domaine ou contenu dans des annexes complémentaires ».

À première vue, la définition donnée aux déchets dangereux apparait très imprécise et ne fournit aucun indice sur le degré de danger d'un déchet. Par exemple, le CMD qualifie les déchets de la catégorie 06 04 04, « déchets contenant du mercure », de dangereux sans aucune indication sur le seuil de mercure en dessous duquel le déchet n'est plus considéré dangereux. En revanche, l'annexe II du décret précité qui inventorie les caractéristiques rendant les déchets dangereux offre cette indication. Cela est présumé donner plus de clarifications quant à la qualification d'un déchet de dangereux, mais la description des caractéristiques reste encore imprécise ; par exemple, la description apportée à la caractéristique « toxique »[1] a besoin elle aussi d'éléments de confirmation. En effet, la validité de cette définition ne peut reposer que sur des tests normalisés devant être exécutés conformément aux conditions de référence données par les méthodes scientifiques.

En outre, la législation sur les déchets n'a pour ultime objectif que la protection de la santé publique et l'environnement de toute nuisance due à la mauvaise manipulation des déchets[2]. L'objectif est donc d'écarter les nuisances pouvant toucher les populations et leur environnement proche ; autrement dit, il est question de minimiser les risques sanitaires et environnementaux affectant directement les habitants d'un territoire ou les ressources nécessaires à leur survie[3].

Bien que la perception du danger liée aux déchets ait évolué à travers les âges et les usages, les déchets dangereux restent

1 « Est toxique une substance ou une préparation qui par inhalation, ingestion ou pénétration cutanée, peut produire le cancer ou en augmenter la fréquence ».

2 L. Bontoux, F. Leone, *op. cit.*, pp. 39-41.

3 M. Durand, « Gestion des déchets et inégalités environnementales et écologiques à Lima (Pérou), entre vulnérabilité et durabilité », in : *Mappemonde*, décembre 2011, n° 103, p. 18.

associés dans les esprits au concept de risque. Pour cela, il est prépondérant d'établir la distinction claire entre « danger » et « risque ».

En matière de déchet, un danger constitue une source possible de périls ; c'est « *le phénomène brut ou la situation qui peut affecter un être, animal ou plante, ou même un objet*[1] ». Il existe indépendamment de l'existence de l'Homme ; par exemple, le mercure et le cyanure sont deux matériaux dangereux d'origine.

En effet, ces dangers font courir des risques à l'environnement et à la santé humaine. En conséquence, le risque est *« la traduction du danger en menace pour celui qui lui est soumis*[2] ».

Dans le cas des déchets dangereux, si le danger peut rester constant, les risques afférents à leur manipulation changent de manière très sensible selon que l'on procède à leur transport, réutilisation, traitement, transformation ou élimination[3].

Dans la législation actuelle sur les déchets, aucune prise en considération n'est accordée à l'évaluation des risques ni du niveau de danger, et la classification, en effet, à la classe des déchets dangereux n'est basée que sur des caractéristiques intrinsèques.

Dans la même logique, les conditions restrictives aux activités liées aux déchets dangereux (le transport, le traitement…) sont basées sur les mêmes caractéristiques intrinsèques, sans aucun lien avec les risques inhérents. Nonobstant, la minimisation, pour un coût acceptable, du risque lié à toutes les activités est la condition *sine qua non* pour une protection efficace de la santé humaine et de l'environnement[4].

Classification par provenance

Les déchets sont également classifiés du fait de leur provenance (ménages, industries, pharmacies et hôpitaux, agriculture…). Le catalogue marocain des déchets énumère, par

---

1 J. Tricart, « Dangers et risques naturels et technologiques », in : *Annales de géographie*, Armand Colin, 1992, p. 258.
2 *Ibid*, p. 259.
3 L. Bontoux, F. Leone, *op. cit.*, pp. 39-41.
4 *Ibid.*, pp. 39-41.

provenance, vingt catégories de déchets dont figurent les déchets municipaux qui incluent les déchets ménagers et assimilés.

Cette « classification naturelle »[1] des déchets en fonction de leur provenance se simplifie en trois grandes catégories : les déchets municipaux, les déchets industriels et enfin les déchets de l'agriculture, de l'élevage et de l'agroalimentaire.

Nous nous contentons dans ce paragraphe de ne traiter que les DM, objet d'étude principal du présent ouvrage.

Relativement aux déchets, une difficulté importante s'impose et qui est due, en particulier, aux définitions et classifications variables, dans l'espace et dans le temps, à l'instar de la variabilité et de l'évolutivité dans l'espace de la distinction entre déchets dangereux et déchets non dangereux[2].

En droit marocain, les déchets ménagers sont définis comme *« tout déchet issu des activités des ménages »,* quant aux déchets assimilés aux déchets ménagers, ils sont *« tout déchet provenant des activités économiques, commerciales ou artisanales et qui par leur nature, leur composition et leurs caractéristiques, sont similaires aux déchets ménagers[3] ».*

En effet, selon une acception plus ou moins large, le champ des DM recouvre les déchets « ordinaires », les déchets spécifiques (encombrants, etc.) des ménages (à côté des ménages ordinaires, on trouve des ménages vivant en institutions), en plus des déchets des activités très diverses (les administrations publiques ou privées, les commerces, les déchets de voirie, etc.)[4].

1- Les déchets ménagers et les autres types de déchets

Le premier constat déduit de la définition juridique des déchets ménagers est qu'elle n'établit aucune distinction entre

---

1 A. Serani, F. Cansell, « Caractérisation des déchets », in : R. Moletta (coord.*), Le traitement des déchets*, Lavoisier, Cachan, 2009, p. 7.
2 G. Bertolini, « Le service public local des déchets ménagers à la recherche d'indicateurs de performance », in : *Annales des Mines* – « Réalités industrielles », février 2008, p. 81.
3 Voir article 1er de ladite loi 28-00.
4 G. Bertolini, « Le service public local des déchets ménagers à la recherche d'indicateurs de performance », *op. cit.*, p. 81.

les déchets dangereux et ceux non dangereux. En effet, il n'existe aucune distinction entre les « déchets ménagers » et les « déchets en provenance des ménages » au point que même en pratique quotidienne le mélange des autres types de déchets, dangereux ou non dangereux, est fréquent en l'absence d'un système de tri à la source et d'un système de gestion, depuis la collecte jusqu'à l'élimination, propre aux autres types de déchets.

Les huiles usagées :

Le droit marocain des déchets énumère parmi les huiles usagées – considérées comme des déchets dangereux – les huiles hydrauliques usagées, les huiles de moteurs, de boîte de vitesse et de lubrifications usées et les huiles isolantes et fluides caloporteurs usagés.

Auparavant, ces déchets, émanant souvent des industries artisanales, ont été confondus avec les déchets assimilés ce qui a nécessité la réglementation de leur collecte, stockage et traitement[1].

Les déchets d'équipement électriques et électroniques :

Le Catalogue Marocain des Déchets classifie les déchets d'équipements électriques et électroniques (DEEE) parmi les déchets dangereux – la section 16 02 – et compte huit classes dont deux sont des déchets non dangereux.

Du fait de leurs composantes dangereuses, notamment les polychlorobiphényles (PCB), leur gestion revêt un grand degré d'importance.

Pour remplir ses engagements internationaux par son adhésion à la Convention de Stockholm sur les polluants organiques persistants et particulièrement celles relatives aux polychlorobiphényles (PCB), le Maroc a institué une « commission nationale des PCB » auprès de l'autorité gouvernementale chargée de l'Environnement ayant pour mission de veiller au respect et à la mise en œuvre des clauses

---

1 Décret n° 2-09-85 du 7 chaoual 1432 (6 septembre 2011) relatif à la collecte, au transport et au traitement de certaines huiles usagées, *BO.* n° 5984 du 6 octobre 2011.

de ladite Convention[1]. En revanche, aucun système de gestion spécial aux DEEE n'a été mis en place.

Les piles et accumulateurs :

Bien qu'ils soient classés à part, la section 16 06, les piles et accumulateurs sont considérés des composants dangereux provenant d'équipements électriques et électroniques. Le CMD compte également parmi ces composants dangereux des DEEE les aiguilles de mercure, du verre provenant de tubes cathodiques et autres verres activés[2].

En droit marocain des déchets, sous réserve du caractère présomptif du critère « *résidu* », les critères de qualification du déchet demeurent relativement flous alors que les conditions permettant d'extraire un résidu de la qualification de déchet ont été posées avec une relative précision. En outre, on sait désormais bien qu'un résidu est un déchet mais les conditions qui président à la « déqualification » du résidu demeurent instables[3].

D'emblée, la qualification des déchets résulte avant tout du comportement du détenteur, et le champ d'application de la notion de déchet est dépendant de la signification du terme de « se défaire ». Plus généralement, il apparaît que la question de savoir si une substance donnée est un déchet ou non doit être examinée au regard de l'ensemble des circonstances. Cela peut être expliqué par la volonté d'appréhender le plus largement possible la notion de déchet, afin qu'aucune substance ou objet préjudiciable pour l'environnement ne puisse échapper à la réglementation[4]. En d'autres termes, le juge communautaire considère que la distinction entre les matières destinées à être éliminées et celles destinées à être valorisées n'est pas pertinente lors de la qualification des déchets vu que cette

1 Décret n° 2-08-243 du 30 rabii 1 1431 (17 mars 2010), instituant la commission des polychlorobiphényles (PCB), *BO*. n°5826 du 1er avril 2010.

2 Décret n° 2-07-253 du 14 rejeb 1429 (18 juillet 2008), portant classification des déchets et fixant la liste des déchets dangereux, *BO* n° 5654 du 7 août 2008.

3 L. N. Harada, « Qualification juridique du déchet… », (deuxième partie), *op. cit.*, pp. 20-21.

4 C. Vial, *op. cit.*, p. 205.

solution n'étant pas satisfaisante du point de vue de la protection de l'environnement[1].

SECTION 2 – La contribution du cadre juridique relatif aux déchets ménagers au développement durable

Dans le but de relever les défis relatifs à la protection de l'environnement, en général, et de la gestion efficace et rationnelle des déchets, en particulier, le Maroc s'est engagé dans de multiples démarches réglementaires et institutionnelles en la matière[2].

Cet engagement se focalise sur un effort soutenu d'adaptation, de renforcement et de renouveau de l'arsenal juridique qui servira de cadre d'actions des pouvoirs publics dans le domaine des déchets.

En effet, cet arsenal traduit une volonté d'offrir une profondeur stratégique et durable à l'action en instaurant des règles et des délais précis[3].

Ces instruments juridiques ont pour vocation d'identifier les obligations et les responsabilités réciproques de toutes les parties prenantes (les administrations publiques, les collectivités territoriales, le secteur privé, les ONG et les citoyens)[4].

Les instruments juridiques et institutionnels relatifs aux domaines des déchets sont de véritables leviers de développement durable. Ils en énoncent les principes et les objectifs généraux et en définissent le cadre réglementaire de mise en œuvre[5].

Par ailleurs, l'analyse du cadre réglementaire actuel montre qu'il existe un nombre important de textes et de dispositions[6] qui se rapportent directement ou indirectement aux déchets et

---

1 C. Vial, *op. cit.*, p. 205.

2 GTZ, « Étude de la gestion des flux à travers des concepts et bilans des déchets », Programme de Gestion et de Protection de l'Environnement (PGPE), version définitive, avril 2008, ADS MAROC, p. 1.

3 Conseil National de l'Environnement, « Les instruments juridiques au service de la protection de l'environnement au Maroc », 6e session, mai 2009, Rabat, p. 5.

4 *Ibid.*

5 *Ibid.*

6 GTZ, *op. cit.*, avril 2008, p 3.

au développement durable (paragraphe § 1) et qui instaurent un régime juridique spécifique pour les déchets ménagers (paragraphe § 2).

§.1 –Le renforcement progressif du cadre réglementaire des déchets ménagers

L'accroissement de la quantité de déchets produits au Maroc forme une menace sérieuse pour la santé publique et l'environnement dans la mesure où les conditions de collecte, de transport, de mise en décharge ou de recyclage de ces déchets souffrent d'une insuffisance notoire. Ainsi, la propagation des décharges sauvages, la faiblesse du taux de collecte, l'inexistence des installations de traitement et de valorisation et surtout la déresponsabilisation des générateurs des différents types de déchets constituaient des indicateurs alarmants de l'état critique dans lequel se trouve le secteur des déchets solides[1].

En effet, l'adoption de la loi relative à la gestion des déchets et à leur élimination en 2006 a renforcé l'arsenal juridique spécifique à ce secteur. Les dispositions de ladite loi permettent de contrecarrer les risques auxquels ils sont liés.

Ainsi, la loi 28-00 et ses décrets d'application constituent un cadre spécifique pour la gestion des DM (paragraphe A) ; lequel cadre nécessite d'être renforcé par un cadre d'environnement et de développement durable plus global (paragraphe B).

A. La loi sur les déchets et les objectifs de développement durable

Le cadre juridique des déchets vient d'être renforcé par les dispositions législatives de la loi 28-00 permettant de faire face à la problématique liée à la gestion de ce service public vital à travers une mise à niveau du secteur.

Du fait, la promulgation de ladite loi n° 28-00 vient réglementer la gestion des déchets en couvrant toute la chaîne : la collecte, le traitement, la valorisation et l'élimination.

---

1 Conseil National de l'Environnement, Programme national de gestion des déchets ménagers, *op. cit.*, p 6.

Ainsi, elle a pour finalité de jeter les bases d'une politique « déchets » qui s'articule autour d'un double objectif : d'une part, la modernisation des processus de gestion en vigueur dans le secteur des déchets et, d'autre part, la réduction, autant que possible, des impacts négatifs des déchets sur la santé humaine et sur l'environnement[1].

Aussi, les apports de cette loi excèdent-ils le comblement d'un vide juridique pour s'attacher à poser les jalons d'un cadre général de gestion adapté aux réalités du pays[2].

Comme elle permet, par ailleurs, au Maroc d'honorer ses engagements souscrits à de nombreuses conventions internationales recommandant la mise en place d'une gestion rationnelle et écologique des déchets[3].

En tout état de cause, la loi sur les déchets ambitionne de mettre fin à la prolifération des décharges sauvages, à l'inexistence des installations de traitement et de valorisation, et notamment à la déresponsabilisation des producteurs des différents types de déchets, comme le déclare sa note de présentation.

En effet, la loi 28-00 arrête les règles et les principes fondamentaux qui se rapportent à la gestion des déchets et à leur élimination. Elle permet d'asseoir une gestion rationnelle, moderne et efficace du secteur, respectueuse des exigences de développement durable et de la protection de l'environnement.

Les apports les plus importants de la nouvelle loi spécifique aux déchets traitent de différents aspects : la responsabilisation, la mise en décharge, la répression et les sanctions, le financement, entre autres mesures.

L'un des apports principaux de cette loi réside dans la définition du service public de la gestion des DM, pour la première fois, avec une prise en total de toutes les activités et opérations y afférentes[4].

---

1 N. Madani, « Droit marocain des déchets municipaux et développement durable », in : *LEAD* (Law, Environment And Development Journal), 11/2, décembre 2015, p. 3.

2 Conseil National de l'Environnement, « Les instruments juridiques au service de la protection de l'environnement au Maroc », *op. cit.*, pp. 10-11.

3 *Ibid.*

4 Voir article 16 de ladite loi 28-00.

De plus, en délimitant le cadre conceptuel relatif aux déchets, elle en dresse une catégorisation par nature ou provenance.

Par ailleurs, ledit cadre juridique est innovant également en sa prise en considération des objectifs du développement durable.

1- L'environnement, un enjeu majeur pour la gestion des déchets ménagers

Dans ce cadre, la loi sur les déchets était innovante, par le fait qu'elle intègre les objectifs écologiques dans ses dispositions, notamment en ce qui concerne la gestion rationnelle et écologique des déchets qui dépasse la logique d'élimination à une logique de réduction, voire de prévention[1].

Du fait, le texte de la loi définit les règles d'organisation des décharges existantes et appelle à leur remplacement par des décharges contrôlées en classant ces dernières en trois catégories distinctes en fonction des types de déchets qu'elles sont autorisées à recevoir et fixe les modalités d'ouverture et les prescriptions pour leur implantation[2]. Il s'agit du décret 2-09-284 du 20 hija 1430 (8 décembre 2009) fixant les procédures administratives et les prescriptions techniques relatives aux décharges contrôlées[3].

En effet, au-delà de l'objectif de réduction des nuisances causées par les déchets, on y constate deux grandes innovations : d'un côté, l'obligation de valorisation et de recyclage des déchets et, de l'autre côté, la mise en place de plans provinciaux/communaux qui définissent les grandes orientations de la gestion des déchets ménagers à l'échelle de la commune ou de la province.

En ce qui concerne l'obligation de la valorisation et du recyclage des déchets, la loi 28-00 définit les différents types de déchets et prévoit l'obligation de réduction de ces déchets à la source, l'utilisation des matières premières biodégradables et la

---

1 N. Madani, « Droit marocain des déchets municipaux et développement durable », *op. cit.*, p. 4.

2 Voir article 48 dudit décret.

3 *BO* n° 5802 du 21 moharrem 1431 (7 janvier 2010).

prise en charge des produits durant toute la chaîne de production et d'utilisation[1].

Les déchets représentent désormais un gisement d'énergie et de « matières premières secondaires » que l'on n'a plus le droit de gaspiller, ni de détruire. Il serait ainsi fixé par voie réglementaire les prescriptions techniques concernant le tri, l'emballage, la collecte, le transport, le stockage, le traitement et l'élimination des déchets[2].

Par ailleurs, il était fréquent d'opter pour l'incinération en plein air des déchets ménagers comme moyen de leur élimination. Cette pratique causait une grande nuisance à l'environnement et à la santé humaine, notamment à travers les fumées toxiques qui en sont dégagées. Dans le même ordre, l'incinération des déchets a été réglementée, voire interdite pour les déchets ménagers[3], et ne peut être menée que dans des conditions bien particulières et très rigoureuses[4]. Un texte réglementaire de l'activité de l'incinération des déchets a été adopté ; il s'agit du décret 2-12-172 du 12 joumada II 1433, fixant les prescriptions techniques relatives à l'élimination et aux procédés de valorisation des déchets par incinération[5] et qui a pour objet de définir les procédures administratives applicables aux installations d'incinération et de co-incinération, ainsi que les exigences techniques et les valeurs limites des émissions et des rejets issus de ces installations[6].

En outre, cette prise en charge écologique est manifestée également à travers l'incitation à la promotion des projets et activités contribuant à la réduction des émissions de gaz à effet de serre à l'instar des Mécanismes de Développement Propre (MDP), en mettant l'accent sur le secteur des déchets.

---

1 GTZ, « Étude de la gestion des flux à travers des concepts et bilans des déchets » (PGPE), *op. cit.*, pp. 4-5.

2 Conseil National de l'Environnement, Programme national de gestion des déchets ménagers, *op. cit.*, pp. 6-7.

3 Voir article 7 de ladite loi 28-00.

4 Voir article précédent.

5 *BO*. n° 6058 du 1er chaabane 1433 (21 juin 2012).

6 Article premier du décret n° 2-12-172.

Par ailleurs, le cadre juridique actuel de la gestion des DM constitue une base solide pour réguler les aspects environnementaux des activités de ce secteur au Maroc[1].

2- La gestion des déchets ménagers dans une perspective sociale

En plus de l'enjeu environnemental, la gestion des déchets revêt une perspective sociale qui nécessite l'implication de toutes les parties-prenantes concernées par la gestion des déchets en s'appuyant sur des méthodes d'investigation, en bonne partie, participatives[2].

Dans le cadre de cette dimension sociale, des préoccupations importantes devraient être orientées vers la population la plus vulnérables du fait de la régulation des opérations de la gestion des déchets ménagers contribuant à la lutte contre leur marginalisation sociale, notamment que les déchets ménagers constituent une source principale de leur survécu.

D'ailleurs, la transition d'une décharge sauvage à une autre contrôlée aurait des impacts sociaux sur les récupérateurs informels dont la subsistance serait affectée par la fermeture des décharges spontanées. Ainsi, les cahiers des charges relatifs à la délégation de la gestion des décharges contrôlées incitent à les intégrer dans les nouvelles décharges en améliorant les conditions sociales de leur travail en tant que ramasseurs des déchets[3].

Nous pouvons également penser à l'ensemble des emplois liés à des activités de traitement des déchets en dépassant la logique d'élimination à un tri sélectif de déchets tout en multipliant les filières de leur valorisation et à ne mettre en décharge que les déchets ultimes.

---

1 Secrétariat d'État chargé de l'Eau et de l'Environnement, « Diagnostic du Système d'Évaluation Environnementale au Maroc », Projet MDP programmatique dans le domaine de la gestion des décharges contrôlées de déchets municipaux, version finale, juillet 2011, pp 19 et 20.

2 J. P. Hannequart, « Gestion intégrée et durable des déchets », Rapport introductif, Rabat, 16 juin 2008, p. 6.

3 N. Madani, « Droit marocain des déchets municipaux et développement durable », *op. cit.*, p. 5.

3- L'aspect économique de la gestion des déchets ménagers

Si la gestion des déchets ménagers révèle des problèmes environnementaux ceux-ci traduisent les dysfonctionnements et l'inadéquation du système économique vis-à-vis des enjeux d'un développement durable.

En effet, l'aspect économique dans la gestion des déchets est fortement présent du fait que le déchet a fait la transition, dans son appréhension juridique, du rang de *res derelictae* à celui de ressource à valeur économique[1].

Par ailleurs, la loi sur les déchets octroie aux communes la possibilité de la commercialisation et de la réutilisation des produits des déchets valorisés ou de les concéder à d'autres utilisateurs[2]. Pour cela, il est prévu pour les communes de procéder à l'organisation d'une collecte sélective et d'imposer la séparation de certaines catégories de déchets[3]

En ce qui concerne le financement de la gestion des déchets, il est prévu que le service public de la gestion des DM donne lieu à la perception d'une redevance dont le taux est fixé par le conseil communal[4]. Cette disposition permet aux communes de prélever des redevances pour les prestations rendues par le service public de gestion des déchets ménagers. Les personnes autorisées à recevoir et gérer les déchets inertes, les déchets agricoles, les déchets ultimes et les déchets industriels non dangereux, peuvent également prélever une redevance pour les services rendus.

Cette transition a suscité l'émergence d'une économie des déchets. Les déchets sont des sous-produits de nos systèmes de production, de traitement et de consommation. Ils représentent une dimension importante des économies développées ou en développement. En effet, il existe une lacune incontestable en matière d'économie des déchets dans la littérature économique.

---

1 N. Madani, « Droit marocain des déchets municipaux et développement durable », *op. cit.*, p. 5.

2 Voir article 22 de ladite loi 28-00.

3 Ministère de l'Intérieur et ministère de l'Énergie, des Mines, de l'Eau et de l'Environnement, département de l'Environnement, « Évaluation de la première phase du Programme national des déchets ménagers », *op. cit.*, p. 13.

4 Voir article 23 de ladite loi 28-00 .

Étudier l'économie des déchets, c'est analyser la particularité économique des déchets, des filières de valorisation (recyclage, valorisation agricole, incinération avec récupération d'énergie) et d'élimination (mise en décharge ou incinération simple, c'est-à-dire sans récupération d'énergie)[1]. Elle doit être appréhendée à travers tous les liens qu'elle tisse avec les autres éléments de la vie sociale.

Autrement, l'économie qui étudie comment les ressources rares sont employées pour la satisfaction des besoins des hommes vivant en société, doit également analyser comment elles sont détruites et chercher à apporter des solutions pour inciter les agents économiques à éviter cette destruction et en tirer parti, ou pour trouver une compensation économique aux pertes encourues[2].

Du fait, les filières de valorisation et de traitement des déchets offrent un sujet de réflexion relativement nouveau dans la mesure où cette activité permet de poser, en des termes différents, le problème du rapport entre la consommation et les ressources par la remise en cause, au moins partielle, de la notion de ressource non renouvelable[3].

D'ailleurs, les fondements théoriques d'une analyse économique de ces filières correspondent aux analyses du problème posé par la rareté de certaines ressources, et par l'épuisement des ressources non renouvelables. Ils se trouvent aussi dans les travaux qui ont établi le lien entre l'économie et l'environnement[4].

En outre, faisant appel dans certains cas à des techniques nouvelles, la valorisation des déchets peut s'inscrire dans le cadre d'un nouveau modèle de développement, tenant compte de la nécessité de préserver l'environnement[5].

---

1 S. Lupton, S., *Économie des déchets : approche institutionnelle*, De Boeck, Bruxelles, 2011, p. 3.
2 *Ibid.*
3 H. Wittmann, M. Véronique, « Le recyclage des déchets : approche économique d'une activité nouvelle », in : *Revue française d'économie*, vol. 11 n° 3, 1996, p. 167.
4 *Ibid.*, pp. 177-178.
5 H. Wittmann, M. Véronique, *op. cit.*, p. 167.

B. Le « droit pénal des déchets »

Si l'on devait envisager un raccourci, le droit pénal pourrait être entendu comme le droit de l'infraction ou de l'incrimination. Il se transcrit en une production juridique qui s'attribue le plus souvent la fonction classique répressive consistant à réprimer les comportements déviants dans la société susceptibles d'atteindre l'ordre public.

Dans le domaine environnemental, l'invasion constante des déchets dans la société, les menaces de plus en plus croissantes en résultant pour l'eau, les sols, l'atmosphère, les éléments du milieu naturel, ont poussé le législateur à ériger des textes qui dépassent les seuls objectifs de la préservation de la santé publique à la protection de l'environnement[1], voire à instaurer un régime répressif.

Ainsi, le législateur, soucieux de faire respecter les réglementations protectrices de l'environnement, faisait appel de plus en plus au droit répressif, « *gendarmes des autres droits* »[2], créant de la sorte un droit pénal de l'environnement[3], en général, et des déchets, en particulier, étant donné qu'il représente l'une de ses branches.

En effet, le droit des déchets a mis en place un système de contrôle et de répression des infractions assorti de sanctions à la fois graduelles et dissuasives d'ordre administratif ou financier, mais aussi, en fonction de la gravité des infractions commises[4], d'amendes et d'emprisonnement[5]. Il est prévu par ladite réglementation que tout officier de police judiciaire ou tout agent commissionné par l'autorité gouvernementale chargée de l'environnement pourrait assurer le contrôle et la constatation des infractions liées au domaine des déchets.

---

1 M. J. Littmann, *Le Droit pénal des déchets en France*, *op. cit.*, p 184.

2 *Idem*, « Le Droit pénal », in : *L'écologie et la loi*, sous la direction de A. Kiss, L'Harmattan, 1989, p. 105 cité par : R. Nerac-Croisier, *Sauvegarde de l'environnement par le droit pénal*, *op. cit.*, p. 14.

3 R. Nerac-Croisier, *Sauvegarde de l'environnement…*, *op. cit.*, p. 14.

4 De l'article 68 à l'article 82 de ladite loi 28-00.

5 Voir : B. Nadir, *La gestion des déchets solides ménagers et assimilés…*, *op. cit.*, 2009, pp. 73-74.

1- Les incriminations

Le droit pénal des déchets a pour but d'incriminer tout acte qui pourrait porter atteinte à la santé, à la salubrité publique et à l'environnement. Ainsi, il en est décliné plusieurs incriminations que nous énumérons ci-dessous :

- production d'effets nocifs sur le sol, la faune et la flore ;
- dégradation des sites ou des paysages ;
- engendrement de la pollution de l'air ;
- engendrement de la pollution de l'eau ;
- génération des nuisances olfactives, et bien d'autres.

2- Les infractions

En fonction du comportement du délinquant, il existe, en droit pénal de l'environnement, deux catégories d'infractions pouvant être relevées. D'une part, l'infraction d'omission qui repose dans certains cas sur la faute d'inobservation des réglementations (non-respect des conditions d'exploitation dans une installation de valorisation des déchets par exemple) et qui consiste en une mise en péril du milieu ; et d'autre part, l'infraction de commission qui consiste dans l'accomplissement de l'acte d'exécution décrit (dépôt des déchets en dehors des endroits envisagés par exemple)[1].

Par ailleurs, le régime répressif du droit des déchets ménagers répertorie les infractions environnementales en trois catégories en fonction de la gravité ; chaque catégorie détermine la fourchette de sanctions. Ainsi, les infractions de première et deuxième catégories constituent des délits qui peuvent être sanctionnés par l'emprisonnement, l'amende pénale ou l'amende administrative. Les infractions de troisième catégorie sont des contraventions qui ne peuvent être sanctionnées que par l'amende pénale ou administrative. Les infractions de ces trois catégories peuvent donc faire l'objet de

---

1 R. Nerac-Croisier, *Sauvegarde de l'environnement par le droit pénal*, L'Harmattan, *op. cit.*, p. 26.

poursuites pénales ou être traitées par une autorité administrative[1].

En ce qui concerne le contrôle et la constatation des infractions, la loi sur les déchets a chargé les agents et les officiers de police judiciaire, les fonctionnaires et agents commissionnés à cet effet par l'administration et les communes concernées[2] qui ont le droit du libre accès aux décharges contrôlées et aux installations de traitement, de valorisation, d'incinération, de stockage ou d'élimination des déchets[3].

3- Les sanctions

Ladite loi 28-00 prévoit un régime énumérant les comportements devant être incriminés et des sanctions effectives, proportionnées et dissuasives applicables en cas de violation de ces dispositions.

Ce régime permet des sanctions d'ordre administratif, pécuniaire et d'emprisonnement, ainsi qu'elles peuvent inclure la remise en l'état de l'environnement, voire remédier et atténuer tout danger apparu menaçant à la santé de l'homme et à l'environnement[4].

En revanche, la réparation des dommages à l'environnement rencontre souvent des difficultés juridiques, notamment en ce qui concerne les conditions nécessaires à l'engagement de la responsabilité environnementale. Nonobstant, il est possible que le « délinquant écologique » puisse être sanctionné et voir sa responsabilité engagée[5].

L'atteinte à l'environnement peut mener par la suite – y compris cumulativement sous certaines conditions – à une

---

1 F. Toro, Et F. Vanhamme, « Nuisance environnementale et traitement institutionnel : le cas de la gestion problématique de déchets », in : *Justice ! Entre pénalité et socialité vindicatoire*, actes du séminaire « Modèles de justice et socialité vindicatoire ». Laboratoire d'études et de recherches sur la justice (LERJ), 2011, p. 193.

2 Voir article 62 de ladite loi 28-00.

3 *Ibid.,* article 64.

4 *Ibid.*, article 65.

5 S. Maljean-Dubois, *Quel droit pour l'environnement ?*, Hachette, Paris, 2008, p. 33.

indemnisation au civil, une sanction pénale et une sanction administrative[1].

Par ailleurs, les sanctions devraient être aggravées lorsque les faits sont commis malgré une décision de mise en demeure ou s'ils portent gravement atteinte à la santé ou à la sécurité des personnes ou provoquent une dégradation substantielle de l'une des composantes de l'environnement[2].

4- Le régime de la responsabilité environnementale du fait des déchets ménagers

On reproche souvent au droit de l'environnement sa complexité et le caractère flou de ses finalités. À condition d'être repensée, l'institution de la responsabilité pourrait constituer le « *fil d'Ariane de ce labyrinthe* », ainsi que le fondement éthique sur lequel le fonder[3].

Par ailleurs, le principe 13 de la « Déclaration de Rio sur l'environnement et le développement »[4] prévoit que « *Les États doivent élaborer une législation nationale concernant la responsabilité pour les dommages causés par la pollution et autres dommages à l'environnement et pour l'indemnisation des victimes. Ils doivent également coopérer avec diligence et de manière plus résolue en vue d'élaborer de nouvelles mesures de droit international concernant la responsabilité et l'indemnisation en ce qui concerne les effets nocifs des dommages causés à l'environnement par des activités relevant de leur compétence ou de leur pouvoir dans des régions situées au-delà des limites de leur juridiction*[5] ».

1 Maljean-Dubois, *op. cit.*, p. 33..

2 B. Nadir, « Le dispositif juridique de lutte contre la pollution de l'eau au Maroc : ambitions et ambiguïtés », in : *Revue de Recherche Scientifique dans le domaine du Droit de l'Environnement*, n°1, octobre 2013, p. 86.

3 F. Ost, « La responsabilité, fil d'Ariane du droit de l'environnement », in : *Droit et Société*, 1995, p. 281.

4 « La Déclaration de Rio », adoptée à la Conférence mondiale « ECO 92 ».

5 M. Uliescu, «La responsabilité pour les dommages écologiques», in : *Revue internationale de droit comparé*, vol. 45, n° 2, Avril-juin, p 387.

La responsabilité civile

La responsabilité civile est définie comme « *l'obligation de répondre devant la justice d'un dommage, et d'en réparer les conséquences en indemnisant la victime. Son objectif principal est la réparation, consistant à rétablir l'équilibre qui avait été rompu, par l'auteur du dommage, entre son patrimoine et celui de la victime*[1] ».

En effet, le droit de la responsabilité définit les conditions pour le dédommagement d'une victime. C'est un droit qui s'applique aux personnes physiques ou morales. La réparation représentera ainsi une créance au bénéfice du lésé et une dette pour le responsable (ou son assureur).

Par ailleurs, la responsabilité civile est approchée selon deux types de fautes. Il commence :

- Là où cesse une exécution normale d'une prestation (régime des obligations) : il s'agit de la responsabilité contractuelle, dans le domaine des déchets ménagers, en cas de la délégation du service public y afférent, la commune, étant l'autorité délégante qui subit un préjudice, peut rechercher la responsabilité directe contractuelle envers le délégant qui n'a pas respecté ses engagements ou ce que lui impose la réglementation.
- Là où cesse un comportement normal d'un tiers (autre personne) : il s'agit de la responsabilité délictuelle qui concerne des personnes non liées par un contrat dont le fautif a causé un dommage à autrui. Celui qui subit un préjudice par l'effet d'un tiers peut également rechercher la responsabilité non-contractuelle envers le tiers fautif. La responsabilité délictuelle est ainsi basée sur l'existence d'une faute qui peut être manifestée par une action, une négligence ou une imprudence. Elle peut résulter de la violation des réglementations applicables en matière de déchets (le dépôt des déchets devant un tiers en dehors des endroits envisagés, par exemple[2]).

---

1 P. Le Tourneau, *La responsabilité civile*, Presses Universitaires de France, 2003, p. 5.

2 Voir article 8 de ladite loi 28-00.

Du fait, par les problèmes clefs de l'application du principe pollueur-payeur concernant l'identification du pollueur, malaisée dans le cas de pollutions diffuses émanant de plusieurs sources, elle peut devenir impossible dans le cas de pollutions accidentelles ou volontaires. Quoiqu'il existe deux régimes de responsabilité différents, à savoir sans faute et en cas de faute ou de négligence[1].

En effet, la tendance actuelle est en faveur de la réparation pouvant être effectuée dans le cadre d'une responsabilité sans faute, ce qui constituerait une avancée étant donné que la preuve de la faute est souvent difficile à apporter[2]. Il s'agit de « *la responsabilité du fait de la chose que l'on a sous sa garde*[3] ».

De façon générale, qu'il s'agisse de responsabilité pour faute ou sans faute, le droit civil classique ne laisse pas sans recours la victime d'une pollution, au moins quand l'atteinte est portée à une chose appropriable[4].

L'engagement de la responsabilité civile, que ce soit délictuelle ou contractuelle, donne lieu à la réparation des dommages causés par l'allocation de dommages et intérêts ou par une réparation en nature (enlèvement des déchets[5], remise en état par exemple).

Le principe général de la responsabilité civile est celui d'une réparation complète du préjudice subi par la victime : ce sera ou bien « la réparation en nature », qui est censée rétablir la situation antérieure au dommage, ou bien « la réparation par équivalent », qui se traduit par l'octroi de dommages-intérêts au cas où la *restitutio in integrum* s'avère impossible[6]. Par ailleurs, la demande en réparation peut être remplacée ou s'accompagner

1 C. Roche, *op. cit.*, p. 46.
2 *Ibid.*, p. 47.
3 Voir article 6 de ladite loi 28-00.
4 B. Nadir, « Le dispositif juridique de lutte contre la pollution de l'eau au Maroc : ambitions et ambiguïtés », *op. cit.*, p 114.
5 Voir article 8 de ladite loi 28-00.
6 F. Ost, « La responsabilité, fil d'Ariane du droit de l'environnement », *op. cit.*, p. 304.

d'une action en vue de faire cesser l'activité illicite et dommageable[1].

En outre, la notion de responsabilité civile dans le domaine des déchets inclut le paiement de dommages et intérêts en cas de gestion illégale des déchets, ainsi que la responsabilité de la gestion à long terme et de l'entretien des décharges et de leur réhabilitation après fermeture[2].

La responsabilité pénale

Depuis la création des « États modernes » où le droit de punir est fondé sur la fiction du libre arbitre qui entraîne la responsabilité des auteurs d'infraction, la notion de responsabilité n'a cessé d'être débattue. Elle connaît cependant aujourd'hui un regain d'actualité dans une société où, à la suite du déclin de l'État providence, les individus sont engagés à se sentir de plus en plus acteurs et dès lors responsables de leur destin. Le système pénal n'échappe pas à cette évolution. Loin de se contenter de les considérer comme responsables des infractions, les réformes pénales tentent de « responsabiliser » les auteurs au niveau même de l'exécution des peines, voire du choix de celles-ci[3].

La responsabilité pénale, en cas de violation des normes concernant la protection de l'environnement, applique les principes de responsabilité criminelle ; s'il y a des particularités dans cette matière, elles sont dues à la nature de l'objet protégé par la loi et dont l'atteinte consiste en une violation de la loi. La responsabilité pénale sera engagée seulement dans les cas où le fait présente un danger social élevé et représente une menace sérieuse pour les intérêts de la société dans le domaine de l'environnement ou de l'utilisation des ressources naturelles ou s'il présente un danger pour la vie ou la santé des hommes[4].

Enfin, l'engagement de la responsabilité en droit de l'environnement, en général, et en droit des déchets, en particulier, est plus complexe qu'il n'y parait, comme,

---

1 F. Ost, *op. cit.*, p. 304.
2 Voir articles 51 et 53 de ladite loi 28-00.
3 F. Digneffe et T. Moreau, « La responsabilité et la responsabilisation dans la justice pénale », De Boeck et Larcier, Bruxelles, 2006, p. 3.
4 M. Uliescu, *op. cit.*, pp. 389-390.

d'ailleurs, l'a montré F. Ost à travers les deux cas de figure suivants :

Dans le premier cas, il donne l'exemple d'un accident qui s'est produit dans une usine de traitement de déchets : « *Une explosion a eu lieu qui entraîne le dégagement de fumées toxiques. Des pertes sont enregistrées dans les troupeaux qui paissent aux alentours de l'usine ; les éleveurs subissent donc un préjudice économique direct. Un procès s'engage ; [...]. Le juge condamne l'exploitant à la réparation intégrale du préjudice [...]. Correctement assuré, l'industriel n'est pas mis en difficulté par cette condamnation*[1]. »

Par contraste avec ce premier exemple, l'auteur imagine « *l'hypothèse d'une pollution de la nappe phréatique résultant de nuisances continues, diffuses et remontant certainement à plusieurs années : le dommage est multiforme (il affecte autant des biens appropriés que des res communes), la faute et les fautifs sont évanescents, le lien de causalité fort distendu*[2] ».

Ainsi, le système de contrôle et de répression des infractions relatives au domaine des déchets constitue une bonne protection de la santé humaine et de l'environnement à condition que « *les applications de la réglementation demeurent strictes*[3] ».

La responsabilité et la sanction administrative

En s'inspirant des principes de base mondialement appliqués, tels que le principe de prévention, le principe pollueur-payeur et le principe de correction par priorité à la source dont l'application en matière de gestion des déchets[4], la loi sur les déchets instaure la responsabilité partagée entre les différents acteurs concernés en reconnaissant aux producteurs et détenteurs des déchets la responsabilité de valoriser ou

---

1 F. Ost, « La responsabilité, fil d'Ariane du droit de l'environnement », *op. cit.*, p. 304.
2 *Ibid.*
3 D. Guihal, *Droit répressif de l'environnement*, Economica, 3e éd., 2008, 851 p., cité par : P. Martin-Bidou, *Droit de l'environnement*, Vuibert, Paris, 2010, p. 334.
4 Note de présentation du projet de ladite loi 28-00 devant le Parlement.

d'éliminer leurs déchets dans les installations autorisées[1] et de tenir un inventaire permettant leur traçabilité[2].

En outre, la loi 28-00 a confirmé la responsabilité institutionnelle des communes en matière de gestion des DM[3]. Dans ce cadre, il est mis à leur charge les dépenses afférentes à la collecte, au transport, à la mise en décharge contrôlée, à l'élimination, à la valorisation et, le cas échéant, au tri.

Il est prévu également pour les collectivités territoriales d'aménager des décharges contrôlées pour les déchets ménagers et les déchets industriels. Pour ces derniers, on distingue entre les déchets industriels banals qui peuvent être déposés dans des sites isolés par rapport aux décharges des déchets ménagers et les autres devant être déposés ou éliminés dans des décharges spécifiques.

De leur part, les industriels sont appelés, à cet effet, à participer à la mise en place d'une infrastructure appropriée et adaptée pour l'élimination des déchets dangereux générés. Le dépôt en dehors des décharges spéciales, l'enfouissement et le mélange des déchets dangereux avec d'autres types de déchets sont interdits selon les termes de la loi[4].

En outre, comme la sanction pénale, la sanction administrative remplit une fonction de répression, et indirectement de prévention par le régime de l'autorisation et de la déclaration préalable. A priori, les sanctions pénales les plus graves relèvent du droit pénal, or des amendes administratives peuvent dépasser largement les montants induits par les sanctions pénales[5].

---

1 Voir : B. Nadir, *op. cit.*, 2009, pp. 72-73 ; GTZ, *Etude de la gestion des flux à travers des concepts et bilans des déchets*, *op. cit.*, pp. 4-5 ; ministère de l'Intérieur et ministère de l'Énergie, des Mines, de l'Eau et de l'Environnement, département de l'Environnement, « Evaluation de la première phase du Programme national des déchets ménagers », Banque Mondiale, 2011, p. 13 ; et CNE, Programme national de gestion des déchets ménagers, *op. cit.*, pp. 6-7.

2 Voir articles 4 et 54 de ladite loi 28-00.

3 *Ibid.*, article 16.

4 GTZ, « Étude de la gestion des flux à travers des concepts et bilans des déchets », *op. cit.*, pp. 4-5.

5 S. Maljean-Dubois, *Quel Droit pour l'environnement ?*, *op. cit.* p. 101.

Dans la mesure où le régime juridique des sanctions pénales et administratives tend à se rapprocher, seule l'autorité publique investie du pouvoir de sanctionner – juge ou autorité administrative – permet de distinguer la sanction administrative de la sanction pénale.

Par ailleurs, la sanction administrative possède des avantages déterminants s'agissant des atteintes à l'environnement vu qu'elle est immédiatement exécutoire « *sans saisine préalable d'un juge et sans délai et selon une procédure plus facile à mettre en œuvre que la procédure pénale*[1] ».

En droit des déchets ménagers, la sanction administrative revêtit plusieurs formes, en partant des pénalités infligées au délégant pour des manquements aux clauses des cahiers des charges, passant par la suspension d'une autorisation et arrivant à l'interdiction de l'exercice d'activité relative à la gestion de ce type de déchets.

5- Entre répression et prévention : les sanctions alternatives, une troisième voie de recours ?

Peu présent dans la justice relative à la protection de l'environnement, l'idéal d'une « *troisième voie* », entre prévention et répression, est incarné par l'adoption de mesures ou de sanctions alternatives : travail d'intérêt général, médiation pénale, médiation réparatrice, etc. Ces mesures sont assorties de conditions, souvent autant d'obligations ou de limitations. Incarnation d'une justice négociée et soucieuse des victimes, ces mesures d'*Alternative Dispute Resolution* représentent effectivement une alternative intéressante à la punitivité et aux attentes supposées de répression du public[2].

S'appuyer sur le seul objectif de politique criminelle d'éviter l'emprisonnement ne permet pas à lui seul d'atteindre les autres objectifs attendus de la sanction pénale, d'où il est primordial de recourir à ces sanctions alternatives. Comme indiqué précédemment, en détachant les sanctions alternatives de toute

1 S. Maljean-Dubois, *Quel Droit pour l'environnement ?*, *op. cit.* p. 101.
2 F. Bailleau et al., « La criminalisation des mineurs et le jeu des sanctions. », in : *Déviance et Société*, 3/2009 (vol. 33), p. 255.

référence à l'emprisonnement, le législateur a souligné que chacune de ces sanctions a non seulement une existence, mais surtout une finalité qui lui est propre. Certaines seront plus adaptées à une délinquance particulière, telles que les infractions routières ou les infractions en matière de chèques, d'autres pourront viser plus particulièrement telle catégorie de délinquant. Elles satisfont pleinement le souci d'individualisation de la sanction. Mais le meilleur moyen d'éviter l'emprisonnement étant encore d'éviter la sanction, voire d'éviter la poursuite, c'est en amont du prononcé de la sanction que des alternatives sont directement recherchées[1].

Le travail d'intérêt public constitue un exemple concret pour expliquer ce qu'est une sanction alternative, étant donné que la sanction consiste, pour l'auteur de l'infraction, à exécuter un travail dans l'intérêt de la communauté, celui-ci peut contribuer à la protection de l'environnement[2].

Du fait, ces mesures possèdent une certaine valeur et méritent de les prendre en considération : d'un côté, ce type de réaction à la suite d'une infraction génère un impact positif et, de l'autre côté, l'effet positif résulte également de l'amélioration de l'état de l'environnement endommagé par l'acte interdit[3].

C. La réglementation des déchets ménagers dans les lois connexes

En l'absence d'un cadre réglementaire spécifique, la gestion des déchets a été régie par quelques dispositions de textes éparpillées. Et après l'entrée en vigueur d'une loi spécifique aux déchets, certaines de ces dispositions deviennent obsolètes, tandis que d'autres restent encore valables.

L'entrée en vigueur de la loi sur les déchets constitue une étape importante dans la mise en place d'un programme de gestion durable du secteur qui a été complété par de nombreux

---

1 D. GAILLARDOT. « Les sanctions pénales alternatives », In : Revue internationale de droit comparé, Vol. 46, N°2, Avril-juin 1994, p 690.

2 Conseil de l'Europe, Convention sur la protection de l'environnement par le droit pénal : rapport explicatif, 2000.

3 *Ibid.*

textes d'application[1] dans la mesure où elle comporte plusieurs dispositions tendant vers un développement durable.

D'autre part, l'adoption des lois environnementales avait un impact considérable sur le développement de la conscience collective autour de l'importance de la prise en considération de la dimension environnementale dans la gestion du secteur des DM. Les lois environnementales promulguées comprennent des dispositions relatives à la gestion des déchets (paragraphe A) et contribuent à l'introduction de principes juridiques fondamentaux inspirés du droit de l'environnement (paragraphe B).

1- Les dispositions relatives à la gestion des déchets dans les lois connexes

En plus de la loi 28-00 sur la gestion des déchets solides et de ses textes d'application, le Maroc a adopté divers textes juridiques définissant les principes et les procédures appliqués dans le cadre de la protection de l'environnement et de sa préservation en relation avec le secteur des déchets.

Les installations classées

Le dahir du 25/8/1914[2] (modifié par le dahir du 13 octobre 1933 – 22 joumada II 1352) portant réglementation des établissements insalubres, incommodes ou dangereux constitue la base de l'arsenal juridique et la référence pour la nomenclature des établissements classés au Maroc. Il les subdivise, dans son 2e article, suivant trois classes, selon la nature des opérations qui y sont effectuées ou les inconvénients

---

1 SEEE, Banque Mondiale et Fonds d'Equipement Communal, Diagnostic du Système d'Evaluation Environnementale au Maroc, Projet MDP programmatique dans le domaine de la Gestion des Décharges contrôlées de Déchets Municipaux, *op. cit.*, p 16

2 Dahir du 3 chaoual 1332 (25 août 1914) portant réglementation des établissements insalubres, incommodes ou dangereux (B.O n° 97 du 7 septembre 1914) tel qu'il a été modifié et complété par le dahir du 22 joumada II 1352 (13 octobre 1933) (B.O n° 1101 du 1 décembre 1933), le dahir du 3 joumada II 1356 (11 août 1937) (B.O n° 1301 du 01 octobre 1937), le dahir du 1er kaada 1361 (9 novembre 1942) (B.O n° 1574 du 25 décembre 1942) et le dahir du 28 rebia I 1369 (18 janvier 1950) (B.O n° 1954 du 7 avril 1950).

qu'ils présentent au point de vue de la sécurité, de la salubrité ou de la commodité publique.

Selon le premier article de l'arrêté viziriel du 22 joumada II 1352 (13 octobre 1933), portant classement des établissements insalubres, incommodes ou dangereux, parmi les établissements auxquels s'applique le dahir susvisé figurent les dépôts des déchets ménagers qui sont placés dans la première et la deuxième classe.

L'article 4 du même dahir stipule que les établissements rangés dans la première ou la deuxième classe ne peuvent être ouverts que sur une autorisation préalable. Celle-ci est délivrée par arrêté du pacha ou du caïd, sur avis de l'autorité municipale ou locale de contrôle.

À noter que l'ouverture, le transfert et la fermeture d'une décharge contrôlée sont subordonnés à une déclaration déposée auprès des autorités locales compétentes dans ladite loi 28-00[1]. Les activités liées aux installations de valorisation, de traitement, de stockage et d'élimination des DM sont aussi subordonnées d'une déclaration auprès de l'administration sans préciser quelle administration : autorités locales ou autorité gouvernementale chargée de l'environnement[2].

Une question pertinente s'impose alors : quelle relation entre le régime juridique des installations classées et la législation autour des déchets ?

La gestion des DM n'est pas régie par le dahir sur les installations classées, quant aux installations de valorisation, de traitement, de stockage et d'élimination des déchets dangereux, industriels, médicaux et pharmaceutiques, elles y sont soumises[3].

La gestion des déchets ménagers, des compétences propres aux communes

La charte communale portant loi 78-00[4] relative à l'organisation des communes a confié aux communes la

1Voir article 49 de ladite loi 28-00 et article 3 du décret n° 2-09-284 précité.
2Voir article 52 de ladite loi 28-00.
3Voir article 52 de ladite loi 28-00.
4 Dahir n°1-02-297 du 25 rejeb 1423 (3 octobre 2002) (B.O. n° 5058 – 16 ramadan 1423 (21-11-2002)), telle qu'elle a été modifiée et complétée par la

compétence en matière de fourniture des services publics locaux qui incluent le service de collecte, de transport et d'élimination des DM[1]. Elles peuvent gérer ces services directement en régie ou en les confiant à des opérateurs professionnels par voie de délégation de service public[2]. Cette responsabilité des communes pour la gestion du service public des déchets ménagers a été reprise par l'article 83 de la loi organique relative aux communes[3] mais en ajoutant, à leur collecte et élimination, le traitement et la valorisation de ces déchets[4].

Par ailleurs, en vertu de l'article 37 de cette charte, le conseil communal « *fixe dans le cadre des lois et règlements en vigueur, les taux des taxes, les tarifs des redevances et des droits divers perçus au profit de la commune* ».

Il dispose aussi que le conseil communal décide de la création et de la gestion des services publics communaux dont ceux relatifs à la collecte, transport, mise en décharge publique et traitement des DM. Il décide également des modes de gestion des services publics communaux, par voie de régie directe, de régie autonome, de concession ou de toute autre forme de gestion déléguée des services publics.

Cette liberté de choix entre les modes de gestion a été encadrée davantage en vertu de la nouvelle loi organique relative aux communes en incitant ces dernières au recours aux voies de modernisation dans la création et la gestion des services publics, tout en élargissant ce recours, au-delà de la gestion déléguée, à d'autres formes : la société de développement local ou la contractualisation avec le privé. Or, cette disposition ne fait aucune référence à la régie directe ou

---

loi n°01-03 promulguée par le Dahir n°1-03-82 du 20 moharrem 1424 (24 mars 2003) (B.O. n° 5096 – 30 moharrem 1424 (3-4- 2003)) et la loi n°17-08 promulguée par le Dahir n° 1-08-153 du 22 safar 1430 (18 février 2009) (B.O. n° 5714 – 7 rabii I 1430 (5-3-2009)).

1Voir article 39 de la loi 78-00 portant charte communale.

2Voir article 39, § 2 de ladite loi 78-00.

3 Dahir n°1-15-85 du 20 ramadan 1436 (7juillet 2015) portant promulgation de la loi organique n°113-14 relative aux commune (BO n° 6440 du 09 Joumada I 1437 (18 février 2016).

4Voir article 83 de ladite loi organique 113-14.

autonome, ce qui laisse le champ ouvert aux interprétations : le fait de ne pas mentionner ces deux modes de gestion peut-il dire qu'ils sont intégrés de manière tacite dans « les voies modernisées de gestion », ou bien qu'ils ne relèvent plus des possibilités offertes par la loi aux communes considérant qu'ils ne sont plus des voies en mode ?[1]

La charte confère au président du conseil de la commune des pouvoirs de police administrative. Il *« veille à l'élimination et à la répression des dépôts d'ordure en milieu habité »*. Cette attribution est consacrée également par l'article 100 de la loi organique relative aux communes gardant presque la même formulation que la charte de 2002 en ajoutant l'obligation de l'élimination des déchets.

En outre, la coopération intercommunale est consacrée dans la nouvelle loi organique comme elle a été prévue dans la charte communale sous deux formes[2] :

- la convention de coopération ou de partenariat pour la réalisation d'un projet d'intérêt commun[3] ;
- le groupement de communes ou de collectivités territoriales, pour la réalisation d'une œuvre commune ou pour la gestion d'un service d'intérêt général[4].

La loi organique a remplacé « groupement de communautés urbaines » et « groupement de collectivités locales », successivement, par « établissement de coopération entre communes » et « groupement de collectivités territoriales ».

En ce qui concerne la convention de coopération, elle fixe notamment l'objet du projet, son coût, sa durée, le montant ou la nature des apports et les modalités financières et comptables.

Quant au groupement, la charte communale prévoit la création de groupements d'agglomérations[5] à l'initiative de communes avoisinantes, situées sur un espace territorial continu dont la population est supérieure à 200.000 habitants, dans le but de s'associer pour la réalisation et la gestion de services

1Voir article 83 de ladite loi organique 113-14.
2Voir article 78 de ladite loi 78-00.
3Voir article 36 de ladite loi 78-00.
4Voir article 79 de ladite loi 78-00.
5Voir article 83-1 de ladite loi 78-00.

d'intérêt commun. Parmi les attributions des groupements d'agglomérations figurent le traitement des déchets.

Dans le contexte de la gestion des DM, la formule de la convention de partenariat pourrait s'appliquer pour la collecte, surtout en cas de gestion déléguée ne nécessitant pas une mise en commun pérenne de moyens. Cependant, pour la mise en décharge contrôlée qui constitue un service public intercommunal, c'est la formule du groupement qui devrait être appliquée, comme le recommande la loi, car il s'agit de gérer un service d'intérêt général et un patrimoine commun[1].

Autant, la loi organique des communes a intégré aux domaines d'intervention de l'établissement de coopération entre communes l'activité de la valorisation des déchets.

Les études d'impact sur l'environnement (EIE)

Le Maroc possède un cadre juridique relativement développé et cohérent en matière d'évaluation d'impact des activités du secteur des déchets solides.

Les dispositions relatives aux études d'impact environnemental (EIE) sont fixées par la loi 12-03[2] relative à l'étude d'impact sur l'environnement et ses textes d'application. Sont également applicables, les dispositions du décret n° 2.04.563 relatif aux attributions et au fonctionnement du Comité national et des comités régionaux des études d'impact sur l'environnement et du décret 2.04.564 fixant les modalités d'organisation ou de déroulement de l'enquête publique relative aux projets soumis aux études d'impact sur l'environnement.

La loi 12-03 a pour but l'application des mesures préventives visant la protection de l'environnement et l'intégration des préoccupations environnementales dans les processus de développement économique et social. Elle définit les modalités de réalisation des études d'impact comme elle établit une liste d'activités économiques passibles de l'application des études d'impact sur l'environnement.

---

1 Ministère de l'Intérieur et ministère de l'Énergie, des Mines, de l'Eau et de l'Environnement, Département de l'Environnement, Évaluation de la première phase du Programme National des Déchets Ménagers, *op. cit.*, pp. 12-13.
2 Dahir n° 1-03-60 du 10 rabii I 1424 (12 mai 2003), B.O n° 5118 du 18 rabii II 1424 (19 juin 2003).

Cependant, la loi 12-03 doit être lue et interprétée en relation avec l'ensemble des lois et règlements applicables à la protection de l'environnement de manière générale et de ceux plus spécifiquement applicables au secteur des déchets au Maroc. Du fait, le système marocain est constitué de nombreux textes législatifs et réglementaires en vigueur ainsi que de certaines pratiques qui se sont développées dans le secteur des déchets[1].

En effet, dans la liste des projets devant être soumis à une EIE préalable, établie par la loi 12-03, on retrouve ceux relatifs au secteur des déchets solides. Cette approche par la définition d'une liste est adoptée dans nombre de législations récentes en vigueur dans différents pays du globe. D'une manière générale, les projets assujettis à EIE et qui sont dans la liste annexée à la loi sont largement définis comme ceux qui *« en raison de leur nature, de leur dimension ou de leur lieu d'implantation risquent de produire des impacts négatifs sur le milieu biophysique et humain*[2] *»*. La liste annexée à la loi 12-03 inclut, entre autres projets et activités : (i) « les établissements insalubres, incommodes ou dangereux classés en première catégorie », et (ii) « les installations de stockage ou d'élimination de déchets quelle que soit la nature et la méthode de leur élimination[3] ».

En effet, l'EIE constitue l'un des instruments modernes permettant de faciliter l'application des mesures préventives visant la protection de l'environnement et l'intégration des préoccupations environnementales dans les processus de développement économique et social. Depuis 2003, le Maroc, à l'instar d'autres pays, a exigé l'établissement préalable à la mise en place de tout projet qui aurait un impact direct ou indirect,

---

1 SEEE, Banque Mondiale et Fonds d'Équipement Communal, Diagnostic du Système d'Evaluation Environnementale au Maroc, Projet MDP programmatique dans le domaine de la Gestion des Décharges contrôlées de Déchets Municipaux, *op. cit.*, pp. 16-17.

2 Voir article 2 de ladite loi 12-03.

3 SEEE, Banque Mondiale et Fonds d'Equipement Communal, Diagnostic du Système d'Evaluation Environnementale au Maroc, Projet MDP programmatique dans le domaine de la Gestion des Décharges contrôlées de Déchets Municipaux, *op. cit.*, p 22.

substantiel ou modéré, sur l'environnement, d'une étude d'impact sur l'environnement. En vertu de cette loi, les projets de décharges des déchets[1] sont soumis à une étude d'impact sur l'environnement pour avoir une acceptabilité lui permettant la mise en œuvre. L'élaboration d'une EIE complète suppose que le site de mise en décharge ait été définitivement sélectionné.

En plus de leurs dispositions qui traitent les déchets, les lois environnementales avaient l'apport de la consécration des principes juridiques fondamentaux du droit de l'environnement dans le droit des déchets ménagers.

2- La contribution du droit international de l'environnement au renforcement du droit des déchets ménagers

Conçu comme un « *droit fédérateur* »[2], le droit de l'environnement est aujourd'hui soumis à un certain nombre de grands principes qui, au-delà de la multiplicité de ces sources, sont mis en œuvre ou au moins invoqués tant au niveau international que national[3].

Les principes du droit international de l'environnement sont conçus par leurs précurseurs, comme des principes destinés à guider l'action des pouvoirs publics. Les enjeux qu'ils visent, dès le départ, supposent la compétence de ceux-ci, puisqu'ils s'adressent initialement, dans leurs premières traductions juridiques, aux États signataires des différents textes internationaux qui les inscrivent comme des principes guides.

Ces principes ont vu le jour à Stockholm et étaient devenus coutumiers avant d'être confirmés à Rio. Leur valeur est, de surcroît, morale puisqu'ils s'intègrent peu à peu aux textes internationaux comme au droit national[4].

Si certains de ces principes sont considérés anciens et réaffirmés ou dégagés lors de la Conférence de la terre à Rio en

---

1 En annexe à la loi 12-03 : « - Installations de stockage ou d'élimination de déchets quel que soit leur nature et la méthode de leur élimination; »

2 J. MORAND-DEVILLER, Le droit de l'environnement, Presses Universitaires de France, « Que sais-je ? », Paris, 2010, p. 4.

3 C. ROCHE, Le Droit de l'environnement, Gualino Éditeur, 2e Ed., Paris, 2006, p 41.

4 A. KISS, « Trois années de droit international de l'environnement », In : RJE, 1-2/1996, p 87, cité par C. ROCHE, *op. cit.*, p 41.

1992, l'idée, selon laquelle la protection de l'environnement est d'un intérêt commun pour l'humanité, s'est réaffirmée[1].

Le Maroc a transcrit ces principes dans sa législation nationale depuis la promulgation des premiers textes de lois environnementales à partir de 1995 avec l'ancienne loi sur l'eau, la loi 10-95. Cette introduction a pris une grande ampleur après la constitutionnalisation du droit *« à un environnement sain » et « au développement durable »* dans l'article 31 de la Constitution de 2011 tout en ordonnant à l'État, aux établissements publics et aux collectivités territoriales d'œuvrer *« à la mobilisation de tous les moyens à disposition pour faciliter l'égal accès »* à ce droit. Et c'est à travers la formulation juridique que *« s'apprécie l'ampleur que chaque pays entend donner à la protection environnementale[2] ».*

Principe de protection

Il s'agit d'un principe relativement ancien. Il consiste à éviter les activités portant atteinte à l'environnement et prendre, en contrepartie, toutes les mesures possibles pour en empêcher la dégradation.

Nonobstant, ce principe est extrêmement général et nécessite d'être mis en œuvre ou complété par d'autres principes[3]. Par exemple, l'Union européenne, pour mettre en œuvre ce principe, a adopté parmi ses objectifs prioritaires la référence à « *un niveau élevé de protection de l'environnement* » comme exigence générale pour toute politique environnementale, ce qui a été confirmé par le traité de Maastricht (en 1992), ensuite par le traité d'Amsterdam (en 1997)[4].

En droit marocain, la protection de l'environnement désigne « *la préservation et l'amélioration des constituants de*

1 C. ROCHE, *op. cit.*, p 41.

2J. MORAND-DEVILLER, « L'environnement dans les constitutions étrangères ». In : Les Nouveaux Cahiers du Conseil constitutionnel 2014/2 (N° 43), p. 86.

3 C. ROCHE, *op. cit.*, p 44.

4 ACR+ (Association des Cités et Régions pour le recyclage et la gestion durable des ressources), 2009, Victoires Editions, Collection Environnement, Paris, p 64.

l'environnement, la prévention de leur dégradation, de leur pollution ou la réduction de cette pollution[1] ».

Principe de prévention

Le principe de prévention instauré par le droit international de l'environnement puise ses fondements de l'ancien adage : « *Mieux prévenir que guérir* ».

Par ailleurs, les Principes 14, 15 et 21 de la déclaration de Stockholm dispose l'obligation pour les États de veiller à ce que les activités exercées sous leur juridiction ne causent pas de dommages à l'environnement d'autres États[2].

Le principe de prévention est appelé aussi parfois principe d'action préventive ou principe de correction par priorité à la source[3]. D'ailleurs, comme son nom l'indique, ce principe doit permettre la prévention des atteintes à l'environnement en mettant en place les mesures nécessaires. Ces mesures doivent anticiper la réalisation d'une activité ou d'un ouvrage. En revanche, ce principe suppose que les risques auxquels il est censé faire face soient connus et prévus. Si le dommage n'est qu'éventuel, le risque, lui, est certain[4].

En droit international, le principe de prévention fait l'objet de déclinaisons à la fois diverses et précises et donc se retrouve dans de nombreuses conventions internationales, même s'il n'est pas nommé. Il est fréquent de toujours demander aux parties de prévenir tant que possible les nuisances à l'environnement. Il y a lieu de citer, parmi les divers textes, la Convention des Nations Unies sur le droit de la mer, la Convention d'Espoo, la Convention de Berne relative à la conservation de la vie sauvage, la Convention sur la protection et l'utilisation des cours d'eau transfrontières et des lacs

---

1Voir article 3 de la loi 11-03 relative à la protection et la mise en valeur de l'environnement.

2 R. ROMI, et al., Droit international et européen de l'environnement, LGDJ, Paris, 2005, p 39.

3 « La (dé)responsabilisation des acteurs d'atteinte à l'environnement par l'art. 4 de la charte constitutionnelle », Environnement, n° 4, 2005, p 25, cité par : C. ROCHE, *op. cit.*, p 47.

4 C. ROCHE, *op. cit.*, p 47

internationaux, la Convention sur la pollution atmosphérique transfrontière longue distance[1].

Principe de précaution[2]

La question du principe de précaution en droit international est analysée sous trois volets : se demander s'il n'est pas doté de valeur coutumière, étudier les différentes formes de précaution utilisées quand le principe n'est pas reconnu explicitement et chercher la manière de le consacrer en tant que véritable règle du Droit international[3].

Par ailleurs, il n'existe pas d'accord sur la date d'apparition de ce principe ; des auteurs présument que le législateur américain aurait été le premier à l'introduire informellement dans la plupart des lois des années 1970[4]. Depuis quelques années, il a pris une importance notable.

En réalité, le principe de précaution est proche du principe de prévention[5]. D'autre part, appelé aussi « principe d'incertitude »[6], le principe de précaution consiste principalement en la nécessité d'intervenir dès lors qu'il y a lieu de croire qu'une activité déterminée peut causer des risques pour l'environnement, et ce en se basant sur des connaissances scientifiques même incertaines ou incomplètes ; d'où la

1 C. ROCHE, *op. cit.*, p 49.

2 C'est le principe 15 de la Déclaration de Rio : « Pour protéger l'environnement, des mesures de précaution doivent être largement appliquées par les Etats selon leurs capacités. En cas de risque de dommages graves ou irréversibles, l'absence de certitude scientifique absolue ne doit pas servir de prétexte pour remettre à plus tard l'adoption de mesures effectives visant à prévenir la dégradation de l'environnement. »

3 R. ROMI et al., op. cit., p 47.

4 Voir V. L. BOY, « La nature juridique du principe de précaution », In : Nature, Science et Société, 1999, vol. 7, n° 3, p. 5 cité par R. ROMI, et al., *op. cit.*, p 47

5 Le fait que le principe de précaution désigne toute action qui doit permettre d'éviter de générer toute nuisance à l'environnement que d'essayer d'en remédier semble être qu'une simple redondance avec le principe de précaution. Nonobstant, au-delà de son officialisation à Rio, il se différencie avec le principe de prévention que ce dernier se base sur une évaluation des risques en fonction des connaissances certaines. Quant au l'autre, il permet d'agir même en l'absence d'une certitude.

6 C. ROCHE, *op. cit.*, p 52.

nécessité de définir les éventuels risques et d'en évaluer l'importance.

En effet, pour éviter que ledit principe soit conçu dans le refus de tout progrès scientifique, il doit être analysé comme constituant une recherche du risque minimum, étant donné qu'il est impossible d'éliminer totalement le risque[1].

En fait, il est fort recommandé de mettre en balance le risque éventuel avec les risques connus inhérents à la solution de remplacement proposée. Quel que soit le choix, les solutions doivent être révisables en fonction de l'évolution des connaissances scientifiques ; la recherche devient en effet primordiale puisque c'est elle qui doit permettre de mettre fin à l'incertitude scientifique, et en fin de compte de savoir si les mesures de précaution adoptées doivent être maintenues, renforcées, allégées, supprimées ou modifiées[2].

Les principes de prévention et de précaution se traduisent tous les deux en droit marocain de l'environnement par l'obligation de mener des études d'impact sur l'environnement. Celles-ci permettent d'évaluer les incidences d'un projet, activité ou ouvrage sur l'environnement mais également informer le public et aider l'administration dans la prise de décision en matière d'acceptabilité environnementale.

Ce qui constitue le plus le rapprochement de la prévention à la précaution réside dans « les techniques mises en œuvre »[3], elles sont communes, mais c'est au niveau de la certitude et de la nature des risques affrontés que se trouvent les dissemblances.

Principe pollueur-payeur

Le principe pollueur-payeur est né dans la sphère de l'OCDE ; sa recommandation du 26 mai 1972 est en fait le premier texte – au moins aussi nettement – à affirmer que le coût des pollutions doit être affecté à leurs responsables[4]. Il a

---

1C. ROCHE, *op. cit.*, p 51.
2 *Ibid.*, p 53.
3 R. ROMI, et al., *op. cit.*, p 47.
4 Voir : C. ROCHE, op. cit., p 45 ; ACR+ (Association des Cités et Régions pour le recyclage et la gestion durable des ressources), 2009, Victoires Editions, Collection Environnement, Paris, p 64 ; J. M. DEBLONDE, Le

connu par la suite une évolution marquante ; au début, il est considéré comme un simple principe économique avec comme objet l'interdiction des aides de l'État, ou des distorsions de concurrence ; ensuite, dans une recommandation en 1989, le conseil de l'OCDE proposa de l'étendre aux pollutions accidentelles dues à des substances dangereuses, à condition que les mesures prises par les autorités soient raisonnables ; il décida par la suite en 1991 d'internaliser également le coût des dommages[1].

De même, le principe de responsabilité, qui vise la résilience, la réparation des dommages portés à l'environnement même lorsque la cause n'est pas qualifiée de faute, est l'un des grands principes posés par les conférences internationales sur l'environnement[2]. Il permet la mise en place de réparation des dommages causés à l'environnement, soit par l'indemnisation des victimes, soit par des mesures de réparation en nature[3].

Ledit principe repose sur le fait que le pollueur assume financièrement les mesures de prévention, de réduction de la pollution et de lutte contre celle-ci. Il est d'autant plus indispensable qu'il a contribué à fonder les politiques environnementales, notamment dans les pays du Nord, et tend à devenir un principe d'internalisation, puisque, pour l'essentiel, il s'agit d'assurer l'internalisation des coûts de la pollution et également une incitation et une redistribution des ressources que dégagent la généralisation et l'application du principe. D'ailleurs, cette application passe par l'instauration de taxes et de redevances, et la tendance récente à manier des instruments économiques plutôt que des outils juridiques plus classiques en est sans doute une manifestation[4].

---

développement durable, une réponse à une crise globale, Edition Ellipses, 2011, Paris, p 14 ; et B. VIGNON, Le principe pollueur-payeur, un état du droit positif, thèse Nice, 1998 cité par : R. ROMI, et al., *op. cit.*, p 65

1 C. ROCHE, *op. cit.*, p 45.

2Voir principe 16 de la Déclaration de Rio.

3 J. M. DEBLONDE, Le développement durable, une réponse à une crise globale, Edition Ellipses, Paris, 2011, p 14.

4 Voir : C. ROCHE, op. cit., p 45 ; et J. M. DEBLONDE, *op. cit.*, p 14.

En d'autres termes, il avait pour but d'internaliser en partie les coûts de protection de l'environnement, pour les pollutions chroniques et suivies.

Selon ce principe le coût de la prévention en matière de pollutions devait être pris en charge par le pollueur dans la mesure où c'est lui qui dégrade directement ou indirectement le milieu ou crée les conditions de dégradation ; et en conséquence, aucune subvention ne devait être accordée pour couvrir ce coût, puisque cela amènerait à une distorsion de concurrence entre les industries.

De là, le principe pollueur-payeur remplit plusieurs fonctions : internalisation des coûts de la pollution, la prévention des pollutions et la réparation[1].

En outre, l'un de ses prolongements est manifesté par un principe de responsabilité qui consiste à assurer la réparation des dommages à l'environnement et à la santé[2].

En revanche, la question de la responsabilité de l'environnement est complexe ; la Commission du Droit international dans ses travaux relatifs à la responsabilité des États pour les faits internationalement illicites avait lancé le concept de crimes et délits internationaux[3], notamment dans le domaine de la pollution des mers. Or, la version finale du texte avait abandonné cette vision de la responsabilité internationale[4].

En droit marocain de l'environnement, la loi 11-03 relative à la protection et à la mise en valeur de l'environnement[5] édicte les règles de base et les principes généraux de la politique nationale dans le domaine de la protection et de la mise en valeur de l'environnement où figure le principe pollueur-payeur[6].

---

1 C. ROCHE, *op. cit.*, p 45.

2 R. ROMI, et al., *op. cit.*, p 65.

3 Le crime aurait été constitué par la violation par un État d'une obligation internationale essentielle pour la sauvegarde de la Communauté internationale.

4 C. ROCHE, *op. cit.*, p 46

5 Dahir n° 1 - 03 - 59 du 10 rabii I 1424 (12 mai 2003) portant promulgation de la loi n° 11-03 relative à la protection et à la mise en valeur de l'environnement, B.O n° 5118 du 18 rabii II 1424 (19 juin 2003).

6 Voir article 2 de ladite loi 11-03.

Principe de participation

Le principe de participation a été réaffirmé à Rio[1]. Il est le droit, pour les différents acteurs de la société (citoyens, associations, groupes et organisations), de participer au traitement des questions environnementales et au processus de prise de décision.

Par ailleurs, le principe de participation est intrinsèquement lié au droit à l'information. En effet, et selon le principe 10 de la Déclaration de Rio, l'information influence la participation du public.

La confusion entre information et participation n'est plus jamais causée par la doctrine. Du fait, le droit international de l'environnement énonce à maintes reprises des droits d'accès à des informations au bénéfice des citoyens[2].

Dorénavant, on ne peut plus poser un autre principe général, celui du droit à l'information dans le domaine de l'environnement. Et même les instances les plus généreuses dans leurs interprétations des textes n'ont pu élargir ce droit[3].

En outre, une convention sur l'accès à l'information, la participation du public au processus décisionnel et l'accès à la justice en matière d'environnement, dite Convention d'Aarhus, a été signée en 1998 sous l'égide de la Commission des Nations Unies pour l'Europe. En vertu de cette convention, chaque État partie adopte les mesures législatives, réglementaires ou autres nécessaires à la garantie des droits[4] :

- d'accès à l'information sur l'environnement ;
- de participation du public au processus décisionnel ;
- et d'accès à la justice.

---

1 Voir Principe 10 de la Déclaration de Rio.

2 R. ROMI, et al., *op. cit.*, p 73.

3 « La Cour européenne des droits de l'homme a refusé dans une affaire de pollution de considérer que la liberté d'information consacrée par l'article 10 de la Convention d'Aarhus emportait pour l'État concerné une obligation positive de collecte et de diffusion des informations » cité par : R. ROMI, R. et al., *op. cit.*, p 74

4 C. ROCHE, *op. cit.*, p 56.

En effet, les autorités publiques qui détiennent les informations sur l'environnement doivent les mettre à jour en continu et les mettre à disposition des citoyens pour leur permettre de prendre des mesures de prévention ou de limite des éventuels dommages, en cas de risque sanitaire ou environnemental. L'information actualisée et disponible permet à la population de participer aux décisions prises concernant certaines activités ou projets.

Toutefois, les associations de protection de l'environnement jouent le rôle prépondérant quant à l'exercice du droit à l'information et à la participation, c'est pourquoi elles sont les interlocuteurs privilégiés des autorités publiques en la matière[1].

Au Maroc, la loi 12-03 sur les études d'impact sur l'environnement a consacré ce principe à travers l'instauration des enquêtes publiques et des études d'impact qui relèvent du droit à l'information et qui illustrent la participation des citoyens à la prise de décision concernant l'acceptabilité environnementale de telles activités ou projets.

§.2 – Le régime juridique des déchets ménagers

La gestion efficace des déchets ne consiste pas uniquement à mettre en place les installations nécessaires pour leur élimination, mais elle englobe aussi les stratégies visant leur recyclage et leur valorisation, voire la diminution de leur production.

Aussi, le régime juridique des déchets s'articule-t-il autour de principes (paragraphe A) et se base-t-il sur des outils de gestion pour leur mise en œuvre (paragraphe B).

A. Les principes fondamentaux de la gestion des déchets ménagers

Faisant partie des services de l'environnement, le service public relatif à la gestion des DM est soumis à certains principes inspirés des principes du droit de l'environnement que nous énumérons ci-dessous.

---

1 C. ROCHE, *op. cit.*, p 61.

1- Le principe de gestion effective et sans danger

Le premier principe à prendre en considération dans la gestion des DM est relatif à l'interdiction de leur abandon et à assurer leur valorisation ou leur élimination[1].

En effet, l'élimination du déchet est considérée comme une nuisance inévitable, néanmoins réglementée afin d'en limiter les effets et d'en garantir une « *gestion écologiquement rationnelle*[2] ».

On entend par gestion écologiquement rationnelle des déchets « *toutes mesures pratiques permettant d'assurer que les déchets dangereux ou d'autres déchets*[3] *sont gérés d'une manière qui garantisse la protection de la santé humaine et de l'environnement contre les effets nuisibles que peuvent avoir ces déchets*[4] ».

Par ailleurs, la gestion des déchets doit être prise en considération dans toute politique publique prônant la protection de la santé de l'homme et la préservation de l'environnement contre toute autre considération.

En effet, la gestion écologiquement rationnelle des déchets a l'obligation de viser, en plus de l'objectif de minimisation des déchets, les objectifs de promouvoir l'élimination et le traitement écologiquement rationnels des déchets et d'élargir la couverture des services relatifs à la gestion des DM.

2- Le principe de gestion hiérarchisée

Du principe du droit de l'environnement – le principe de prévention – découle le principe de la hiérarchisation de la gestion des déchets.

---

1 B. NADIR, « La gestion des déchets solides ménagers et assimilés : le développement d'une nouvelle politique territoriale environnementale », 2009, *op. cit.*, p 68.

2 R. ROMI, et al., *op. cit.*, p 246.

3 Les autres déchets tels qu'ils sont définis dans l'annexe II de la convention de Bâle « Déchets ménagers » et « Résidus provenant de l'incinération des déchets ménagers ».

4 Article 2 (Définitions) de la Convention de Bâle sur le contrôle des mouvements transfrontières de déchets dangereux et à leur élimination faite à Bâle le 22 mars 1989 et promulguée par le Dahir n° 1-96-92 du 27 chaabane 1421 (24 novembre 200), BO n° 4892 du 19 avril 2001.

En premier lieu, la gestion des déchets doit tendre vers une politique de prévention[1] et c'est ainsi que les gestionnaires de ce service public ont l'obligation d'agir à la source des déchets pour les réduire, plutôt quantitativement qu'en terme de leur dangerosité.

Ensuite, dans un niveau inférieur, ces derniers doivent se préoccuper de les valoriser avant de chercher à les éliminer, d'où nous pouvons déduire, au moins sans introduire plus de détails, les trois niveaux hiérarchiques suivants :

- La réduction :

La préoccupation principale d'une gestion durable des déchets devra être la réduction de leurs quantités mises en décharge, en réduisant ainsi la production des affluents gazeux et liquides polluants et en prolongeant la durée de vie de la décharge par conséquent.

- La valorisation :

Le deuxième niveau hiérarchique après celui de la réduction est la valorisation. Cette dernière permet l'utilisation des potentiels de la valorisation matérielle disponibles des déchets solides par la récupération et la commercialisation des fractions recyclables et l'utilisation des potentiels énergétiques disponibles des déchets solides par la préparation d'un combustible secondaire de haut pouvoir calorifique, participant ainsi à la préservation des ressources naturelles. À ce niveau, plusieurs opérations peuvent être menées : la réutilisation du déchet-ressource, le recyclage…

- L'élimination :

Le dernier recours dans le processus de gestion des déchets, après épuisement des niveaux supérieurs, devra être leur élimination d'une façon à ne pas mettre en danger l'environnement et la santé humaine.

3- Le principe de responsabilité des producteurs

Dans la logique du principe de pollueur-payeur qui *« constitue le fondement de la responsabilité en matière des déchets et qui chapote même tout le droit de*

---

1 Y. PETIT, L'économie verte, un défi pour l'Europe, La Documentation Française, Paris, 2009, p 64.

l'environnement »[1], les agents économiques ont la responsabilité du préjudice écologique généré du fait de leurs activités.

Par ailleurs, le principe pollueur-payeur est à l'origine un principe économique exprimant la volonté d'internaliser les coûts sociaux induits par la pollution, c'est-à-dire d'imputer l'ensemble des dépenses de prévention et de lutte contre la pollution à ceux qui les ont rendus nécessaires[2].

En effet, *« la problématique de la gestion des déchets doit être pleinement prise en compte dès le stade du développement ou de la conception du produit*[3] *»*.

Et pour faire face à la montée en puissance des préoccupations environnementales attachées à la gestion des déchets et aux difficultés de mise en place de décharges, différents instruments de régulation ont été adoptés visant la limitation du recours à l'élimination des déchets soit par la réduction à la source, soit par le biais d'autres modes de traitement[4].

Cela étant, ce principe est mis en œuvre sous diverses formes : la taxation, l'imposition des normes et l'instauration des mécanismes de compensation[5].

Par ailleurs, pour des raisons de commodité et de choix politique, le principe du pollueur-payeur peut être interprété comme *« celui qui conduit à faire payer le producteur d'un produit susceptible de produire des déchets, recyclables ou non,*

---

1 B. NADIR, « La gestion des déchets solides ménagers et assimilés : le développement d'une nouvelle politique territoriale environnementale », 2009, *op. cit.*, p 71.

2 *Ibid.*

3 Extrait de la communication de la commission européenne concernant le réexamen de la stratégie communautaire pour la gestion des déchets, cité par : GILLET, M. Économie sociale et gestion des déchets ménagers, Reflets perspectives de la vie économique, 2002/1Tome XLI, p79.

4 C. DEFEUILLEY, P. QUIRION, « Les déchets d'emballages ménagers : une analyse économique des politiques allemande et française », In : Économie et statistique, n°290, 1995. P 69.

5 B. NADIR, « La gestion des déchets solides ménagers et assimilés : le développement d'une nouvelle politique territoriale environnementale », 2009, *op. cit.*, p 72

ou de produire une pollution au-delà d'un certain seuil, à une taxation des rejets[1] ».

Du fait, la mise en œuvre de ce principe va donc contribuer à l'établissement de nouveaux flux de matériaux et de capitaux liés au développement de nombreux produits et de nouvelles filières. De plus, les tendances, de plus en plus croissantes vers les politiques d'optimisation de l'utilisation des ressources naturelles et, en particulier, en circuit fermé, permettront d'accroître les activités de collecte sélective, de recyclage et de réutilisation, créant de nouvelles opportunités en termes d'activités économiques et de création d'emplois[2].

Dans les pays de l'OCDE[3], ce principe est de plus en plus appliqué et de façon plus élargie que les producteurs, fabricants ou distributeurs ont l'obligation de contribuer financièrement aux coûts générés par l'après-usage de leurs produits commercialisés au marché[4].

Dans l'Union européenne[5], la responsabilité des producteurs est élargie en vertu de la directive-cadre 75/442/CEE relative aux déchets et abrogée, à l'occasion d'une réforme substantielle, par la directive 2008/98/CE.

---

1 Y. CONDÉ, « La France et ses déchets : contribution à un nouveau dispositif pour un territoire durable », In: Annuaire des collectivités locales. Tome 22, 2002, p 124.

2 M. GILLET, *op. cit.,* p79.

3 L'OCDE définit le concept de « responsabilité élargie des producteurs » en tant qu' « un instrument de politique de l'environnement qui étend les obligations du producteur à l'égard d'un produit jusqu'au stade de son cycle de vie situé en aval de consommation » (OCDE, Responsabilité élargie des producteurs : manuel à l'intention des pouvoirs publics, 2001.

4 Voir : G. BERTOLINI, M. BRAKEZ, « Gestion des déchets, innovations et territoires », In : Développement durable des territoires, H. ZAOUAL (dir.), L'Harmattan, Paris, 2008, p 162 et G. BERTOLINI, « Le service public local des déchets ménagers à la recherche d'indicateurs de performance », *op. cit.*, p 82.

5 Par exemple, en France, « la première mention de la REP est faite en 1975. La première mise en œuvre effective de la REP s'est inscrite dans la réglementation sur les huiles en 1979 et s'est poursuivie sur les déchets d'emballages ménagers en 1992. Aujourd'hui, la REP est engagée pour les produits suivants : DEEE, PPNU et EVPP, FPAU et autres déchets plastiques de l'agrofourniture, huiles usagées. », cité par Club de Prospective sur l'Économie de Déchets, Vers une gestion transversale des déchets multi filières, BIPE, Juin 2004, p 17.

De plus, l'adoption, successivement, de la directive 1999/31/CE relative à la mise en décharge des déchets et de la directive 2000/76/CE sur l'incinération des déchets a permis de fixer des conditions d'exploitation et des valeurs limites d'émission strictes en vue de prévenir ou de limiter leur impact négatif sur l'environnement et les risques qui en résultent pour la santé humaine. Cette internalisation des coûts environnementaux a pour effet d'augmenter progressivement le coût de la mise en décharge et de l'incinération. Cette tendance a été renforcée par l'apparition, dans beaucoup d'États membres de l'Union européenne, de taxes sur la mise en décharge des déchets[1].

Au Maroc, la transposition de ce principe au secteur des déchets a été traduite par l'instauration d'une redevance[2] pour les prestations qui concernent le service public des DM. Nonobstant, et depuis 2006, date de son instauration, cette redevance n'est pas encore mise en œuvre. À noter qu'il y avait une autre taxe en relation avec la gestion des déchets, la taxe d'édilité, et qui a été remplacée par la taxe sur les services communaux[3].

Ce principe s'est traduit aussi par l'entrée en vigueur de la loi 77-15[4] portant interdiction de la fabrication, de l'importation, de l'exportation, de la détention, de la commercialisation et de l'utilisation des sacs plastiques, qui ambitionne de mettre fin à l'impact négatif des sacs en plastique

---

1 M. GILLET, *op. cit.*, p 80.

2 Voir article 23 de ladite loi 28-00.

3 La taxe de services communaux, remplace l'ex-taxe d'édilité et la taxe additionnelle et concerne aussi bien les ménages que les entreprises en vertu de la loi 47-06, publiée au BO n° 5584, du 25 kaada 1428 (6 décembre 2007), complétée par la loi 39-07, publiée au BO n° 5591, du 20 hija 1428 (31 décembre 2007).

4 Dahir n° 1-15-148 du 25 safar 1437 (7 décembre 2015)portant promulgation de la loi 77-15 portant interdiction de la fabrication, de l'importation, de l'exportation, de la détention, de la commercialisation et de l'utilisation des sacs plastiques, promulguée par, BO n° 6422 du 5 rabii I 1437 (17 décembre 2015), modifiée et complétée par la loi 57-18 par Dahir n° 1-19-126 du 16 rabii II 1441 (13 décembre 2019), BO n° 6900 du 24 kaada 1441 (16 juillet 2020).

non dégradables sur l'environnement[1]. Leurs incidences sur la dégradation des paysages naturel et visuel, étant désormais indiscutables.

Par ailleurs, les déchets ne doivent pas être appréhendés exclusivement sous l'angle environnemental, mais également comme une problématique ayant des incidences économiques.

Du fait, jusqu'à présent, l'expérience a démontré que seule la logique économique est capable d'atteindre un objectif environnemental donné[2].

4- Le principe de correction à la source des atteintes à l'environnement

Le principe de correction à la source des atteintes à l'environnement, appelé aussi « principe d'action préventive et de correction »[3], s'attache à l'action préventive et de correction, par priorité à la source, des atteintes à l'environnement, en utilisant les meilleures techniques disponibles à un coût économiquement acceptable[4].

Si l'approche préventive, qui peut revêtir différentes formes, est la base solide de la politique de la protection de l'environnement, la meilleure prévention de la dégradation de l'environnement doit intervenir en amont possible, autrement dit, en intervenant à la source même de la pollution[5].

En effet, la transposition de ce principe dans le secteur des déchets se traduit par la mise en avant de la prépondérance

---

1 En effet, la loi interdit désormais la fabrication pour le marché local, que pour l'exportation, des sacs et sachets en plastique non dégradables ou non biodégradables.

2 M. GILLET, *op. cit.*, p80

3 J-L. DUFEIGNEUX et al., Rapport de l'instance d'évaluation de la politique du service public des déchets ménagers, 2003, p 52.

4 V. SANSÉVÉRINO-GODFRIN, Le cadre juridique de la gestion des pollutions et des risques industriels, Technique & Documentation - Lavoisier, 2010, p 10.

5 F. OST, S. GUTWIRTH, Quel avenir pour le droit de l'environnement?, actes du colloque organisé par le CEDRE (Centre d'étude du droit de l'environnement-FUSL) et le CIRT (Centrum interactie recht en technologie-VUB), Publications Fac St Louis, 1996, p 250.

d'une prévention-réduction des déchets à la source[1], tant quantitative que qualitative.

En outre, il n'existe aucune confusion entre ce principe et le principe de prévention. Ce dernier présume que l'on prévienne un dommage, dont la survenance est suspectée, en s'attaquant à la source de pollution (par exemple, l'établissement d'objectifs de qualité de la production des emballages n'implique pas que l'on doive interdire les déchets générés par les emballages). À l'inverse, le principe de correction, par priorité à la source, des atteintes à l'environnement oblige nécessairement que l'on corrige la nature d'une activité dommageable pour l'environnement (par exemple, il convient non seulement d'établir des objectifs de qualité, mais encore de réduire la pollution en imposant aux producteurs des emballages spéciaux et d'adopter des technologies plus appropriées). Le principe de correction mène alors à une plus grande intervention des pouvoirs publics dans la lutte contre la dégradation de l'environnement[2].

Le principe d'action préventive et de correction se distingue aussi du principe de la responsabilité des producteurs qui se résume à l'imputation du coût des dommages environnementaux. Néanmoins, les deux principes se chevauchent dans la mesure où la prise en charge de ce coût est à la fois dissuasive et imputée au niveau même du producteur de la nuisance[3].

Le principe d'action corrective a été constamment présent tant au niveau de l'évolution de la réglementation que de la réduction des impacts[4] et il a connu des développements jurisprudentiels, en droit européen, particulièrement intéressants. À titre d'exemple, la CJCE, dans un arrêt du 9 juillet 1992, a recouru au principe de correction par priorité à la source pour valider une mesure prise par un État membre qui portait atteinte à la libre circulation des marchandises[5]. Le

1 J-L . DUFEIGNEUX et al., *op cit.*, p 52.
2 F. OST, S. GUTWIRTH, *op. cit.*, pp. 250-251.
3 *Ibid.*, p 251.
4 J-L . DUFEIGNEUX et al., op cit., p 52.
5 C.J.C.E., 9 juillet 1992, Commission c. Belgique, aff. 2/90, Cah. Dr. Eur., 1993/3, p.665, obs. N. de SADELEER.

principe justifiait que les mouvements transfrontaliers de déchets soient substantiellement réduits pour des raisons liées à la protection de l'environnement, étant donné qu'il était préférable d'éliminer les déchets le plus près de leur lieu de production[1].

Les principes précités ont pour vocation d'éviter les plus graves nuisances à l'environnement, d'intégrer la notion d'incertitude et le risque d'irréversibilité d'une action sur l'environnement et enfin de faire porter la charge financière de la pollution sur celui qui en est la cause[2].

En effet, dans le but de mettre en œuvre ces principes, le régime juridique des déchets instaure des instruments de gestion des déchets.

B. Les instruments du système de gestion des déchets ménagers

Le droit des déchets dispose d'un ensemble d'instruments permettant aux pouvoirs et aux gestionnaires publics d'assurer une gestion des déchets sans mettre en danger la santé humaine et sans nuire à l'environnement.

1- La planification de la gestion des déchets ménagers

La planification se définit comme un « *processus concerté conduisant à arrêter un programme d'actions prospectif fondé sur une analyse de l'état actuel de la situation et sur une prévision et visant à organiser de manière cohérente les interventions des divers décideurs concernés*[3] ». Elle est l'un des instruments efficaces pour une gestion durable des déchets qui vise à prévoir l'augmentation des déchets et à assurer leur prise en charge en promouvant notamment la valorisation et le recyclage.

La planification de la gestion des déchets s'effectue selon quatre niveaux territoriaux (national, régional, provincial ou préfectoral et communal ou intercommunal) et qui recouvrent

1 F. OST, S. GUTWIRTH, *op. cit.*, p 251.
2 S. LE MAITRE, *op. cit.*, p 41.
3 Y. JEGOUZO, Les plans de protection et de gestion de l'environnement, AJDA, 1994, p 609 cité par : F. ZETNER, Déchets ménagers : contribution à l'étude d'un problème de société, Éditions L'Harmattan, 2002, Paris, p 33.

trois catégories de déchets : « déchets dangereux », « déchets industriels et médicaux non dangereux », « déchets agricoles et inertes » et « déchets ménagers ».

Quant à la mise en place des plans qui définissent les grandes orientations de la gestion des déchets ménagers, la réglementation en vigueur les introduit dans le cadre d'une planification territoriale en incitant à l'établissement de plans directeurs territoriaux selon les catégories de déchets :

- un plan directeur national pour la gestion des déchets dangereux[1] ;
- des plans directeurs régionaux pour la gestion des déchets industriels et médicaux non dangereux, des déchets agricoles et inertes[2] ;
- des plans directeurs préfectoraux ou provinciaux de gestion des DM[3] ;
- des plans communaux ou intercommunaux de gestion des DM[4].

Dans ce cadre, un décret relatif au plan directeur préfectoral et provincial de gestion des déchets ménagers[5] a été publié.

Un arrêté conjoint du ministre de l'Intérieur et du secrétaire d'État auprès du ministre de l'Énergie, des Mines, de l'Eau et de l'Environnement n° 2817-10 du 15 joumada I 1432 (19 avril 2011), relatif aux critères d'élaboration du plan directeur préfectoral ou provincial de gestion des DM a été également adopté[6].

En ce qui concerne la gestion des DM, objet du présent ouvrage, la planification couvre deux niveaux territoriaux :

---

1 Voir article 9 de ladite loi 28-00.

2 Voir articles 10 et 11 de ladite loi 28-00.

3 Articles 12, 13, 14 et 15 de la loi 28-00.

4 Voir articles 16 et 17 de ladite loi 28-00.

5 Décret n° 2-09-285 du 23 rejeb 1431 (6 juillet 2010) fixant les modalités d'élaboration du plan directeur préfectoral ou provincial de gestion des déchets ménagers et la procédure d'organisation de l'enquête publique afférente à ce plan (BO n° 5862 du 23 chaabane 1431 (5 août 2010).

6 B.O. n° 5940 du 1er joumada II 1432 (5 mai 2011).

- le plan directeur provincial ou préfectoral de gestion des DM[1] ;
- le plan communal ou intercommunal de gestion des DM[2].

D'après la loi 28-00 relative à la gestion des déchets et à leur élimination, en vigueur depuis 2006, les préfectures et provinces du Royaume du Maroc sont tenues d'établir dans un délai de cinq ans, un plan directeur de gestion des déchets ménagers. L'élaboration de ces plans directeurs fait partie intégrante du Programme national des déchets ménagers (PNDM). L'obligation de rédiger un plan directeur de gestion des déchets ménagers et les principaux éléments qu'il doit comporter sont définis par les dispositions de la loi 28-00[3].

Le plan directeur provincial ou préfectoral fixe ainsi les principales orientations en matière de gestion des déchets et propose une combinaison cohérente d'options pour les différentes étapes de la gestion des déchets au niveau provincial ou préfectoral. Il est établi pour une période de dix ans. Il dresse un inventaire prévisionnel des déchets à collecter et à éliminer, énonce les objectifs à atteindre en matière de taux de collecte et d'élimination des DM et établit un programme prévisionnel quant aux installations de traitement, de valorisation, de stockage ou d'élimination de ces déchets et à la réhabilitation des décharges non contrôlées.

Le plan directeur provincial ou préfectoral est considéré comme un élément primordial à la planification intercommunale et à l'amélioration des services communaux de gestion des déchets. Il contribue à la cohérence au niveau des systèmes communaux de gestion des déchets, en termes de mutualisation des investissements majeurs, des équipements et des compétences, à l'harmonisation des standards de qualité et stratégies de sensibilisation de la population, ou encore à l'optimisation des circuits et systèmes de collecte au niveau intercommunal.

La loi 28-00 prévoit que le gouverneur de la préfecture ou de la province est responsable du lancement de l'élaboration du

---

1 Voir article 12 de ladite loi 28-00.

2Voir article 16 de ladite loi 28-00.

3Voir article 12 de ladite loi 28-00.

plan directeur. Celui-ci doit être élaboré en concertation avec une commission consultative, dont la composition est également décrite par la loi[1].

Un plan inter-préfectoral ou interprovincial peut être élaboré pour la gestion des DM lorsque les circuits de transport et de collecte de ces déchets et les sites de leur élimination excèdent les limites territoriales d'une province ou d'une préfecture[2].

Les communes sont, quant à elles, les principales responsables de la mise en place et de l'organisation du système de gestion des déchets et doivent élaborer un plan communal de gestion des déchets ménagers prenant en compte les orientations fixées par le plan provincial ou préfectoral[3].

Cette prescription du système de planification territoriale de la gestion des déchets au niveau préfectoral ou provincial ainsi qu'au niveau communal et intercommunal confirme la responsabilité de la commune en matière de gestion des DM[4]. Ainsi, l'introduction de la pratique de planification stratégique dans la gestion des DM vise des objectifs de long terme et permet de tenir compte des éventuelles évolutions et de la croissance démographique en fonction des besoins locaux[5].

En effet, ces plans constituent un cadre d'action pour les communes dans le domaine des DM en définissant des orientations générales sur l'élimination des déchets et en fixant des objectifs de réduction-prévention des déchets à échéances de 5 et de 10 ans.

En outre, ayant pour objet la coordination de l'ensemble des actions à mener tant par les pouvoirs publics que par les organismes privés, les plans de gestion des DM traitent trois axes majeurs : la réduction de la production de déchets, la

---

1 Voir article 12 de ladite loi 28-00.

2 Voir article 14 de ladite loi 28-00.

3 Voir article 17 de la loi 28-00.

4 CNE, Programme National de gestion des Déchets ménagers, op. cit.t, p 7.

5 Banque Mondiale, Prêt de Politique de Développement du Secteur des Déchets Ménagers, Document de Programme pour une proposition de crédit d'un montant de 100 millions d'euros consentie au Royaume du Maroc, 24 février 2009, Rapport No. 47535-MA, p 36.

valorisation de leur fraction « utile » et le traitement de leur fraction « non utile »[1].

Du fait, le droit des déchets rend la planification « *un outil fondamental du système de gestion des déchets* »[2] et un élément clé de leur gestion intégrée et durable.

2- Le régime de déclaration/autorisation préalable

Dans un souci de protection de la santé humaine et de préservation environnementale, la réglementation des déchets a instauré le régime de la déclaration et de l'autorisation préalable qui réglemente et organise l'ouverture ou la fermeture des installations relatives à la gestion des déchets.

Le régime de la déclaration est appliqué aux installations relatives aux DM. En effet, il n'est exigé qu'une déclaration au préalable pour l'ouverture, le transfert, la modification substantielle ou la fermeture des décharges contrôlées de la classe 1 et des installations de traitement, de valorisation, d'incinération, de stockage, d'élimination ou de mise en décharge des déchets ménagers[3].

En ce qui concerne la procédure d'application de ce régime, exception faite pour la fermeture d'une décharge de la classe 1[4], la déclaration est déposée auprès du gouverneur de la préfecture ou de la province concernée et lorsque la décharge concerne plus d'une province ou préfecture, celle-ci est déposée auprès du wali de la région concernée[5].

Une fois reçues, la déclaration et ses annexes sont examinées et le déclarant reçoit en contrepartie un récépissé dans un délai de deux (2) mois à compter de la date du dépôt de cette déclaration. Passé ce délai, le wali ou le gouverneur concerné accepte la déclaration et délivre un récépissé au déclarant ou

---

1 H. BOTTA et al., Enjeux de la propreté urbaine, PPUR presses polytechniques, Lyon, 2002, p 42.

2 B. NADIR, « La gestion des déchets solides ménagers et assimilés : le développement d'une nouvelle politique territoriale environnementale », *op. cit.*, p 74.

3 Voir articles 49 et 52 de ladite loi 28-00.

4 Voir article 4 du décret n° 2-09-284 du 20 hija 1430 (8 décembre 2009) fixant les procédures administratives et les prescriptions techniques relatives aux décharges contrôlées, BO n° 5802 du 21 moharrem 1431 (7 janvier 2010).

5 Voir article 3 dudit décret n° 2-09-284.

décide le rejet motivé de celle-ci. Ainsi, une copie du récépissé d'acceptation ou de notification de rejet de la déclaration est adressée aux autorités gouvernementales chargées de l'environnement et de l'intérieur[1].

Quant au régime de l'autorisation, les installations qui y sont soumises sont celles relatives aux autres classes de déchets. Ainsi, sont subordonnés à une autorisation de l'administration après enquête publique et avis du conseil communal d'implantation et accord du wali de la région ou du gouverneur de la préfecture ou de la province concernée l'ouverture, le transfert, la modification substantielle ou la fermeture des décharges contrôlées de la classe 2 et de la classe 3[2]. Autrement que pour la déclaration, la demande d'autorisation est déposée auprès de l'autorité gouvernementale chargée de l'environnement qui délivre au demandeur, après examen de la demande et de ses annexes, un récépissé dans un délai de deux (2) mois à compter de la date du dépôt de cette demande qui, une fois passé, elle délivre l'autorisation au demandeur ou décide le rejet motivé de sa demande[3].

Au contraire, l'ouverture, le transfert, la fermeture ou la modification substantielle des installations de traitement, de valorisation, d'incinération, de stockage ou d'élimination des déchets dangereux, industriels, médicaux et pharmaceutiques sont subordonnés à l'autorisation prévue par le dahir du 25 août 1914 portant règlement des établissements insalubres, incommodes ou dangereux et ses textes d'application, tels qu'ils ont été complétés et modifiés ou par toute autre législation particulière en vigueur[4].

En outre, l'octroi de l'autorisation n'est plus définitif et elle peut être retirée moyennant une juste indemnité si l'intérêt public le justifie[5] comme elle ne peut être accordée que sous réserve des droits des tiers[6].

1Voir article 4 dudit décret n° 2-09-284.
2Voir article 49 de ladite loi 28-00.
3Voir article 5 dudit décret n° 2-09-284.
4Voir article 52 de ladite loi 28-00.
5Voir article 57 de ladite loi 28-00.
6Voir article 56 de ladite loi 28-00.

En effet, l'exigence d'une autorisation préalable pour les décharges des classes 2 et 3 et les installations de traitement, de valorisation, d'incinération, de stockage ou d'élimination des déchets dangereux, industriels, médicaux et pharmaceutiques reflète une approche préventive du contrôle des éventuels effets polluants.

5- L'incrimination pénale, instrument de mise en œuvre de la réglementation sur les déchets ménagers

L'invasion constante des déchets dans la société et les menaces, de plus en plus croissantes, en résultant pour l'eau, les sols, l'atmosphère et les éléments du milieu naturel ont poussé le législateur à concevoir des textes qui dépassent les seuls objectifs de la préservation de la santé publique à la protection de l'environnement[1].

Parmi les instruments instaurés par la réglementation sur les déchets figure le système de contrôle et de répression des infractions qui est un instrument important pour une effectivité du droit des déchets.

Par ailleurs, 20% des amendes sont versées à la Caisse nationale pour l'aménagement de l'environnement[2].

Ainsi, le système de contrôle et de répression des infractions relatives au domaine des déchets constitue un gage, plus ou moins, à la protection de la santé humaine et de l'environnement à condition que « *les applications de la réglementation demeurent strictes* »[3].

6- Les instruments économiques et financiers

Ladite loi 28-00 sur les déchets a pris en considération l'importance des aspects économiques et financiers comme instruments de la gestion des déchets. Ces instruments sont

---

1 M.J.LITTMANN-MARTIN, *op. cit.*, p 184.

2B. SOUDI, H. CHRIFI, Options de gestion des déchets solides et municipaux adaptées aux contextes des Pays du Sud, Programme d'Appui aux Initiatives de Gouvernance Environnementale et Territoriale, Editions Enda Maghreb, Rabat, 2008, p 20.

3 D. GUIHAL, Droit répressif de l'environnement, Economica, 3e éd., 2008, 851 p cité par : P. P. MARTIN-BIDOU, Droit de l'environnement, VUIBER, Paris, 2010, p 334.

basés sur les deux principes suivants : pollueur-payeur et financement par recouvrement des coûts.

En effet, l'instauration d'une redevance est susceptible de générer des effets positifs sur le recyclage des déchets en même temps que de contribuer positivement à la réduction des déchets à la source[1], comme elle constituerait une source de financement d'un secteur toujours en déficit et en augmentation croissante de ses charges, tant de fonctionnement que d'investissement.

Deux redevances sont prévues par cette loi :

- Les prestations rendues par le service public de gestion des DM, quel que soit son mode de gestion, donnent lieu à la perception d'une redevance dont les taux seront fixés par le conseil de la commune[2].
- Le service communal chargé de la gestion des DM peut recevoir et gérer les déchets inertes, les déchets agricoles, les déchets ultimes et les déchets industriels non dangereux moyennant une redevance sur les services rendus[3].

Ces redevances constitueraient des taxes causales à but fiscal et devraient contribuer à la mise en œuvre des programmes locaux ou régionaux de gestion des déchets solides, notamment du Programme national de gestion des déchets ménagers (PNDM). En revanche, pour les déchets dangereux, aucun système de taxation ou de redevance n'est prévu[4].

En revanche, lesdites redevances ne sont pas applicables dans la mesure où les textes d'application de ladite loi n'ont pas été adoptés, bien que l'objectif de leur instauration fût d'assurer le financement et le recouvrement des coûts de fonctionnement de la gestion des déchets ménagers, allégeant ainsi le budget général de l'État de l'impact des investissements à réaliser grâce aux redevances et de responsabiliser les individus face à leur production de déchets[5].

---

1 ACR+ (Association des Cités et Régions pour le recyclage et la gestion durable des ressources), *op. cit.*, p 100.

2Voir article 23 de ladite loi 28-00.

3Voir article 25 de ladite loi 28-00.

4 CNE, Les instruments économiques au service de la protection de l'environnement au Maroc, 6ème session, Mai 2009, Rabat, p 17.

5 *Ibid.*, p 26.

Outre les redevances, le Fonds de la dépollution industrielle (FODEP)[1] constitue un instrument au service du secteur des déchets par l'octroi de dons de 40% pour les projets en aval qui consistent en une réduction de la pollution par le traitement ou l'élimination des déchets liquides, solides ou gazeux. Le complément de financement est constitué de fonds propres et de crédits bancaires dont la Caisse centrale de garantie se porte garante[2].

La réglementation des DM concerne, avant tout, l'articulation entre les dimensions environnementales, économiques et sociales. Le problème de la définition du déchet est une belle illustration de la difficulté de trouver un point d'équilibre entre protection de l'environnement et enjeux économiques et/ou stratégiques.

En effet, l'importance de la définition que l'on donne d'un déchet est cruciale dans le secteur des déchets du fait que la définition impactera la réglementation qui y sera applicable, sur son transfert, sur son élimination, ainsi que sur une éventuelle taxation[3].

En outre, le cadre réglementaire de la gestion des DM dispose des premières prémices qui peuvent constituer une base solide pour un développement durable, mais qui nécessite un cadre institutionnel performant capable de le rendre effectif.

1 Le FODEP, mis en place en partenariat avec l'Agence allemande de coopération financière (KfW).

2 CNE, Les instruments économiques au service de la protection de l'environnement au Maroc, *op. cit.*, p 18.

3 A. SERANI, F. CANSELL, *op.cit.*, p 7.

CHAPITRE 2 - LE CADRE INSTITUTIONNEL DES DÉCHETS MÉNAGERS

Si le cadre juridique de la gestion des DM a été renforcé par la loi 28-00, le cadre institutionnel reste à organiser davantage.

Par ailleurs, le service des déchets ménagers est un service public qui devrait occuper une place primordiale au sein des activités communales et dont la responsabilité incombe directement aux communes.

La notion de service public se base sur deux approches, fonctionnelle et organique. Pour la première, le service public est une activité d'intérêt général, quant à la deuxième, elle affecte sa gestion à une personne de droit public qui le gère directement ou le délègue à une autre partie. Cette notion est articulée autour de quatre principes, dits principes de service public : la continuité, l'égalité, l'adaptabilité et la mutabilité[1].

En outre, dans les services publics, on distingue entre deux catégories : les services publics à caractère administratif (SPA) et les services publics à caractère industriel et commercial (SPIC).

Pour sa part, le service public de gestion des déchets ménagers est à mi-chemin entre les deux catégories ; la collecte, le transport et l'élimination des déchets relèvent de la première catégorie. Quant au traitement et à la valorisation des déchets pour la commercialisation des « produits » issus, ils sont considérés comme des activités à caractère industriel et commercial, et donc relèvent du SPIC.

Dans d'autres pays, par exemple en France, on trouve ce service également dans les deux catégories, mais suivant un autre critère, le financement du service ; en cas de financement par le budget communal, il relève du SPA et dans le cas du financement par redevance, il rentre dans la deuxième catégorie[2].

D'ailleurs, il s'agit d'un service qui relève de l'hygiène publique. Son impact sur les conditions de vie des populations

---

1S. GUERIN (coord.), Le choix du mode de gestion des services locaux, Groupe Moniteur, Paris, 2005, p 13.
2 *Ibid.*, p 14..

et sur la santé publique est conditionné par la qualité des prestations rendues par la collectivité territoriale à la population en matière de nettoiement, de collecte et d'évacuation des déchets et de leur traitement ou de leur élimination, selon les exigences de protection de l'environnement dans le cadre des normes internationales.

Nonobstant, ce service public n'est plus l'affaire propre aux communes, mais il constitue le champ d'interventions de plusieurs parties prenantes (section 1) et qui connait une pluralité des modes de gestion (section 2).

SECTION 1. – L'organisation opérationnelle de la gestion des déchets ménagers

Les fonctions fondamentales de la gestion des DM sont couvertes par son cadre institutionnel qui les répartit entre les différents niveaux territoriaux adéquats.

Ces fonctions intéressent plusieurs volets : la politique et la stratégie sectorielle, la planification et le développement des infrastructures et du service, les activités opérationnelles, le financement, le contrôle et la régulation et la sensibilisation, l'information et l'éducation[1].

Dans ce cadre, l'organisation opérationnelle de la gestion des DM est caractérisée par une multiplicité d'intervenants (sous-section § 1) et une mise en œuvre d'un programme articulé autour du processus de gestion (sous-section § 2).

§.1 – Les intervenants dans la « sphère déchet »[2]

Même si la loi n° 78-00[3] a confié des attributions propres au conseil de la commune en matière de collecte, de transport, de

1 Ministère de l'intérieur et Ministère de l'énergie, des mines, de l'eau et de l'environnement, département de l'Environnement, Evaluation de la première phase du Programme national des déchets ménagers, *op. cit.*, p 8.

2 S. LE MAITRE, *op. cit.*, pp 30-32

3 La loi 78-00 portant sur la Charte communale, promulguée par le Dahir n°1.02.297 du 3 octobre 2002 et modifiée par le Dahir 1.02.202 du 24 mars 2003 portant promulgation de la loi n° 01-03, relative à l'organisation des communes.

mise en décharge et de traitement des déchets ménagers, plusieurs intervenants s'y entremêlent.

En effet, le secteur des DM connait une multitude d'acteurs, centraux et territoriaux, qui interviennent dans sa gestion, se répartissant en organes consultatifs, de régulation, de tutelle et d'intervention directe.

La gestion des DM s'articule entre des rôles centraux de contrôle et de tutelle (paragraphe A) et des rôles territoriaux d'intervention directe et de gestion (paragraphe B).

A. Les acteurs centraux

La nature des interventions des acteurs centraux dans le domaine de la gestion des DM varie entre l'autorité de régulation, de tutelle et le caractère consultatif.

Par ailleurs, le ministère de l'Intérieur et le département ministériel de l'Environnement sont les acteurs clés de la gestion des DM sur le plan national[1].

1- Le ministère de l'Intérieur, autorité de tutelle

Depuis longtemps, et même en présence d'un département chargé de l'environnement, le ministère de l'Intérieur a assuré des attributions relatives à la protection de l'environnement. Ce rôle puise sa prépondérance dans des tâches largement traditionnelles du ministère en matière de maintien de l'ordre public et de contrôle de l'administration territoriale. De plus, *« disposant d'un réseau d'agents couvrant l'ensemble du territoire à tous les niveaux de l'organisation administrative, le ministère de l'Intérieur a tout naturellement été amené à assurer des responsabilités dans le domaine du développement économique et social*[2]*... »*.

Actuellement, alors même que le département de l'Environnement ne relève plus du ministère de l'Intérieur, ce dernier intervient dans le domaine de l'environnement, en

---

1 Ministère de l'Intérieur et ministère de l'Énergie, des Mines, de l'Eau et de l'Environnement, Département de l'Environnement, Evaluation de la première phase du Programme National des Déchets Ménagers, *op. cit.*, p 9.

2 M. ROUSSET, D. BASRI, J. GARAGNON, Droit administratif marocain, 5ème édition, 1992, p 81, cité par : H. ABSI-BERRAHOU, *op. cit.*, pp 121-122.

général, et au secteur des déchets, en particulier, en participant dans la mise en œuvre de la politique nationale et en intervenant, dans le cadre de ses attributions, dans tout ce qui concerne la préservation de l'hygiène et de la salubrité publique[1].

Le ministère de l'Intérieur assure la tutelle hiérarchique des communes par le biais de la Direction générale des collectivités locales (DGCL).

En vertu de cette tutelle, le ministère de l'Intérieur détient un rôle dominant à travers des attributions exercées sur les collectivités territoriales sous la responsabilité des gouverneurs/walis qui agissent en tant que représentants du gouvernement[2].

Alors même que la loi organique portant sur les communes instaure le principe de leur autonomie en ce qui relève de la gestion des DM, leurs budgets et leurs investissements sont soumis au contrôle du ministère de l'Intérieur.

La tutelle dudit ministère, via la DGCL, se concrétise par un encadrement et une assistance technique et un appui financier à la gestion des déchets. Par exemple, dans le cas où la commune choisit de recourir au secteur privé pour la délégation du service public relatif aux DM, cette assistance se concrétise par l'élaboration d'un cahier des charges « type » disponible au sein des services de la DGCL, et plus particulièrement à la direction de l'Eau et de l'Assainissement (DEA), pour toute commune souhaitant recourir à la délégation du service public[3].

2- Le département de l'Environnement, autorité de régulation

Le département de l'Environnement est chargé d'élaborer et de mettre en œuvre, dans le cadre des lois et règlements en vigueur, la politique du gouvernement dans les domaines de

---

1M. ROUSSET, D. BASRI, J. GARAGNON, Droit administratif marocain, 5ème édition, 1992, p 81, cité par : H. ABSI-BERRAHOU, *op. cit.*, p 147.

2 Voir article 5 du dahir du 15 février 1977 relatif aux attributions du gouverneur (BO 1977) tel qu'il a été modifié par le dahir portant loi 1-93-293 du 6 octobre 1993 (BO 1993).

3 MATEE, SEE &GTZ, Manuel pratique : de la collecte à l'élimination des déchets, 2e Ed., 2004, Phénixa, p 24.

l'énergie et des mines, mais aussi de l'environnement en général. Le regroupement stratégique de ces domaines vise l'adoption d'une politique globale et intégrée de protection et de mise en valeur de l'environnement.

De sa part, ce département était conçu au début comme une structure de réflexion et de concertation, de coordination et éventuellement de conseil[1]. Actuellement, il constitue l'autorité gouvernementale chargée de l'élaboration et de la mise en œuvre de la politique du gouvernement en matière de protection de l'environnement, y compris le secteur des DM.

En outre, ledit département, et malgré son engagement dans différents milieux et secteurs d'activités, est considéré comme un département de mission et non de gestion. Il s'occupe principalement de la coordination, de la collecte des données, des études, de l'élaboration des lois, de la réglementation, des normes et directives ayant trait à l'environnement, de manière générale, et aux déchets, en particulier.

De plus, il préside et assure le secrétariat du Comité national et des comités régionaux des études d'impact environnemental.

En matière de DM, le département de l'Environnement a la charge de l'élaboration et de la mise en œuvre de la politique du gouvernement dans ce domaine en relation avec les autres parties prenantes en définissant les conditions dans lesquelles les autres acteurs vont exercer leurs activités[2].

Il a le pouvoir de définir la politique de gestion des déchets et plus spécifiquement, il est responsable de la coordination des activités de gestion de l'environnement. Concrètement, il a élaboré conjointement avec le ministère de l'Intérieur le Programme national de gestion des déchets ménagers (PNDM) et assure dans sa mise en œuvre les fonctions suivantes en coordination avec le même ministère :

- la fermeture et la réhabilitation environnementale des décharges sauvages ;

1 H. ABSI-BERRAHOU, *op. cit.*, p 128.
2 S. LE MAITRE, *op. cit.*, p 31.

- la mise en place de nouvelles décharges ou de centres de transfert[1].

Le département de l'Environnement intervient aussi dans le domaine des déchets à travers plusieurs instances ; l'on peut en citer :

- *L'Observatoire national de l'environnement au Maroc (ONEM)*

Une division rattachée au département et qui vise à assurer le suivi permanent de l'état de l'environnement afin d'en améliorer les connaissances et de développer des outils d'aide à la prise de décision en matière de protection de l'environnement et de développement durable.

Instauré par la loi 11-03[2], l'ONEM joue le rôle fondamental de mise à disposition aux décideurs de l'information sur les conditions et les tendances des évolutions environnementales pour pouvoir déterminer et éventuellement rectifier l'orientation des politiques adoptées en matière de protection de l'environnement et de développement durable.

Cet organe national a été renforcé par un réseau territorial d'observatoires régionaux de l'environnement et de développement durable (OREED) qui ont pour mission d'améliorer la connaissance de l'état de l'environnement au niveau local en approfondissant l'analyse des interactions environnement-développement et de promouvoir la prospective d'atteindre les objectifs du développement durable[3].

- *Le Laboratoire national de l'environnement*

Instrument scientifique et technique qui a pour mission de surveiller et de caractériser la pollution et les nuisances dans l'environnement et contribuer à la mise en place de réseaux de surveillance thématiques et de contrôle de la

---

1 Ministère de l'Intérieur et ministère de l'Énergie, des Mines, de l'Eau et de l'Environnement, Département de l'Environnement, Evaluation de la première phase du Programme National des Déchets Ménagers, *op. cit.*, p 9.

2 Voir article 57 de ladite loi 11-03.

3 B. NADIR, « Région et environnement : vers un renouveau »,In : Environnement et développement durable : les nouvelles alternatives, Textes réunis par B. NADIR, Université Med V Souissi, Rabat, 2014, p 200.

pollution dans le domaine de l'environnement. Il dispose d'unités de mesures fixes et mobiles et se compose de trois départements d'analyses (air, eaux et déchets et micropolluants) et il contribue aussi à la constatation des infractions environnementales en appui à la police de l'environnement.

- *Une stratégie de proximité qui se décline à travers les actions suivantes*
  - la déconcentration et le renforcement des services extérieurs représentant l'une des clés de la modernisation et de l'efficacité du département de l'Environnement et dans l'application du principe de subsidiarité basé sur le transfert aux services extérieurs de l'environnement des missions qu'ils sont les plus à même d'assurer par rapport au niveau central, compte tenu de leur proximité. Leur rôle s'articule autour de la veille environnementale, par le suivi de l'état de l'environnement, et par une veille réglementaire, à travers le comité régional des études d'impacts sur l'environnement, les enquêtes publiques et les activités de contrôle et d'inspection[1] ;
  - la mise en place des observatoires régionaux de l'environnement et de développement durable (OREEDD) qui fournissent de l'information sur les conditions et les tendances des évolutions environnementales étant un préalable incontournable à l'élaboration de toute politique cohérente de développement durable.

À titre d'indication, il existe d'autres départements ministériels qui œuvrent dans le domaine des déchets, mais à des degrés très réduits. À titre d'exemple, le département de l'Agriculture intervient dans l'identification des sites de décharges, essentiellement dans les régions forestières, ainsi que dans la mise en place des unités de compostage. Le

---

1B. NADIR, « Politique de proximité et environnement : quelles avancées », In : Administration de proximité et cohésion sociale, textes réunis par ZANANE, A., et al., Université Med V Souissi, Rabat, 2012, p 44.

département de l'Industrie intervient lui aussi en tant qu'autorité de tutelle des activités industrielles et commerciales, chargée de la promotion des filières de valorisation des déchets et du contrôle et du suivi des flux transfrontaliers des déchets, dans le cadre de la mise en place d'unités de traitement et de recyclage des déchets.

3- Les organes consultatifs

À part les départements ministériels de nature exécutive, il existe d'autres instances qui interviennent, à titre consultatif, dans le secteur des déchets.

Le Conseil économique, social et environnemental (CESE)

La constitution de juillet 2011 a reconnu explicitement au conseil économique et social les compétences environnementales et devient le Conseil Économique, Social et Environnemental. Cette nouvelle reconnaissance l'amène à étudier, à titre consultatif, les problèmes d'environnement et de développement durable – y compris la gestion des DM.

Le Conseil national de l'environnement (CNE)

Le Conseil national de l'environnement (CNE)[1] représente l'un des instruments de gestion de l'environnement. Il s'agit d'une structure consultative qui joue un rôle de premier plan en matière de coordination dans le domaine de l'environnement.

Le CNE est présidé par l'autorité gouvernementale chargée de l'environnement et comprend les représentants des autorités gouvernementales. Il a pour mission d'œuvrer à la protection et à l'amélioration de l'environnement.

À cet effet, ledit conseil contribue à la définition de la politique gouvernementale en la matière et présente au gouvernement un rapport annuel sur l'état de l'environnement dans le pays.

Dans ce cadre, plusieurs rapports, qui traitent en partie ou en intégralité la question des déchets, ont été élaborés, notamment

1 Décret n°2-93-1011 du 18 chaabane 1415 (20 janvier 1995) relatif à la réorganisation des organismes chargés de la protection et de l'amélioration de l'environnement.

le rapport de 2007 qui porte sur le Programme national des déchets ménagers (PNDM) et qui a dressé, pour la première fois au Maroc, l'état des lieux du secteur des DM.

B. Les acteurs territoriaux

La déclinaison territoriale des attributions en matière des DM s'effectue par le biais des communes, le territoire convenable de la gestion des DM, et des services déconcentrés, notamment relevant des ministères de l'Intérieur et de l'Environnement, en présence d'autres intervenants formels et informels.

1- Les communes, un cadre adéquat de gouvernance de la gestion des déchets ménagers

La loi portant charte communale attribue aux communes la compétence en matière d'instauration et de gestion des services publics locaux qui incluent les services de *« collecte, transport, mise en décharge publique et traitement des déchets ménagers et des déchets assimilés*[1] *»*.

De même, la loi 11-03, relative à la protection et la mise en valeur de l'environnement, a confié, en matière des déchets, à l'administration et aux collectivités territoriales ou leurs groupements de prendre en charge leur gestion[2].

De sa part, la loi 28-00[3] sur les déchets a confirmé l'étendue des obligations et des responsabilités confiées aux communes en matière de gestion des déchets ménagers[4].

Cette mise à la charge des communes reflète la volonté du législateur de leur renvoyer systématiquement la responsabilité de l'élaboration du plan communal ou intercommunal de la gestion des déchets ménagers. Ce transfert de compétence permettra une meilleure implication des communes et

1 Voir article 39 de ladite charte communale de 2002.

2Voir article 41 de ladite loi 11-03.

3 L'article 20 de ladite loi 28-00 impose aux communes d'assurer l'élimination des déchets ménagers.

4B. NADIR, La gestion des déchets solides ménagers et assimilés : le développement d'une nouvelle politique territoriale environnementale, *op. cit.*, p 80.

contribuera à une répartition claire des compétences entre l'État et les collectivités territoriales.

Attributions communales renforcées

La commune représente le premier acteur responsable de la gestion des DM. Elle est le vrai pivot de toute action dans le domaine des déchets ménagers, car elle agit sur le terrain et met en œuvre l'application des lois. Elle intervient en amont dans l'organisation du service et en aval dans son financement.

En effet, le cadre réglementaire des déchets lui a reconnu pour la première fois un service public, le service public communal de gestion des DM[1].

Du fait de cette reconnaissance, le législateur lui a alloué plus de responsabilité, se trouvant ainsi appelée à assumer la prise en charge de toutes les opérations de gestion des DM, notamment la précollecte, la collecte, le transport et l'élimination des déchets, voire aussi la mise en place, dans un délai qui sera fixé par voie réglementaire, des installations de tri, de traitement, d'élimination ou de valorisation de ces déchets[2].

Aussi, la commune est-elle obligatoirement responsable des dépenses afférentes à la gestion des DM[3]. À cet effet, ladite loi 28-00 met à sa disposition une panoplie d'instruments financiers pour couvrir ces dépenses, spécialement à travers :

- la commercialisation des produits des déchets valorisés[4] ;
- les redevances :
- la redevance sur les prestations rendues par le service public des DM[5] ;
- la redevance sur les services rendus en matière de réception et gestion des déchets inertes, les déchets agricoles, les déchets ultimes et les déchets industriels non dangereux[6] ;

1Voir article 16 de ladite loi 28-00.
2 Voir les articles 16, 20 et 84 de ladite loi 28-00.
3Voir article 21 de ladite loi 28-00.
4Voir article 22 de ladite loi 28-00.
5Voir article 23 de ladite loi 28-00.
6Voir article 25 de ladite loi 28-00.

- la redevance sur la mise en décharge des déchets inertes, les déchets agricoles, les déchets ultimes et les déchets industriels non dangereux dans la décharge des DM[1].

En outre, et pour remplir sa mission, les attributions des communes relatives au service public communal de la gestion des DM se sont élargies, notamment en matière de :

- *planification :* à la commune est attribuée la compétence de mettre en place un plan communal, ou dans le cadre d'une coopération intercommunale, un plan intercommunal de gestion des DM[2] ;
- *réglementation* : la commune est tenue de réglementer les opérations liées à la gestion des DM, particulièrement les phases de précollecte, les modalités et conditions de collecte et les opérations de transport et d'élimination des déchets[3] ;
- *pouvoir de décision :* c'est à la commune qu'incombe la décision du recours au mode de gestion qui varie entre la gestion directe, la régie autonome et la gestion déléguée ou la SDL[4].
- *contrôle :* la commune est chargée, dans le cadre de son territoire, du contrôle de la mise en décharge des déchets inertes, des déchets ultimes, des déchets agricoles et des déchets industriels non dangereux[5] et de la constatation des infractions relatives à la gestion des DM[6].

Nous pouvons en déduire que les compétences des communes en matière de gestion des DM sont explicites et diversifiées constituant un cadre de référence pour leur action[7] et les rendant des « acteurs clés de développement durable »[8].

---

1 Voir article 48 de ladite loi 28-00.

2 Voir articles 16 et 17 de ladite loi 28-00.

3 Voir article 19 de ladite loi 28-00.

4 Voir article 18 de ladite loi 28-00.

5 Voir article 24 de ladite loi 28-00.

6 Voir article 62 de ladite loi 28-00.

7 B. NADIR, « La gestion des déchets solides ménagers et assimilés : le développement d'une nouvelle politique territoriale environnementale », *op. cit.*, p 80.

8 Voir : P. MARTIN-BIDOU, *op. cit.*, 357 p et A. MASSIERA, De la croissance économique au développement durable, L'Harmattan, Paris, 2009, p 165.

Nouveaux défis à la gestion des déchets ménagers

Face aux responsabilités et attributions élargies en matière de gestion des DM, les communes se trouvent en défi pour les assumer pleinement. Dans les grandes villes, l'État s'est souvent substitué aux communes, passant directement des marchés de concession avec l'aide des financements internationaux. Les petites et moyennes villes essayent sans grand succès de faire face à des besoins qui ne cessent de croître, notamment dans les périphéries nouvellement urbanisées. En pratique, jusqu'à une période récente, la gestion des DM suivait un schéma très classique (collecte, évacuation et enfouissement en régie directe ou par une concession partielle) avec des résultats très contrastés, mais partout insuffisants[1].

Par ailleurs, les politiques de décentralisation ont remis les communes au centre de la gestion des DM comme relevant des services de proximité. Parallèlement, l'implication d'un nouvel acteur (les sociétés privées délégataires) a permis d'étendre le service à une plus grande partie de la population, en particulier celle vivant dans les périphéries[2].

Or, cette décentralisation n'a pas été accompagnée d'un renforcement des capacités humaines et techniques à l'échelle locale[3].

Dès lors, les communes ont besoin d'un renforcement de leurs capacités de maîtrise d'ouvrage pour l'élaboration et la mise en œuvre de ces schémas, la promotion d'un processus de concertation entre les acteurs et l'organisation de contractualisation entre les différents intervenants de la sphère déchets[4].

Sur un autre volet, la couverture des dépenses par les communes, liées à la gestion des DM, constitue un grand défi à

---

1 Ministère de l'Écologie et du Développement Durable et ministère des Affaires Étrangères, Gestion durable des déchets et de l'assainissement urbain, 2004, p 192.

2 *Ibid.*

3 Banque Mondiale, Prêt de Politique de Développement du Secteur des Déchets Ménagers, *op. cit.*, p 18

4 Ministère de l'Écologie et du Développement Durable et ministère des Affaires Étrangères, Gestion durable des déchets et de l'assainissement urbain, *op. cit.*, p 192.

celles-ci, notamment à cause du retard de l'opérationnalisation des instruments financiers érigés par la loi 28-00. Ainsi, plus de 17 ans après leur instauration par le cadre juridique des déchets, les communes continuent à les couvrir difficilement par leurs budgets généraux.

2- Le secteur privé

Depuis plusieurs années, le pays a initié un vaste chantier de réformes structurelles tendant à promouvoir l'ouverture et la libéralisation de son économie dans plusieurs secteurs. Ces réformes font du secteur privé un moteur de la croissance économique. Son implication est également favorisée dans le domaine des différents services urbains, y compris celui de la propreté.

En effet, la gestion des DM est considérée parmi les enjeux de taille pour le Maroc, pays à destination touristique très marquée. Dans un tel contexte, le pays doit hisser la gestion des DM au niveau des standards internationaux et doit parfaitement maîtriser ses impacts environnementaux[1].

Selon le rapport du CESE de 2015, la gestion des DM compte une douzaine d'opérateurs privés qui sont présents sur le marché de la collecte, du transfert et de la mise en décharge. Le chiffre d'affaires annuel total pour les activités de collecte, de transfert et de mise en décharge est de 2,2 milliards de DH et environ 3 milliards de DH d'investissement[2] (environ, successivement, 202 Mn euros et 277 Mn euros). Les principaux opérateurs sont des filiales marocaines de sociétés et groupes européens.

3- Le secteur informel

Les activités informelles de récupération des déchets solides, ou le chiffonnage de rues, est le fait de collecter les déchets par

---

1 Banque Mondiale, Stratégie de participation du secteur privé dans la gestion des déchets solides au Maroc, Rapport R1, Version provisoire, Avril 2009, p 8.

2 CESE, Rapport sur la gestion déléguée des services public au service de l'usager, Saisine n°18/2015, 2015, p 43.

des ramasseurs, occasionnels ou permanents, à l'aide de sacs ou parfois de charrettes[1].

Les récupérateurs informels se spécialisent, la plupart du temps, dans le tri et la récupération par filière : la ferraille, le papier/carton, le verre, les plastiques et divers autres objets (caoutchouc, aluminium, cuivre, bois, chiffons…). La quantité de déchets récupérée pour le recyclage est estimée approximativement à 305 000 tonnes par an[2].

Le secteur, bien qu'informel, est assez structuré et prend la forme pyramidale avec une cascade d'intermédiaires : les récupérateurs chiffonniers de la rue vendent leurs produits à des semi-grossistes ou intermédiaires qui se chargent du tri et d'un premier traitement des produits. Ces intermédiaires fournissent ensuite les grossistes dont l'activité est plus industrielle puisqu'ils disposent de lieux de stockage, moyens de transport et broyeurs. Ces grossistes entrent enfin en contact avec les unités de valorisation et de recyclage (industriels et exportateurs)[3] ; et bien sûr les bénéfices croissent proportionnellement au niveau d'intervention.

Au Maroc, les activités informelles de récupération des déchets solides occupent, selon des estimations, environ 20 000 personnes, parmi lesquelles une population des récupérateurs des décharges (chiffonniers) allant de 3 500 à 4 500 personnes[4]. Les revenus de ces récupérateurs varient entre 70 et 100 DH/jour (environ 10 euros). Les chiffres d'affaires réalisés par cette activité sont estimés à environ 168 millions DH (environ 15,5 Mn euros) pour les récupérateurs et environ 363 millions DH (environ 33,5 Mn euros) pour les grossistes[5].

---

1 G. BERTOLINI, M. BRAKEZ, « Gestion des déchets, innovations et territoires », *op. cit.*, pp 6, 7 et 8.

2 Banque Mondiale, Stratégie de participation du secteur privé dans la gestion des déchets solides au Maroc, *op. cit.*, p 29.

3Ministère de la Transition Énergétique et du Développement Durable, Programme National des Déchets ménagers (PNDM), *op. cit.*

4 Tous les chiffres sont issus de « Analyse des impacts sociaux et sur la pauvreté de la réforme du secteur des déchets solides ménagers au Maroc », Saâd Belghazi, Banque Mondiale, 2008.

5 Ministère de la Transition Énergétique et du Développement Durable, Programme National des Déchets ménagers (PNDM), *op. cit.*

Dans la plupart des préfectures et provinces marocaines, la collecte des déchets recyclables est principalement organisée par le secteur informel. Les récupérateurs informels contribuent de façon importante au recyclage des déchets, avec un bilan économique positif.

4- Les associations

Les associations sont également des acteurs dans la sphère déchets qui jouent essentiellement un rôle d'alerte et de relais auprès des populations.

Leurs principaux rôles résident dans la sensibilisation des citoyens en matière de protection de l'environnement et se réduisent le plus souvent à mener des campagnes occasionnelles de propreté par quartiers ou espaces publics.

La délimitation des contours de responsabilité entre les différents acteurs de la sphère déchets reste à définir.

En fait, la commune, en tant qu'acteur pivot de la gestion des DM, reste soumise à une tutelle pesante du ministère de l'Intérieur et souffre de la faiblesse de ses ressources humaines, techniques et financières[1].

§.2 – La mise en œuvre du service public de gestion des déchets ménagers

Le service public de gestion des déchets ménagers est à la responsabilité des communes qui prennent en charge toutes les étapes du processus, de la collecte jusqu'au traitement final des déchets. Il se décompose historiquement et conceptuellement en plusieurs phases, qui sont autant d'aspects différents[2].

La première dimension et la plus ancienne conception du service consistait à débarrasser les particuliers de leurs déchets quotidiens afin d'assurer l'hygiène et la propreté des foyers. Cela se résumait en une simple évacuation et ce n'était alors qu'un « service » basique obtenu par l'individu. Le besoin

---

1 N. EL KADIR, « Genèse et développement de l'approche territoriale au Maroc », In : J. LAPEZE, N. EL KADIRI, N. LAMRANI, Eléments d'analyse sur le développement territorial, L'Harmattan, Paris & Économie critiques, Rabat, 2007, p 21.

2 E. KAH, *op. cit.*, p 48.

ressenti d'abord au niveau individuel s'est doublé d'un besoin d'assainissement collectif : un acte, individuel à l'origine, se transforme en un service collectif avant de devenir un service public[1].

À force de transformation d'un simple service individuel en un service public avec, comme corollaire, une attribution des compétences aux communes, une deuxième phase apparaît, à savoir celle du niveau collectif. C'est un service rendu à la collectivité que l'on peut appeler « service de proximité »[2].

Enfin, la troisième dimension, la plus récente, intègre en plus des deux précédentes, la préservation de l'environnement, laquelle ne peut faire l'objet d'une gestion que sur le long terme. C'est cette introduction de la dimension temporelle qui induit les aspects de la modernisation en cours de la gestion des déchets ménagers et qui a besoin de la participation des usagers et d'une refondation complète du système par les gestionnaires en la matière[3].

A. La réglementation des activités liées au service public des déchets ménagers

Le processus de gestion des DM au Maroc est articulé autour de plusieurs opérations successives : la précollecte, le tri, la collecte, le nettoiement et l'élimination.

1- La précollecte[4]

Il s'agit de l'activité qui précède la prise en charge des déchets par l'entité chargée du service public de gestion des

---

1 E. KAH, *op. cit.*, p 48.
2 *Ibid.*
3 *Ibid.*
4 La loi 28-00 définit, dans son troisième article, le pré collecte un « ensemble des opérations organisant l'évacuation des déchets depuis le lieu de leur production jusqu'à leur prise en charge par le service de collecte de la commune ou de tout autre organisme habilité à cet effet ».
Exemple 1 : La sortie du bac sur le domaine public est une opération de précollecte.
Exemple 2 : Le remplissage du bac est une opération de précollecte.
Exemple 3 : Le transport des déchets par leur producteur initial vers un site de dépôt est une opération de précollecte.

DM[1] et elle est liée au mode de présentation des déchets par leurs producteurs, notamment les ménages, les lieux de commerces, les restaurants, les hôtels, les petites industries, etc.

Cette étape constitue le premier maillon du circuit de gestion des déchets et elle est déterminante dans la réussite du système de collecte et démontre la conscience de la population autour de la problématique des déchets, reflétant leur contribution à réussir leur gestion. Ainsi, la réalité montre que la présentation anarchique des déchets rend difficile la collecte et nuit à l'environnement et à l'image des villes.

Auparavant, les ménages mettaient leurs déchets devant leurs maisons en attendant le passage des camions pour les collecter. Aujourd'hui, le service chargé de la collecte met en place les bacs qui centralisent ces déchets et facilite ainsi de suite leur collecte par ses agents. Dans ce cadre, et afin de faciliter les procédures de collecte, d'améliorer notoirement l'impact visuel de la présentation des déchets sur les voies publiques, de rendre la procédure plus efficace et moins coûteuse et de dégager des moyens humains, matériels et financiers pour améliorer la collecte et le nettoiement, la conteneurisation s'est avérée nécessaire pour l'optimisation du processus de précollecte des déchets.

D'autre part, sur le volet de la protection de l'environnement et de la santé humaine, l'expérience montre, bien que la plupart des cahiers des charges de délégation du service collecte et nettoiement obligent les délégataires à laver et désinfecter les conteneurs intérieurement et extérieurement, que ces clauses sont rarement respectées.

Sur un autre volet, la conteneurisation des déchets pour la préparation à l'opération a fait naître des activités informelles de tri des déchets auprès de ces bacs par des chiffonniers.

Le tri se fait aussi par les agents chargés de la collecte, qui filtrent aussi de leur part les bacs à vider lors de l'opération de la collecte.

---

1 L'entité chargée peut-être la commune elle-même, régie directe, ou un opérateur privé par le biais d'un contrat de délégation de gestion du service public. Dans ce cadre, la charte communale de 2002 a octroyé au conseil communal de décider du mode de gestion suivant l'article 39.

1 Voir article 39 de ladite charte communale de 2002.

Avec l'implantation des nouvelles décharges contrôlées, certaines d'entre elles ont mis en place des centres de tri des déchets au profit des chiffonniers des anciennes décharges sauvages[1].

Enfin, *« une meilleure maîtrise de cette séquence par les collectivités locales, au plan institutionnel, organisationnel et technique, devrait permettre de simplifier et d'améliorer la collecte des déchets[2] ».*

2- La collecte[3]

La collecte désigne l'ensemble des opérations qui consistent à regrouper les déchets depuis leur source de production, puis à les transporter jusqu'aux centres de traitement[4]. Elle débute lorsque le service d'enlèvement (que ce soit le service public d'enlèvement ou le prestataire d'une entreprise) prend en charge les déchets[5].

Cette opération du processus de gestion des DM reste la partie la plus importante, vu la grande part des investissements qui lui sont affectés et son rôle capital dans le maintien de la salubrité de la ville. Et la réussite d'un schéma de collecte est liée à la qualité et à la performance de quatre composantes : horaire, circuit de collecte, conteneurisation et matériel. Chaque composante doit être contrôlée afin d'assurer une évaluation complète de la prestation[6].

---

1 Expérience CET Oum Azza : la particularité du contrat de gestion de la décharge d'Oum Azza réside dans la dimension sociale par l'organisation des récupérateurs informels à l'ancienne décharge d'Akreuch dans le cadre d'une coopérative dont la mission principale est le tri des déchets et la commercialisation des produits recyclables au sein de la nouvelle décharge.

2 Ministère de la Transition Énergétique et du Développement Durable, Programme National des Déchets ménagers (PNDM), consulté le 16 juillet 2023.

3 La loi 28-00 qualifie, dans son troisième article, la collecte « toute action de ramassage des déchets par la commune, par un groupement de communes ou par tout autre organisme habilité à cet effet ».

4 S. LE MAITRE, op. cit., pp 48-49.

5 M. ANDRIEU et al., Lexique à l'usage de la gestion des déchets, Collection « RéférenceS », Paris, 2012, p 21.

6 MATEE, SEE &GTZ, Manuel pratique : de la collecte à l'élimination des déchets, *op. cit.*, p 10.

Les modalités de cette collecte peuvent varier selon les communes, en fonction de la densité de l'habitat et des différents modes de traitement existants.

Les taux de collecte enregistrés dans les villes marocaines varient au sein de la même ville. Ils restent en moyenne à hauteur de 70 % pour les zones urbaines. Les moyens de collecte utilisés dans les villes marocaines sont extrêmement variés et s'adaptent à la nature du terrain et aux dimensions des différents types de voies de communication[1].

Avant le démarrage en 2008 du Programme national des déchets ménagers (PNDM)[2], *« près de 70 % seulement des déchets produits en milieu urbain étaient collectés et moins de 10 % des déchets collectés étaient mis en décharge contrôlée, alors qu'une grande part des déchets ont été rejetées dans des décharges spontanées*[3] *»*.

En effet, le PNDM s'est fixé comme objectif en la matière d'assurer la collecte et le nettoiement des déchets ménagers pour atteindre un taux de collecte de 100 % en 2030[4].

En 2012, le taux moyen de collecte des déchets était d'environ 76 %, sachant que le taux de collecte en milieu rural est encore plus faible et souvent non organisé. La majorité des déchets collectés (68 %) est envoyée sans traitement aux décharges non contrôlées[5].

---

1 CNE, Programme National de gestion des Déchets ménagers, *op. cit.*, p 10.

2 Le PNDM, s'inscrit dans le cadre de la politique de réforme et de développement du secteur des déchets ménagers. Ce programme a été élaboré par le Département de l'Environnement au sein du ministère de l'Eau et de l'Environnement, et en coopération avec le ministère de l'Intérieur et avec l'appui de la Banque Mondiale. Le cout de ce programme est estimé à 40 Milliards de DH.

3 Lettre de politique de développement sectoriel destiné de la part du premier ministre marocain au Président de la Banque Mondiale destinée le 12 février 2009, cité In : Banque Mondiale, Prêt de Politique de Développement du Secteur des Déchets Ménagers, *op. cit.*, pp 48-53

4Ministère de la Transition Énergétique et du Développement Durable, Programme National des Déchets ménagers (PNDM), consulté le 16 juillet 2023.

5 Le Réseau Régional d'Échange d'Informations et d'Expertise dans le secteur des déchets dans les pays du Maghreb et du Mashreq (REME), *op. cit.*, p 8.

Le taux de collecte des déchets ménagers a connu une augmentation considérable en 2014 pour atteindre 80,5 %[1].

La mise en œuvre du PNDM a permis ainsi d'améliorer la collecte et le nettoiement par la professionnalisation du service qui est passée en six ans de 29 communes en gestion déléguée à 147 communes entre 2007 et 2013[2].

De sa part, le taux de collecte des déchets urbains s'est amélioré, passant de 44 % à 72 % entre 2007 et 2010[3].

Par ailleurs, la collecte recouvre aussi l'opération de transport des déchets. Cette opération concerne le transfert des déchets des lieux de production ou des points de regroupement vers les centres de transfert, ou des centres de transfert vers les décharges finales.

Le choix des moyens de transport se porte souvent sur des solutions conventionnelles (bennes, bennes tisseuses, lève-containers, camions remorques ou semi-remorques et autres équipements spécialisés). Le matériel utilisé, généralement importé, paraît, d'un point de vue opérationnel, inadapté aux besoins des villes des pays en développement (contenances, maniabilité, etc.) et les coûts de sa maintenance sont importants[4].

On estime qu'actuellement, les charges liées au transport, qu'elles soient réalisées en régie directe ou par délégation, absorbent plus de 60 % du budget consacré par les communes à la gestion des déchets, au détriment des autres séquences du processus[5].

De plus, les véhicules sont généralement trop utilisés dans les circuits de collecte qui nécessitent une optimisation en gain de carburant. La conséquence est l'usure prématurée des engins

---

1 Ministère de l'Energie, des Mines, de l'Eau et de l'Environnement, Département de l'Environnement, Développement durable au Maroc, Bilan des réalisations, 2014, p 8.

2 Source : Direction Eau et Assinaissement (DEA), DGCL.

3 Ministère de l'Energie, des Mines, de l'Eau et de l'Environnement, Département de l'Environnement, Indicateurs de développement durable au Maroc, Phénixa, 2011, p 102.

4 Ministère de l'Écologie et du Développement Durable et ministère des Affaires Étrangères, *op. cit.*, 192 p.

5 *Ibid.*

de collecte. Ainsi, chaque jour, une partie du parc est immobilisée, d'où fréquemment le recours à l'utilisation de camions non appropriés.

L'enjeu est donc de parvenir à optimiser la chaîne de transport des déchets (parcours, matériels, manutention, etc.)[1].

La quantité des déchets collectée se trouve donc nettement influencée par les performances des services d'entretien des véhicules, dont la capacité à maintenir un nombre suffisant de véhicules en état de fonctionnement est déterminante pour la qualité du service rendu au citoyen.

L'optimisation de la circulation des véhicules de collecte joue un rôle primordial dans une procédure de gestion efficace. En effet, la collecte est le service le plus couteux que peut fournir une ville à ses habitants.

3- Le nettoiement

La notion de nettoiement, bien qu'étant associée dans le langage courant aux opérations qui viennent seconder la collecte, notamment le balayage des voies et des artères, prend souvent plus d'ampleur et revêt un caractère saisonnier lorsqu'on parle de campagnes de nettoiement qui viennent souvent pour remédier aux insuffisances des systèmes de collecte mis en place.

Il consiste à assurer le nettoiement général des voies et des places publiques de la commune et à assurer le maintien en bon état de propreté de ces lieux sur tout le territoire et notamment les points sensibles qui sont : les blocs d'habitation, les grandes et les petites artères, les rues, les ruelles, les places publiques, les souks et marchés ainsi que l'emplacement des marchands ambulants.

Le nettoiement couvre également le lavage mécanique des voies et des places publiques. Le nettoiement manuel et/ou mécanique des voies, des places publiques, des trottoirs, des terrains vagues, des marchés et de tout endroit contenant des déchets ménagers ainsi que l'évacuation des produits de

1 Ministère de l'Écologie et du Développement Durable et ministère des Affaires Étrangères, *op. cit.*, 192 p.

nettoiement et des résidus du curage des égouts à la décharge publique.

Selon le Conseil national de l'environnement[1], l'outillage utilisé dans les opérations de nettoiement est non seulement rudimentaire, mais souvent inadapté.

4- L'élimination[2] par une mise en décharge

Logiquement, l'élimination des déchets vient après épuisement du stade du traitement. Pour ce dernier, la plupart des déchets produits peuvent faire l'objet de valorisation qui permet, à la fois, de les transformer de déchet en ressource et d'atténuer les éventuelles nuisances causées par leur enfouissement.

Des insuffisances en la matière persistent encore et les collectivités territoriales sont habituellement confrontées à des problèmes de collecte, de traitement et de débouchés qu'elles ne maitrisent pas toujours[3].

De plus, les procédés de traitement sont coûteux ce qui implique des coûts supplémentaires au budget communal alloué au service DM.

Après épuisement des solutions relatives au traitement des déchets, le recours à leur mise en décharge reste le dernier recours et qui ne doit être que pour les déchets ultimes.

L'élimination des déchets prend souvent deux formules, selon le principe de la gestion hiérarchisée des déchets, leur incinération ou leur enfouissement.

En réalité, la mise en décharge était le plus ancien mode d'élimination des déchets qui s'effectue dans de simples trous, dans lesquels étaient entassés les déchets, laissant la nature s'occuper du reste avec tout ce que cela peut engendrer comme nuisances à la santé humaine et à l'environnement.

Du fait, avec la conscience environnementale autour de ces nuisances, les trous sauvages sont devenus des décharges

---

1 CNE, Programme National de gestion des Déchets ménagers, *op. cit.*, p 12.
2Voir la définition du terme « élimination » à l'article 3 de ladite loi 28-00.
3 J. M. BALET, Gestion des déchets, Aide-mémoire, DUNOD, 2e Ed., Paris, 2008, p 4.

contrôlées qui permettent de déraper les effets néfastes des anciennes décharges sauvages.

Du point de vue de leur histoire, l'apparition des décharges contrôlées date d'entre les deux guerres mondiales et elles avaient pour objectif de favoriser la décomposition de la matière organique en ne tassant pas les déchets, mais en y favorisant la circulation de l'air avec des moyens techniques – en particulier le recouvrement par du sable – pour éviter les insectes[1].

Elles sont désormais appelées des centres d'enfouissement technique, appellation moins péjorative. Un centre d'enfouissement technique (CET) est *« un ensemble de casiers divisés en alvéoles, indépendants sur le plan hydraulique et entourés de digues étanches. Les lixiviats sont récupérés, traités par le lagunage et envoyés en stations d'épuration[2] »*.

De nos jours, les CET ne doivent être réservés que pour les déchets ultimes seulement[3] et doivent, par conséquent, ne contenir que des matériaux chimiquement stables, impropres à toute évolution, inertes d'emblée ou rendus inertes par des procédés tels que l'enrobage (les déchets sont noyés dans une substance inerte telle que la résine) ou l'inertisation (on fait réagir les déchets avec des silicates anhydres qui vont les déshydrater)[4], d'où la nouvelle appellation de Centre de stockage de déchets ultimes (CSDU)[5].

Au Maroc, et en l'absence d'un rôle *« actif et stratégique au niveau des pouvoirs gouvernementaux, la plupart des municipalités pensent que la gestion des DM se limite à l'enlèvement des déchets dans les endroits publics les plus*

1 J. M. BALET, *op. cit.*., p 32.
2 *Ibid.*
3L'article 3 de ladite loi 28-00 définit les déchets ultimes comme « tout résidu résultant de déchets traités ou ceux qui ne sont pas traités selon les conditions techniques et économiques actuelles ».
4 J. M. BALET, *op. cit.*, p 33.
5 D. DIETMANN, Déchets ménagers, le jardin des impostures, L'Harmattan, Paris, 2005, p 57.

visibles. [...] et les déchets sont généralement évacués dans des décharges à ciel ouvert[1] ».

À ce jour encore, et pour certaines villes, les déchets sont mis en dépôt dans des décharges non contrôlées, se réduisant souvent à des anciennes carrières, où les déchets sont simplement déversés et laissés à l'air libre.

Du fait, la multiplication des décharges spontanées génère des effets pervers sur l'environnement, notamment par la contamination des eaux superficielles et souterraines, à la propagation des maladies et à la dégradation du paysage, en plus des impacts sociaux et économiques.

Le PNDM a permis une tendance de fermeture des décharges spontanées et de leur remplacement par d'autres contrôlées, même si cette action reste encore limitée vu le nombre de décharges qui attendent encore leur tour pour se convertir. Les décharges contrôlées permettent de limiter fortement les nuisances environnementales causées par les décharges sauvages et appliquent en effet les normes techniques et environnementales pour les décharges contrôlées instaurées par le nouveau cadre juridique.

En effet, la décharge d'Oum Azza, dans la région de Rabat, reflète l'exemple le plus concret d'une décharge contrôlée fondée sur une coopération intercommunale (20 millions de DH – environ 1,9 Mn euros - d'investissement, terrain de 110 hectares, capacité de production de 700 000 T/an, desservant 1,6 million d'habitants)[2].

Dans ce cadre, le PNDM s'est fixé les objectifs suivants[3] :

- Réaliser des décharges contrôlées des déchets ménagers au profit de tous les centres urbains (100 %) en 2015.
- Réhabiliter ou fermer toutes les décharges existantes (100 %) en 2015.

---

1 Banque Mondiale, Prêt de Politique de Développement du Secteur des Déchets Ménagers, op. cit.

2 Banque Mondiale, Prêt de Politique de Développement du Secteur des Déchets Ménagers, *op. cit.*

3Ministère de la Transition Énergétique et du Développement Durable, Programme National des Déchets ménagers (PNDM), *op. cit.*

En ce qui concerne l'opérationnalisation de ces deux objectifs, selon les dernières statistiques officielles fournies par le département de l'Environnement en 2014[1] :

- Pour la réalisation des décharges contrôlées : 15 décharges contrôlées ont été réalisées et sept en cours de construction et qui concernent 42,7% des déchets produits dans le pays.
- Quant à la réhabilitation des décharges sauvages : 24 ont été réhabilitées et 30 sont en cours de réhabilitation.

La vitesse de réalisation des décharges contrôlées, comme s'est affiché au niveau du PNDM marque un retard qui est dû à la difficulté de trouver des sites de grande superficie à proximité du périmètre urbain, étant donné que le coût du terrain en particulier est plus élevé. En plus, ce genre d'intervention provoque souvent les contestations des populations riveraines. Dans ces conditions, le taux de la mise en décharge contrôlée a atteint en 2014 37 % réparti sur 15 centres d'enfouissement et de valorisation des déchets ménagers[2].

Enfin, les services de gestion des déchets ménagers au Maroc privilégient essentiellement l'aspect « propreté » avec une attention et des ressources limitées affectées à l'élimination ou au traitement des déchets[3].

La gestion des déchets au Maroc est un service à plusieurs vitesses ; si des villes bénéficient d'une gestion plus au moins appropriée, d'autres n'ont pas encore les moyens nécessaires pour se débarrasser des déchets des rues.

B. La politique nationale des déchets ménagers

Depuis la fin du XXe siècle, le Maroc a entrepris une série d'actions stratégiques convergeant vers une politique de gestion volontariste en matière de développement durable dans le but de

---

1https://www.environnement.gov.ma/fr/dechets/117-theme/dechets/226-programme-national-des-dechets-menagers?showall=1&limitstart=, consulté le 30 octobre 2023.

2 Ministère de l'Énergie, des Mines, de l'Eau et de l'Environnement, Département de l'Environnement, Développement durable au Maroc, Bilan des réalisations, 2014, p 8.

3 SEEE, Banque Mondiale et Fonds d'Equipement Communal, Diagnostic du Système d'Evaluation Environnementale au Maroc, op. cit., p 7

satisfaire ses engagements internationaux. Dès lors, et avec l'établissement en 1992 d'un département ministériel de l'environnement, plusieurs initiatives et actions se sont poursuivies.

Du fait, et pour faire face aux problèmes environnementaux que connait le pays, les autorités publiques ont conçu et adopté une nouvelle politique, basée sur une vision globale et intégrée, visant à faire de l'environnement une préoccupation centrale du développement socio-économique.

En effet, l'adoption de la Stratégie nationale pour la protection de l'environnement et le développement durable, dans le cadre du Conseil national de l'environnement en 1995, avait pour objectif de définir les orientations et les grands axes de la politique nationale de l'environnement en se fondant sur une approche économique et des objectifs de qualité.

Ainsi, elle a permis d'établir des indicateurs de l'environnement permettant de suivre et de contrôler l'évolution de l'état de l'environnement et de définir des priorités d'action de lutte contre les dégradations.

Pour la mise en œuvre de cette politique, le département de l'Environnement a initié des axes stratégiques d'actions basées sur une approche globale et intégrée, qui fait intervenir tous les départements ministériels et tous les acteurs concernés, y compris le groupe cible qu'est le citoyen marocain.

Par la suite, le Plan d'action national pour l'environnement du Maroc (PANE) constitue la réponse des pouvoirs publics au constat établi de l'état de l'environnement au Maroc. Le PANE est par conséquent un produit national qui résulte d'un consensus entre les différents partenaires du secteur public, du secteur privé et de la société civile qui ont été appelés à participer à l'élaboration de son contenu. Il est aussi un cadre de référence qui permet d'identifier les problèmes et les acteurs concernés et suggère les solutions appropriées[1].

Conformément à la démarche participative retenue pour l'élaboration du PANE, il est explicitement convenu que ce dernier représentait un outil de planification itératif qui s'inscrit dans le long terme et qui sera mis à jour de façon régulière

1 www.environnement.gov.ma/PDFs/REEM/Strategie_planaction.pdf

suivant un mécanisme de suivi-évaluation, élément central de sa mise en œuvre. Aussi, est-il essentiel pour que le PANE puisse être réellement cet outil d'harmonisation, d'intégration et de synergie, de s'assurer que l'on maintiendrait en tout temps le consensus national, auquel les différents acteurs sont parvenus, et que le contenu du PANE soit adapté en permanence à l'évolution de la situation[1].

À son tour, le secteur de la gestion des déchets n'a pas échappé à l'étendue de ces actions et il était inscrit parmi les priorités de l'action environnementale qui ont été focalisées sur les points suivants [2]:

- la protection des ressources en eau ;
- la réduction des déchets et l'amélioration de leur gestion ;
- l'amélioration de la qualité de l'air et la réduction de la pollution atmosphérique ;
- la protection et la préservation des sols et du littoral.

Nonobstant, les services publics de déchets ménagers du Maroc n'étaient définis par le passé qu'en termes de « propreté ». Ainsi, l'accent était mis sur la collecte des déchets tandis que peu d'attention et de ressources étaient consacrées à l'élimination de ces derniers. Par conséquent, cette politique a eu d'importantes conséquences environnementales et sociales[3].

En effet, conscient de la nécessité de faire preuve de leadership et de conclure des partenariats pour faire face aux sérieux problèmes de gestion des déchets ménagers, le gouvernement a entrepris des actions vigoureuses pour le développement et la réforme du secteur[4]. Ainsi, en 2008, pour la première fois, un programme relatif aux DM a été adopté, reflétant l'émergence d'une conscience accrue de l'importance d'une politique spécifique à ce secteur. Il s'agit du Programme national des déchets ménagers (PNDM) qui s'appuie sur les

1 www.environnement.gov.ma/PDFs/REEM/Strategie_planaction.pdf.
2 *Ibid.*
3 Banque Mondiale, Prêt de Politique de Développement du Secteur des Déchets Ménagers, *op. cit.*, p 13.
4Ibid.

instruments réglementaires prévus par la loi sur les déchets[1], inscrit dans le cadre de la politique de réforme et de développement du secteur des déchets ménagers, et qui a été élaboré par le département chargé de l'Environnement et le ministère de l'Intérieur avec l'appui de la Banque Mondiale[2].

Par conséquent, et pour répondre aux défis d'une gestion durable des DM, le PNDM couvre toutes les villes et centres urbains ainsi que les grands centres ruraux, à travers les plans provinciaux qui couvrent l'ensemble du territoire d'une province et la réhabilitation des décharges sauvages qui se situent le plus souvent dans des communes rurales. De même, les projets de décharges contrôlées peuvent profiter également aux communes rurales dans le cadre de l'intercommunalité. Il s'étale sur 15 ans (2008-2022) et est décliné en trois phases[3] :

- 2008–2012 : phase d'initialisation qui permet d'intégrer les projets en cours aux projets prioritaires.
- 2013–2017 : phase de montée en charge.
- 2018–2020 : phase au cours de laquelle l'ensemble des projets non traités pourront être validés et réalisés.

De plus, le programme vise la modernisation de la gestion des DM, en particulier l'extension et la professionnalisation du service de collecte, le recours à des pratiques d'élimination respectant l'environnement et la promotion des activités de recyclage. Il a fixé des objectifs spécifiques en matière d'extension du service de collecte, d'enfouissement en décharges contrôlées, de fermeture et/ou réhabilitation des décharges sauvages ainsi que de valorisation[4].

C'est ainsi que se présentent les principales missions de ce programme :

---

1 B. NADIR, « La gestion des déchets solides ménagers et assimilés : le développement d'une nouvelle politique territoriale environnementale », *op. cit.*, p 76.

2 Banque Mondiale, Prêt de Politique de Développement du Secteur des Déchets Ménagers, *op. cit.*

3 Le Réseau Régional d'Échange d'Informations et d'Expertise dans le secteur des déchets dans les pays du Maghreb et du Mashreq (REME), *op. cit.*, p 12.

4 Ministère de l'Intérieur et ministère de l'Énergie, des Mines, de l'Eau et de l'Environnement, Département de l'Environnement, Evaluation de la première phase du Programme National des Déchets Ménagers, *op. cit.*, p 3.

- l'amélioration de la méthode et du taux de collecte ;
- la mise en place de décharges contrôlées des déchets ménagers dans toutes les villes ;
- la réhabilitation des décharges existantes et leur fermeture ;
- l'organisation et le développement des filières de tri, de recyclage et de valorisation ;
- la professionnalisation du secteur notamment dans les centres susceptibles de présenter un intérêt économique pour les opérateurs privés.

Le Programme national de gestion des déchets ménagers (PNDM) couvre l'ensemble de la chaîne depuis la collecte jusqu'à l'élimination. Le coût total du programme a été estimé à 40 milliards de DH sur une période de 15 ans. Dans ce cadre, le PNDM a bénéficié d'un appui programmatique à travers deux prêts de politique de développement (PPD1 et PPD 2). Un premier prêt de 100 millions d'euros pour la réalisation des actions de la première phase de ce programme a été accordé par la Banque Mondiale en 2009 et le 2e Prêt de 100 millions d'euros en février 2011. Ces deux prêts ont permis d'accélérer la mise en œuvre du PNDM et de renforcer les principales composantes de ce programme[1].

Par ailleurs, le programme de réforme dans son ensemble joue sur le dynamisme suscité par l'introduction des deux mesures gouvernementales citées précédemment. Ce programme cible trois domaines de réforme pour les quatre prochaines années[2] :

- améliorer la gouvernance du secteur au moyen de mesures juridiques, réglementaires et institutionnelles supplémentaires conçues pour fournir un cadre bien délimité pour le secteur et éliminer tout chevauchement et/ou manquement dans la structure décisionnelle, règlementaire et opérationnelle ;
- améliorer la soutenabilité du secteur en introduisant des mécanismes financiers et des mesures incitatives pour que

---

1Ministère de la Transition Énergétique et du Développement Durable, Programme National des Déchets ménagers (PNDM), *op. cit.*

2 Banque Mondiale, Prêt de Politique de Développement du Secteur des Déchets Ménagers, *op. cit.*, p 15.

les municipalités mettent à niveau leurs systèmes de gestion des DM ;

- intégrer les dimensions sociales et environnementales dans la planification, l'exécution et la mise en œuvre des services et d'investissements dans le secteur des déchets solides.

En 2012, les objectifs de ce programme ont été révisés dans le but de[1] :

- assurer la collecte et le nettoyage des déchets ménagers pour atteindre un taux de collecte de 85% en 2016, 90% en 2020 et 100% en 2030 ;
- assurer l'accès aux décharges contrôlées pour les déchets ménagers et les déchets similaires pour tous les centres urbains (100%) d'ici à 2022 ;
- réhabiliter ou fermer les sites de stockage existants (100%) d'ici à 2022 ;
- moderniser le secteur des déchets en augmentant le professionnalisme ;
- développer la chaîne tri-recyclage-récupération, avec des projets pilotes de tri, pour atteindre un taux de recyclage de 20% d'ici à 2022 ;
- étendre et mettre en œuvre des plans directeurs de gestion des déchets ménagers pour toutes les préfectures et provinces du Royaume ;
- former et sensibiliser tous les intervenants.

Et pour une mise en œuvre efficace de ce programme, plusieurs mesures d'accompagnement ont été prises dont[2] :

- plan d'action pour la participation du secteur privé ;
- programme de sensibilisation et de communication ;
- programme d'accompagnement social des récupérateurs des déchets ;
- programme de soutenabilité financière de GDS.

En ce qui concerne la gouvernance du programme, une Commission nationale du PNDM (CN-PNDM) a été instituée.

---

1 Le Réseau Régional d'Échange d'Informations et d'Expertise dans le secteur des déchets dans les pays du Maghreb et du Mashreq (REME), *op. cit.*, Avril 2014, p 17.

2 *Ibid.*, p 11.

Elle est présidée par l'autorité gouvernementale en charge de l'environnement et inclut des représentants du ministère de l'Intérieur, du ministère de l'Économie et des finances, du ministère des Affaires générales et de la gouvernance, du Fonds d'équipement communal et de l'unité de gestion du PNDM. Elle représente la plateforme principale pour l'amélioration de la gouvernance du secteur des déchets solides, particulièrement en ce qui concerne l'établissement des politiques sectorielles, la classification des priorités et l'allocation de subventions gouvernementales destinées à moderniser le secteur. Elle contribuera également à[1] :

- établir un partenariat et une coordination plurisectoriels entre les principales institutions gouvernementales concernées ;
- améliorer la régularité des subventions gouvernementales versées et le soutien apporté aux autorités locales ;
- assurer une surveillance et un contrôle étroit des actions et des résultats du programme ainsi que de la mise en œuvre du PNDM.

Cette politique nationale des DM est caractérisée aussi par le recours à la promotion de la participation du secteur privé dans les services publics de gestion des DM. Ces tentatives comprennent l'adoption d'une nouvelle loi sur la gestion déléguée des services publics ainsi que la fourniture de subventions ad hoc par la Direction générale des collectivités locales (DGCL) au profit de projets de gestion des déchets ménagers[2].

En outre, plusieurs programmes de gestion des DM sont mis en œuvre[3] notamment en collaboration avec des organismes internationaux.

Une évaluation des impacts potentiels des politiques appuyées portant sur les ressources environnementales et naturelles a été conduite. Sa conclusion est que les mesures

---

1 Banque Mondiale, Prêt de Politique de Développement du Secteur des Déchets Ménagers, *op. cit.*, p 29.

2 *Ibid.*, p 12.

3 Le Réseau Régional d'Échange d'Informations et d'Expertise dans le secteur des déchets dans les pays du Maghreb et du Mashreq (REME), *op. cit.*, p 11.

soutenues par le programme devraient avoir un impact positif sur l'environnement. Les principales retombées positives espérées comprennent[1] :

- une amélioration de la santé publique grâce à la collecte, au transport et aux traitements appropriés des déchets ;
- une diminution de la contamination potentielle des aquifères et de la contamination en surface par infiltration ;
- une réduction de la pollution due à l'incinération des déchets à l'air libre ;
- une meilleure gestion des déchets, avec une attention particulière portée au traitement des déchets et à leur entreposage dans des décharges contrôlées ;
- la protection de l'environnement mondial par la capture du méthane ;
- le renforcement du pouvoir des municipalités en tant qu'exécuteurs de la gestion intégrée des déchets.

Sur le volet opérationnel, plusieurs acteurs interviennent dans la « sphère déchet » et qui entremêlent entre eux des relations diversifiées dont les rôles s'articulent entre la régulation, la mise en œuvre ou la consultation et la sensibilisation.

Néanmoins, cette pluralité d'intervenants rend difficile la gestion de ce service public et tend vers la dilution et l'émiettement des responsabilités dans la gestion actuelle des déchets ménagers qui n'est pas propice à une approche globale et intégrée[2] en se trouvant, à la place d'une relation complémentaire, dans la situation d'une relation conflictuelle.

En outre, le service public relatif à la gestion des déchets ménagers suit un processus qui varie, tant quantitativement que qualitativement, suivant le mode de gestion adopté et les moyens à la disposition des communes, acteurs principaux de ce service.

---

1 Banque Mondiale, Prêt de Politique de Développement du Secteur des Déchets Ménagers, *op. cit.*, p 37.

2 Conférence Stratégies de Développement Urbain en Méditerranée, Les Stratégies de Développement Urbain en Méditerranée : Contexte, Enjeux et Perspectives, Barcelona, 14 et 15 mars 2011, p 138

SECTION 2 – Les modes de gestion des déchets ménagers

La gestion des déchets ménagers est considérée parmi les enjeux majeurs de la protection de l'environnement. Par conséquent, un manque d'effort des intervenants dans ce secteur, comme le ramassage insuffisant, le dépôt sauvage des déchets, le manque de sensibilisation causerait des effets néfastes sur l'environnement et la santé humaine : propagation des maladies, insectes nuisibles, odeurs désagréables, dégradation du paysage, pollution de la nappe phréatique par infiltration des lixiviats...

En effet, la gestion des DM a pris plusieurs formes, de la régie directe jusqu'à la délégation ou aux opérateurs privés.

Du fait, ce secteur constitue l'un des grands défis de la gestion de la chose locale. L'expérience a montré la limite des différentes voies de gestion. D'une part, la régie directe s'est trouvée incapable de satisfaire des besoins en évolution exponentielle et des déchets de quantités qui ne cessent de s'accroître, dépassant en conséquence les moyens humains, financiers et techniques de la collectivité territoriale (sous-section § 1). De son côté, la gestion déléguée de ce secteur était une nécessité pour l'amélioration du service rendu et dans le respect des engagements internationaux de l'État en matière de protection et de mise en valeur de l'environnement (sous-section § 2).

§.1- Évolution de la gestion communale directe des DM

Le service de la gestion des DM est un service public qui devrait occuper une place primordiale au sein des activités communales et dont la responsabilité incombe directement aux communes.

Du fait, il s'avère nécessaire de dresser l'évolution historique de l'organisation et de la gestion de ce service (paragraphe A) avant de passer au crible l'expérience de la gestion directe par les communes (paragraphe B).

A. Émergence du service public de la gestion des DM

La loi sur les déchets était très innovante en reconnaissant, pour la première fois, le service public de la gestion des DM et en prenant en compte toutes les activités et opérations afférentes à ce service[1].

Dès lors, on assistait à l'émergence d'un service public local avec des fonctions principales et une organisation mise en place.

1- Le service public communal de gestion des DM

Au début du XXe siècle, la notion de déchets n'était pas connue et leur gestion n'était pas conçue parmi les services publics.

Après l'Indépendance, et précisément avec la charte de 1960, on assistait à l'instauration des communes, mais sans services spécialisés. L'on parlait seulement de dépenses d'entretien et d'égouts. Et c'est à partir de la charte de 1976 qu'on parlait généralement de services publics avec énumération de ces activités, dont la collecte des déchets ménagers et leur traitement sont considérés comme deux services différents.

En fait, depuis l'Indépendance, les services de déchets ménagers au Maroc n'étaient définis qu'en termes de « nettoyage ». L'accent était mis sur la collecte des déchets et moins d'intérêt a été porté à leur élimination.

Durant cette période, la commune assurait par ses propres moyens la gestion de ce service public, à savoir, la collecte des DM. La gestion du service à ce niveau est une tâche complexe et coûteuse en l'absence d'une évolution dans les moyens de la collecte des déchets ménagers et de leur élimination. Les citoyens utilisaient divers récipients et faisaient appel souvent à des moyens non appropriés et non protégés, ce qui se traduisit par des efforts supplémentaires consentis par les agents chargés de la collecte[2].

1Voir article 16 de ladite loi 28-00.

2N. ZARROUK, « Gestion des services publics communaux », in Actes de la journée d'étude sur la problématique d'eau potable en milieu rural, Ministère de l'Intérieur, DGCL, 2005, Rabat, p 15.

À ce niveau, il n'existait pas non plus de traitement des déchets, et la gestion est caractérisée par une importante filière informelle de récupération. En effet, devant le faible taux de traitement des déchets, l'augmentation de la quantité d'emballage dans le volume des déchets produits, la saturation des décharges et les dépôts anarchiques des déchets qui en découlent, le recyclage de matériaux collectés par des récupérateurs informels s'est développé dans la plupart des agglomérations marocaines.

Sur le plan institutionnel, il existait une confusion dans les responsabilités de la gestion des déchets ménagers. Selon la charte communale de 1976, la collecte des déchets incombe aux communes, et leur élimination aux communautés urbaines, ce qui laisse en conséquence un large champ de manœuvre pour la confusion. Cette confusion au niveau de la collecte se répercute aux niveaux du tri et de l'élimination. Et, comme cela arrive fréquemment, la confusion de responsabilité mène à une déresponsabilisation de l'ensemble des acteurs concernés et à la non-prestation du service[1].

En 2002, et en vertu de la charte communale[2], les attributions des communes en matière de gestion de ce service ont été élargies, et le conseil communal est considéré seul compétent pour décider si cette activité relevant de ses compétences doit être gérée directement par les services de la collectivité ou faire l'objet d'une gestion déléguée à une entreprise privée. Le conseil peut opter pour la gestion directe pour en conserver la maîtrise totale ou préférer un contrôle de résultat dans le cadre d'une gestion déléguée[3]. Cette attribution a été confirmée également par la loi organique 113-14 relative aux communes publiée en 2015[4].

La notion de service public n'est donc apparue qu'avec la promulgation de la loi sur les déchets ; elle introduit pour la

---

1 Banque Mondiale, Projet régional de gestion des déchets solides dans les pays du Mashreq et Maghreb, *op. cit.*, p 4.

2 Dahir n°1-02-297 du 25 rejeb 1423 (3 octobre 2002) (B.O. n° 5058 – 16 ramadan 1423 (21-11-2002)).

3Voir article 39 de ladite loi 78-00.

4Dahir N° 1-15-85 du 20 ramadan 1436 (7 juillet 2015) (BO n° 6440 - 9 Joumada I 1437 (18 février 2016)).

première fois la notion de service public communal de gestion des déchets ménagers[1].

2- Fonctions principales et organisation d'un service public communal de gestion des DM[2]

La commune gère directement le service des déchets ménagers, dans le cadre qui lui est organisé par la réglementation publique.

Cette forme de gestion consiste en l'intervention directe de la commune dans la gestion de ce service public par ses propres moyens humains, techniques et financiers dans le cadre de son budget. Ce mode de gestion était le plus utilisé par les communes dans la gestion des services communaux, notamment le service de la collecte des déchets ménagers.

Il s'organise autour de deux niveaux de structures différents : la structure d'organisation et celle de fonctionnement. Au Maroc, ces deux structures se sont toujours confondues.

En ce qui concerne la première, elle est la structure chargée de distribuer et de contrôler le service. Il existe plusieurs types d'organisation communale pour remplir cette fonction. Cependant, la commune reste l'acteur privilégié de la gestion des DM. La loi offre également la possibilité de s'organiser en établissement de coopération intercommunale pour gérer ce service public d'intérêt général[3]. Ces deux types d'organisation peuvent s'utiliser dans le cadre de l'élimination et du traitement des déchets[4].

Une fois la structure d'organisation décidée, la commune détermine une structure publique de fonctionnement en

---

1Voir l'article 16 de ladite loi 28-00.

2 Ce paragraphe est inspiré en grande partie du manuel pratique de la gestion des DM édité par le Département de l'Environnement, MATEE, SEE &GTZ, Manuel pratique : de la collecte à l'élimination des déchets, op. cit.

3Voir l'article 133 de la loi organique 113-14 relatives aux communes promulguée par le Dahir N° 1-15-85 du 20 ramadan 1436 (7 juillet 2015) (BO n° 6440 - 9 Joumada I 1437 (18-2-2016)).

4Voir l'article 134 de de la loi organique 113-14 relatives aux communes susmentionnée.

définissant préalablement les objectifs visés par l'exercice de ses fonctions.

D'ailleurs, les communes restent les maitres d'œuvre de l'ensemble des aspects relatifs à la gestion des DM.

En effet, elles peuvent recourir à un système de fonctionnement interne ; c'est le système le plus répandu, dans le cadre de la gestion communale directe, où chaque commune exerce sa compétence avec son matériel et son personnel, les dépenses et les recettes sont noyées dans son budget général. Comme elles peuvent adopter une régie directe ou une régie autonome dotée de personnel et de matériel communaux.

Et pour s'assurer du bon fonctionnement d'un service de gestion des DM, la commune doit couvrir et distinguer les fonctions de direction, d'opération et de décision.

La fonction de direction couvre l'administration et les choix stratégiques. Quant à la fonction opérationnelle, elle recouvre l'activité des services de la gestion des DM. Et pour la fonction décisionnelle, elle consiste en l'apport de solutions aux problèmes liés à la gestion de service.

Par ailleurs, et pour remplir ces fonctions, la commune met en place trois niveaux de gestion :

- Le responsable de la gestion des DM : il est responsable du fonctionnement général du service et de la bonne exécution des prestations de collecte et de l'entretien des équipements.
- Les responsables opérationnels : ce sont les contremaîtres et caporaux chargés de la planification du travail des opérateurs et de la veille au bon déroulement des prestations et de leur suivi-contrôle quotidien.
- Les opérateurs : il s'agit des conducteurs, ripeurs, cantonniers et autres. Ils exécutent la collecte et la mise en décharge des déchets collectés.

Néanmoins, et dans la plupart des expériences vécues, la gestion directe de ce service public s'est toujours confrontée à des difficultés majeures, surtout avec l'augmentation des besoins, la croissance démographique et l'exode rural, ce qui a rendu prioritaire, voire obligatoire, l'extension des réseaux et la construction de nouvelles infrastructures des villes pour satisfaire un nombre toujours plus important d'habitants[1].

B. Les contraintes liées à la gestion directe

On assiste généralement à une gestion directe communale qui présente des insuffisances en termes d'organisation et d'efficacité[2].

En effet, un grand nombre d'expériences de gestion directe des DM n'ont pas permis de réaliser les résultats escomptés à cause du manque de capacités de gestion et de personnel qualifié, dus aux insuffisances financières[3].

Dans ce cadre, cette forme de gestion s'est trouvée devant trois difficultés[4] : la faiblesse des ressources, des problèmes de gestion conduisant à la détérioration de la qualité du service et l'absence d'opérateurs locaux détenteurs de la maitrise technique nécessaire pour mener à bien des opérations d'envergure.

1- Des ressources financières limitées

L'examen de la structure du budget communal montre l'absence d'une ligne budgétaire spécifique à la gestion des DM et l'absence d'un système basé sur la comptabilité analytique, ce qui représente un frein qui bloque toutes initiatives des communes visant la détermination du budget alloué à chaque activité ainsi que la détermination des vrais coûts de la collecte[5].

En outre, le taux de recouvrement des taxes locales reste assez faible, notamment la taxe d'édilité[6] qui est collectée par les services de la Trésorerie Générale du Royaume, alors que les communes ne perçoivent toujours que 10 % sur la taxe

---

1 C. DEFEUILLEY, D.LORRAIN, *op. cit.*, p 7.
2 B. SOUDI, H. CHRIFI, *op. cit.*, p 23
3 CIUDAD, « Promotion d'une gestion intégrée et durable des déchets solides dans les pays du Maghreb», Union européenne.
4Voir : C. DEFEUILLEY, D.LORRAIN, *op. cit.*
5 *Ibid.*, p 8.
6 La taxe de Services Communaux a remplacé l'ex-taxe d'édilité et la taxe additionnelle et concerne aussi bien les ménages que les entreprises en vertu de la loi no 47-06, publiée au BO no 5583, du 03 décembre 2007, complétée par la loi 39-07, publiée au BO no 5591, du 31 décembre 2007.

affectée indépendamment des montants collectés. Cette situation contribue à l'insuffisance des moyens communaux, nécessaires à la gestion des services locaux.

Par ailleurs, l'efficacité du service de gestion des déchets ménagers est actuellement basée sur leur coût et leur viabilité financière. La gestion des déchets ménagers est l'une des plus importantes catégories de dépenses des communes. En effet, les dépenses récurrentes totales des municipalités attribuables aux déchets ménagers se chiffraient à 1,3 milliard de dirhams marocains en 2007, soit 10.5 % des budgets municipaux dans les zones urbaines. De ce montant, 1,1 milliard de dirhams marocains, ou 85 % de l'enveloppe, est affecté à des services de collecte et de transfert. L'élimination des déchets occupait une place insignifiante en termes de ressources financières allouées (moins de 200 millions de dirhams marocains) parce qu'il n'y avait pas eu de mesures incitatives politiques, économiques ou réglementaires à même d'offrir aux communes la possibilité de financer des installations d'élimination des déchets[1].

2- Un cadre réglementaire à sources éclatées

Le cadre réglementaire, avant la promulgation de la loi 28-00 relative à la gestion des déchets et à leur élimination en 2006[2], était quasi absent ; caractérisé par leur insuffisance qui limitait l'efficacité de la gouvernance du secteur. Il n'existait pas encore un cadre spécifique qui le règlemente, mais des dispositions éparpillées en relation directe ou indirecte.

De ce fait, l'insuffisance de mesures réglementaires spécifiques et adaptées pour les grandes catégories de déchets (ménagers, industriels et médicaux) a engendré plusieurs problèmes dans les modalités de gestion, et une dilution des responsabilités en matière d'élimination des déchets par les producteurs.

1 Banque Mondiale, Prêt de Politique de Développement du Secteur des Déchets Ménagers, *op. cit.*, p 12

2 Dahir n° 1-06-153 du 30 chaoual 1427 (22 novembre 2006), BO n° 5480 du 7 décembre 2006.

Dans ce cadre, le secteur des DM a été encadré par des textes qui remontent, pour la plupart, à l'ère de la colonisation et qui ne traitent qu'indirectement ce secteur.

En effet, le secteur a été réglementé par un cadre juridique très vétuste, fragmenté et non spécifique, et par conséquent ne répondant plus aux contraintes actuelles d'optimisation de la gestion de ce secteur.

De plus, ledit cadre est très vaste et souffrait de nombre de contraintes qui pourraient être résumées ainsi de :

- L'absence d'une législation spécifique réglementant le secteur des déchets : les communes sont chargées de la collecte des déchets et les communautés urbaines sont responsables de leur élimination. Toutefois, l'insuffisance de mesures réglementaires spécifiques et adaptées pour les grandes catégories de déchets (ménagers, industriels et médicaux) a engendré plusieurs problèmes dans les modalités de gestion, et une dilution des responsabilités en matière d'élimination des déchets par les producteurs.
- L'absence d'une loi relative aux études d'impact sur l'environnement : cette situation a engendré le développement des décharges sauvages qui ne respectent aucune norme environnementale.
- L'absence d'une loi-cadre sur la protection et la mise en valeur de l'environnement : cette loi pourrait organiser plusieurs secteurs environnementaux et participer indirectement à l'amélioration de la gestion des déchets au Maroc.
- L'absence de normes et de standards en matière de contrôle dans le domaine de la collecte, du transport, du traitement et de l'élimination des déchets.

3- Une gouvernance manquée

Du fait de son rythme quotidien d'intervention, le service relatif aux déchets ménagers, notamment celui de collecte et de nettoiement, mobilise des ressources considérables largement supérieures à celles allouées aux autres services.

Généralement, dans toutes les communes urbaines du Maroc, la gestion des déchets ménagers relève de la division technique dirigée par un ingénieur municipal et composée de six services (espaces verts, voirie publique, bâtiments et fêtes, parc auto, nettoiement, éclairage public) ; le service de nettoiement est géré au sein d'autres services de la commune suivant les règles de la régie directe qui ne permettent pas l'établissement d'une structure de gestion autonome.

Par ailleurs, la gestion de la collecte et du transport des déchets est assurée conjointement par le service de nettoiement et le service parc auto. Ce type de structure constitue un frein à une gestion efficace et efficiente des déchets.

C'est pourquoi, au sein du service de nettoiement, dans la plupart des cas, les gestionnaires font la confusion entre le niveau organisationnel, chargé de la gestion et du contrôle, et le niveau fonctionnel, chargé de l'exécution du service.

Néanmoins, le mode communal de gestion directe n'a pas toujours donné de bons résultats. Pour trouver une solution à cette défaillance, plusieurs communes urbaines se sont engagées dans la délégation de la gestion de ce secteur à des entreprises privées, notamment le service de nettoiement et de collecte des déchets ménagers[1].

§.2 – Le partenariat public-privé (PPP), une approche alternative mise en œuvre

La montée du partenariat public-privé, comme instrument de régulation des relations public-privé, représente l'un des traits les plus remarquables des dernières décennies[2]. Sa naissance s'explique par l'urgence et la nécessité de réduire les dépenses publiques, de compenser l'inefficience et le déficit managérial caractérisant le secteur public. Cette naissance s'inscrit dans un contexte de crise de légitimité qui a secoué l'administration

---

1 B. NADIR, « La gestion des déchets solides ménagers et assimilés : le développement d'une nouvelle politique territoriale environnementale », *op. cit.*, p 84.

2 J. CHEVALIER, « Le modèle politique du contrat dans les nouvelles conceptions des régulations économiques », dans, Frison – Roche (M.A) Les engagements dans les systèmes de régulation, Presses de Sciences Po et Dalloz, 2006, pp 145-150, cité par : M. BEN LETAIEF, « Le partenariat public privé : Contexte, concepts et controverses », in A. EL HAJJAMI (sous dir.), Vers un cadre juridique des contrats de partenariat public-privé au Maroc, Editions Bouregreg, Rabat, 2014, p 17.

publique, critiquée par bon nombre d'auteurs et d'usagers pour ses dysfonctionnements[1].

Le partenariat public-privé pour la prestation des services publics, notamment celui relatif à la gestion des déchets ménagers, connaît un essor splendide dans de nombreux pays et les risques typiques associés à de tels projets sont néanmoins peu connus ; leur gestion représente, en particulier pour la partie initiatrice du projet, un défi de taille[2].

Par ailleurs, le concept de partenariat public-privé, tel qu'il a été défini par la loi 86-12[3] relative au partenariat public-privé, est assez large pour englober celui de gestion déléguée. Cette loi définit le contrat de partenariat public-privé en tant qu'une *« forme de coopération par laquelle [...] toute personne morale de droit public [...] confie à des partenaires de droit privé [...], à travers un contrat administratif, de durée déterminée dénommé "contrat de partenariat public-privé", la responsabilité de réaliser une mission globale de conception, de financement de tout ou partie, de construction ou de réhabilitation, de maintenance et/ou d'exploitation d'un ouvrage ou d'infrastructure nécessaire à la fourniture d'un service public[4] »*.

Étant donné cette définition, ce concept a une forme qui s'apparente à une délégation du service public. D'ailleurs, les contrats passés sous la forme de gestion déléguée pour la réhabilitation des décharges sauvages et/ou la conception, la construction, le financement et l'exploitation des décharges contrôlées sont conformes à la définition donnée au contrat de partenariat public-privé.

En outre, le Maroc dispose d'une longue expérience en matière de la gestion déléguée des services publics aux

1 M. BEN LETAIEF, *op. cit.*, pp 19-20.
2 L. PRFONTAINE, V. BOURNIVAL, La gestion des risques dans les projets de collaboration publique-privée pour la prestation des services publics : une étude nationale, communication présentée au Colloque en gestion de projet, UQAM, 2004, p 1.
3 Promulgué par Dahir n° 1-14-192 du 1errabii I 1436 (24 décembre 2014), BO n° 6332 du 15rabii II 1436 (5 février 2015).
4 Article 1 de la loi 86-12.

partenaires privés (paragraphe A) y compris dans le domaine des déchets ménagers (paragraphe B).

A. La délégation de la gestion des services publics au secteur privé

En matière de concessions, le Maroc dispose d'une longue tradition, inspirée du modèle français, qui date du 20e siècle[1].

Les pratiques de concession au Maroc ont fait la transition à travers plusieurs phases. La première date de 1906, date de la signature de l'acte d'Algésiras qui a abouti à la passation des premiers contrats de concession, conformément aux articles 105 et 106, qui prévoient le recours aux capitaux étrangers pour l'exploitation des services publics et la fixation des mécanismes d'adjudication publique pour toute concession des services publics.

La seconde phase débutait après la signature de l'Accord international de 1911 entre la France et l'Allemagne ; il stipule dans son article 6 que l'exploitation des services publics est réservée à l'État chérifien ou librement concédée par lui à des tiers.

En ce qui concerne la troisième phase, elle coïncidait avec le Traité du protectorat de 1912 qui avantage la passation des contrats de concession permettant l'édification de nombreuses infrastructures gérées principalement par des sociétés françaises. De ce fait, en 1914, la Société marocaine de distribution (SMD) est devenue concessionnaire des activités de production et de distribution d'eau potable dans 4 villes du Royaume. En parallèle, en 1914, la concession de la ligne ferroviaire Tanger-Fès a eu lieu. En 1916, l'exploitation des ports de Casablanca, Fedala et Tanger a été concédée, quant à celle de la ligne ferroviaire Fès-Marrakech, elle a vu le jour en 1920.

La quatrième phase, entre 1947 et 1950, a été marquée par la concession de la réalisation du complexe d'alimentation en eau

---

1 Ministère de l'Économie et des Finances, Dossier partenariat public-privé : une nouvelle pratique de gestion des services publics, Revue ALMALIYA, n° 44, mars 2009, p 5.

et c'est ainsi que les contrats de concession de la SMD ont été élargis à 20 villes.

Avec l'Indépendance du Maroc en 1956, une cinquième phase a démarré où il a été procédé au rachat des entreprises concessionnaires et à la création de monopoles publics nationaux et locaux : RAD (Casablanca) en 1961, ONE et ONCF en 1963, et RED en 1964 (Rabat-Salé).

D'autre part, la libéralisation de l'économie à partir de 1980 a marqué la sixième phase de la concession au Maroc. Elle a été caractérisée par l'intéressement de l'État à la gestion privée des services publics, notamment dans les domaines des autoroutes, des transports urbains, de la distribution d'eau et d'électricité, ainsi qu'à l'assainissement.

1- La gestion déléguée, un concept à élucider

La notion de délégation de service public (DSP) a été introduite en France par la loi Sapin du 29 janvier 1993. La gestion d'un service public peut être confiée à une personne privée, mais celle-ci devra se soumettre, au même titre que l'Administration, à un régime juridique spécifique fondé sur les principes fondamentaux du service public.

Ce procédé de délégation s'est étendu, au XXe siècle, aux services publics de nature administrative les plus divers, conférant à des organismes de droit privé le pouvoir de prendre des décisions administratives.

Par ailleurs, la loi 54-05 définit la gestion déléguée comme tout « contrat par lequel une personne morale de droit public dénommée "concédant" ou "délégant" délègue, pour une durée limitée, la gestion d'un service public de nature économique dont elle a la responsabilité à une personne morale de droit public ou privé, dénommée "concessionnaire" ou "délégataire" en lui reconnaissant le droit de percevoir une rémunération ou de réaliser des bénéfices sur ladite gestion[1] » (exemples : assainissement, stationnement, ouvrages à péages, chauffage urbain…). La collectivité délégante demeure responsable de l'organisation du service. Elle doit donc contrôler l'activité du

1Voir article 2 de la loi 54-05 cité par : Ministère de l'Intérieur, Gestion déléguée des services publics au Maroc, DGCL, 2009, p10.

délégataire. Cependant, le degré de son implication et l'intensité de son contrôle peuvent varier. Il est à préciser que l'exercice de ces missions de contrôle nécessite que le délégataire fournisse à la collectivité les informations et outils nécessaires à l'exercice de sa fonction de contrôle.

Sur un autre volet, il est nécessaire d'établir la différence entre la délégation de service et le marché public. Ce dernier consiste en une prestation fournie par un opérateur public ou privé à une collectivité publique moyennant le paiement, par elle, d'un prix fixé au contrat. Le titulaire d'un marché public n'est pas responsable de l'exécution du service public. De plus, la durée du contrat est strictement limitée à celle nécessaire à la fourniture des prestations fixées. Cette différence a été confirmée par l'avis de la commission des marchés publics, selon une note de service publiée par le ministère de l'Économie, des Finances et de la Privatisation[1], en ne considérant pas les contrats de gestion déléguée en tant que marchés publics. Nonobstant, les communes peuvent « s'inspirer des conditions d'appel à la concurrence et d'exécution des marchés publics, telles qu'elles sont arrêtées par la réglementation relative aux marchés de l'État, mais sans, toutefois, se référer expressément à cette réglementation[2] ».

Quant à la procédure de délégation de service public, elle comporte plusieurs étapes distinctes :

- le choix de la gestion déléguée ;
- la publicité et la présélection des candidats ;
- la sélection des offres ;
- la négociation ;
- l'approbation du projet de convention et la signature de la convention.

1 Ministère de l'Économie et des Finances et de la Privatisation, note de service, Contrats conclus par les collectivités locales pour la gestion, par des opérateurs privés, des services communaux d'assainissement, Rabat, 4 octobre 2000.

2 Ministère de l'Économie et des Finances et de la Privatisation, note de service, Contrats conclus par les collectivités locales pour la gestion, par des opérateurs privés, des services communaux d'assainissement, Rabat, 4 octobre 2000.

Il faut noter que la gestion déléguée ou la délégation de service public a été créée par la doctrine française. Cette dernière a été consacrée par le législateur dans plusieurs textes. Il en ressort que la notion de gestion déléguée est indissociable de celle de service public pour la simple raison que cette délégation porte obligatoirement sur un service public déterminé[1].

Ainsi, pour qu'un service puisse être délégué, il faut que l'activité soit érigée en service public. De ce fait, trois éléments doivent donc obligatoirement se cumuler[2] :

- la dépendance de l'activité considérée des gouvernants (aspect organisationnel) ;
- la satisfaction d'un besoin d'intérêt général (élément matériel) ;
- un régime juridique marqué de prérogatives de puissance publique (élément formel).

En ce qui concerne les modes de délégation du service public, il existe quatre grands types de gestion déléguée qui vont de la délégation la plus large à celle où les prérogatives privées sont les plus réduites. Dans ce cadre, nous citons :

- la concession ;
- le contrat d'affermage ;
- le contrat de gérance ;
- la régie intéressée.

Enfin, il importe de signaler que, dans la pratique, ces modes de gestion ne sont pas aussi clairement distincts que dans les descriptions présentées ci-dessus. Il n'est pas rare que certains contrats empruntent des stipulations à différents modes. En fait, chaque opération est un cas d'espèce qui peut et doit être résolu avec beaucoup de pragmatisme.

L'ancienne notion de concession et d'affermage dans le domaine des déchets est à écarter. En effet, ces notions traditionnelles se heurtent à un obstacle majeur dans le domaine des déchets, car il n'existe pas de paiement direct par l'usager à l'entreprise.

1O. RAYMUNDIE, Gestion déléguée des services publics: En France et en Europe, 3ème édition, Le Moniteur, 2003.
2 *Ibid.*

2- Un cadre réglementaire naissant de la gestion déléguée

Au cours des dernières années, le gouvernement marocain a tenté de promouvoir la participation du secteur privé dans les services municipaux de déchets ménagers. Des données ont montré que deux tiers des déchets urbains à l'échelle du pays sont collectés moyennant le recours aux services du secteur privé[1].

En effet, l'adoption d'un nouveau cadre légal s'est imposée à la suite de l'absence d'un cadre spécifique qui ne correspondait plus aux défis actuels exigeant des financements importants et comportant des risques pour les investisseurs.

Cette situation s'est aggravée par la faible jurisprudence en la matière, la lourdeur de l'appareil administratif et la méfiance des investisseurs à l'égard de la juridiction administrative.

Par ailleurs, les obligations de transparence et de concurrence demeuraient insuffisantes en matière d'octroi et de régulation de la gestion déléguée.

Ces carences ont amené les autorités délégantes à utiliser des montages et des contrats complexes de droit commun pour un certain nombre de projets importants. Ces montages, sujets à de longues et coûteuses négociations, se traduisaient par des coûts élevés pour leur mise en œuvre.

Dans l'objectif de combler ce vide juridique et de fournir un cadre général unifié et incitatif au développement des « PPP » au Maroc, la loi 54-05, relative à la gestion déléguée des services publics du 14 février 2006, a été adoptée[2].

Ainsi, le Maroc s'est doté d'un cadre juridique susceptible d'attirer les investisseurs intéressés par la gestion des services publics.

Cette adoption s'intègre dans un processus plus général de libéralisation progressive de l'économie marocaine. Toutefois, cette libéralisation ne signifie nullement l'absence de contrôle[3].

De plus, ladite loi 54-05 s'inspire largement, dans ses dispositions essentielles, des législations récentes, en particulier

1 Banque Mondiale, Prêt de Politique de Développement du Secteur des Déchets Ménagers, *op. cit.*, p 12.

2 BO n° 5404 du 15 safar 1427 (16 mars 2006).

3 Ministère de l'Économie et des Finances, *op. cit.*, p 7.

des pays européens, en les adaptant à certaines spécificités du Maroc. Elle vise donc à définir un cadre internationalement attractif qui répartit équitablement les risques importants liés aux projets de « PPP » entre le pouvoir public et son partenaire.

Sur un autre volet, l'appel à la concurrence devient une règle et le gré à gré une exception. À rappeler qu'avant ladite loi, le cadre juridique marocain demeurait quasi inexistant. Les rares dispositions en la matière étaient, pour la plupart, fort anciennes et se caractérisaient par leur extrême rigidité et une grande fragmentation. Elles étaient, en outre, peu protectrices des intérêts des investisseurs. Mais cela n'a pas empêché plusieurs contrats de gestion déléguée de voir le jour.

Ainsi, par le biais de la loi 54-05 relative à la gestion déléguée des services publics, le législateur marocain a renforcé son arsenal juridique en matière de passation et d'exécution des contrats publics dans le domaine particulier de la gestion déléguée des services publics. Cette loi se veut une réponse aux obstacles que rencontrent les investisseurs tant nationaux qu'internationaux dans le domaine de la concession.

Les pouvoirs publics marocains ont ainsi voulu donner une visibilité et une sécurité aux investisseurs nationaux et étrangers intéressés à la gestion déléguée. *« Cette loi a pour ambition de régir, sans les distinguer, les contrats de délégation de service public et de partenariat, en définissant un régime global destiné à encadrer leur passation, leur exécution puis leur extinction*[1] ».

B. Pratiques de la délégation du service public de gestion des DM

Le service public de gestion des déchets urbains a fait l'objet depuis 1997 d'initiatives de gestion déléguée. À cet effet, le pays compte plus de 22 communes qui ont délégué leurs services de propreté au secteur privé[2].

Dans ce contexte, plusieurs communes ont cédé la gestion des DM à des entreprises privées (le cas de Rabat, Tanger, Essaouira, Fès, Casablanca, Nador et d'autres).

1 Note de présentation de la loi 54-05 devant le parlement.

2 Banque Mondiale, 2004, *op. cit.*, pp 22 et 23.

Du fait, la gestion déléguée est un concept qui mérite d'être évoqué avant de passer à la mise en exergue du cadre réglementaire de la gestion déléguée, la loi 54-05[1].

Actuellement, le service de collecte et nettoiement des déchets ménagers, assuré par des opérateurs privés, constitue environ 74 % de la population urbaine répartie sur 106 communes et 80 % du tonnage de ce type de déchets[2].

1- Principales clauses des contrats

Le contrat de la délégation du service public est un contrat *intuitu personae.* Ainsi, il est conclu en raison des qualités personnelles du délégataire et ne peut être cédé[3].

Il existe deux types de contrats conclus avec les opérateurs privés quant au service public de gestion des déchets ménagers :

- Pour la collecte, il s'agit de contrats de gestion en sous-traitance dont la majeure partie est assurée par le sous-traitant et une proportion par la commune.
- Pour la mise en décharge, il est conclu des contrats de type BOT (construction, exploitation et transfert) pour les décharges contrôlées.

En ce qui concerne les principales clauses du contrat, la loi stipule qu'elles doivent traiter du régime comptable et juridique des biens, du principe de l'équilibre du contrat de gestion déléguée, de la gestion des biens, de la gestion déléguée, du règlement des litiges, de la fin du contrat, du suivi et du contrôle de la gestion déléguée, des droits et obligations des parties, du personnel de la gestion déléguée, du régime financier de la gestion déléguée.

Quant aux documents composant le contrat, l'article de la loi portant sur la gestion déléguée les délimite en la convention, le cahier des charges et les annexes[4].

---

1 Dahir n° 1-06-15 du 15 moharrem 1427 (14 février 2006) portant promulgation de la loi n° 54-05 relative à la gestion déléguée des services publics

2 Le Réseau Régional d'Echange d'Informations et d'Expertise dans le secteur des déchets dans les pays du Maghreb et du Mashreq (REME), *op. cit.*, p 8.

3Voir article 11 de ladite loi 54-05.

4Voir article 12 de ladite loi 54-05.

La DGCL a mis à disposition des collectivités territoriales des modèles de cahiers de charges types, notamment ceux relatifs aux activités de collecte, de nettoiement et d'évacuation des déchets ménagers et des décharges contrôlées.

Par ailleurs, il existe également une clause importante qui concerne la durée du contrat. Du fait, tout contrat de gestion déléguée doit être limité dans la durée. Celle-ci doit tenir compte de la nature des prestations demandées au délégataire et de l'investissement qu'il devra réaliser et ne peut dépasser la durée normale de l'amortissement des installations lorsque les ouvrages sont financés par le délégataire[1]. De même, elle ne peut être prorogée que lorsque le délégataire est contraint, pour la bonne exécution du service public ou l'extension de son champ géographique et à la demande du délégant, de réaliser des travaux non prévus au contrat initial, de nature à modifier l'économie générale de la gestion déléguée et qui ne pourraient pas être amortis pendant la durée du contrat restant à courir que par une augmentation de prix manifestement excessive[2].

En outre, les collectivités territoriales sont tenues de prévoir dans les contrats de gestion déléguée toutes les dispositions qui sont à même de permettre une meilleure mise en application de la loi, notamment en ce qui concerne l'appel à la concurrence, le suivi et le contrôle de l'exécution des prestations[3].

Une fois qu'il est attribué, un extrait du contrat portant le nom et la qualité des contractants ainsi que l'objet, la durée, la consistance de la délégation et les clauses concernant les usagers doit faire l'objet d'une publication[4].

2- Mise en œuvre de la délégation du service public de gestion des DM

De sa part, le service public de la gestion des déchets ménagers a fait l'objet depuis 1997 d'initiatives de gestion déléguée.

1Voir article 13 de ladite loi 54-05.
2Voir article 13 de ladite loi 54-05.
3 Ministère de l'Intérieur, circulaire, Les principales dispositions de la loi 54-05 relative à la gestion déléguée du service public, Rabat, 28 mars 2007.
4Voir article 14 de ladite loi 54-05.

En 2013, la gestion déléguée du service de collecte et de nettoiement a concerné 147 communes et le nombre de contrats s'élevait à 101[1]. La gestion déléguée est assurée par 15 délégataires avec un chiffre d'affaires de 2 218 MDH, en employant un effectif de personnel de l'ordre de 15 000 en 2013 et les investissements réalisés s'élevaient à 3 033 MDH (depuis le début des contrats de gestion déléguée jusqu'en 2013) et environ 74 % de la population urbaine sont desservis par des sociétés privées, soit près de 13,5 millions de personnes en 2013 contre 8,5 millions en 2006[2].

En ce qui concerne les décharges contrôlées, à l'année 2013, 15 contrats ont été conclus, dont 5 passés avant 2006, et qui concernaient 66 communes[3]. La gestion déléguée de ce service est rendue par 12 délégataires avec un chiffre d'affaires de 268 MDH, et des investissements s'élevant à 1184 MDH, depuis le début des contrats de gestion déléguée jusqu'en 2013, et qui desservaient une population de plus de 11 millions de personnes en 2013 contre 2,9 millions en 2006[4]. Les communes ayant concédé ou délégué les services de propreté, l'ayant procédé principalement pour des raisons telles que :

- l'amélioration des services rendus au citoyen par une gestion efficace et rationnelle en matière de propreté, de collecte et d'élimination des déchets ;
- l'introduction de nouvelles méthodes d'organisation et de gestion par l'optimisation des coûts de collecte, de transport et d'enfouissement sanitaire des déchets ;
- la mobilisation de ressources financières à hauteur de la demande pour la réalisation des travaux, l'acquisition et le renouvellement des équipements ;
- l'amélioration des niveaux de rémunération, et des conditions de travail et de formation professionnelle du personnel communal affecté à ce service public.

Ainsi, la concession du service de collecte s'est traduite, dans la plupart des communes qui ont opté pour ce mode de

1 Cour des Comptes, La Gestion Déléguée des Services Publics, Synthèse du rapport, Octobre 2014, Rabat, p 5.

2 *Ibid.*

3 *Ibid.*, p 6.

4 *Ibid.*

gestion, par une amélioration sensible du niveau de service fourni, notamment par l'éradication d'un ensemble de points noirs, et ce, grâce au renforcement des moyens humains et matériels mobilisés.

De ce qui précède, il s'avère que l'évolution des cadres juridique et institutionnel relatifs aux DM offre un cadre propice pour l'amélioration de ce secteur critique.

D'une part, la gestion des DM qui a longtemps souffert de la quasi-absence d'un cadre réglementaire spécifique impactant la qualité de la gestion a été récompensée avec la promulgation de la loi sur les déchets et de certains de ses textes d'applications.

D'autre part, après une dizaine d'années d'expérience, l'évolution vers la gestion déléguée permet sans doute de tirer des enseignements propres à permettre son amélioration. Ainsi, s'il est certain que le recours au partenariat public-privé peut contribuer à une plus grande efficience du service public, il n'en reste pas moins vrai que l'on ne doit pas perdre de vue la vocation première de la fonction de service public où l'usager doit en principe constituer l'élément central. Tous les domaines qui jusqu'à maintenant ont fait l'objet d'une gestion déléguée ont révélé des insuffisances importantes quant à la satisfaction de l'usager. Sans doute, les projets entrepris sont-ils d'un impact considérable sur le plan des infrastructures que les collectivités territoriales ne peuvent facilement réaliser[1], néanmoins, il est des défis[2] à relever, notamment l'ancrage territorial de la mise en effectivité du droit des déchets opérant pour un développement durable.

Pour ce qui est d'ordre institutionnel, la pluralité d'intervenants dans ce secteur biaise son contrôle et dilue la responsabilité.

---

1 M. ANWAR, « L'impact de la gestion déléguée sur le développement local», REMALD n° 89, 2009, p 95.

2 M. EL YAAGOUBI, Le service public entre la crise et les défis, in Le service public face aux nouveaux défis, REMALD n° 35, « Thèmes actuels », 2002, p 11.

PARTIE II - L'ANCRAGE TERRITORIAL DURABLE DU DROIT DES DÉCHETS MÉNAGERS

Le Sommet de la terre de Rio de 1992 a été marqué par la prise de conscience de la communauté internationale des enjeux environnementaux qui pèsent de plus en plus sur les choix des pays en termes de développement durable, à même d'assurer aux populations actuelles et futures un avenir certain et harmonieux avec leur capital écologique.

Au lendemain de ce sommet, il a été procédé à la mise en place d'un Département ministériel chargé de l'environnement dirigé par un Sous-secrétariat d'État placé sous l'égide du ministère de l'Intérieur. En plus de deux décennies, ce département a connu plusieurs évolutions majeures comme l'élargissement en 2000 de ses prérogatives et attributions, l'augmentation significative depuis 2005 de son budget, le renforcement de ses capacités et de la couverture territoriale[1].

L'évolution a été remarquable au fur et à mesure que le discours de protection de l'environnement a évolué vers la notion de développement durable, notion bien plus large nécessitant forcément la mise en place de nouveaux mécanismes d'échanges, d'observations, et de plans d'actions concertés positionnant le Maroc comme un acteur engagé avec une vision d'avenir basée sur ce développement durable[2].

Ce discours a été concrétisé en 2011 par la consécration constitutionnelle des droits de vivre dans un environnement sain et au développement durable.

Par ailleurs, si l'avènement du développement durable a pour objectif de faire face aux problèmes globaux de la planète, il semble devoir concerner également les acteurs et les territoires locaux.

Si la littérature s'est abondamment attardée sur les dimensions temporelles du développement durable, elle s'est en

---

1 Ministère de l'Energie, des Mines, de l'Eau et de l'Environnement, Département de l'Environnement, Développement durable au Maroc, Bilan et perspectives de Rio à Rio+20, 48 p.

2 *Ibid.*

revanche fort peu intéressée à sa problématique spatiale, comme le remarque B. Zuindeau[1].

En effet, force est de constater que l'orientation choisie, au sein des travaux sur le développement durable, l'échelon du territoire est en bonne place. D'emblée, la Déclaration de Rio sur l'environnement et le développement prône, dans son chapitre 28, une implication forte des collectivités territoriales dans l'accomplissement de stratégies de développement durable[2].

Si le droit des déchets ménagers est innovateur en matière de dispositions en faveur d'un développement durable, il reste encore du travail à faire quant à son renforcement et à sa mise en effectivité (chapitre 1) et aussi bien quant à la territorialisation de la gestion des déchets ménagers (chapitre 2).

CHAPITRE 1– Les contraintes à la mise en œuvre territoriale du droit des déchets ménagers

Le Maroc a enregistré une grande avancée en dotant le secteur des déchets d'une loi spécifique qui vient renforcer le droit des déchets ménagers, s'ajoutant au foisonnement des normes environnementales en vigueur au Maroc, *« écartelées entre divers intérêts sectoriels[3] »*.

Néanmoins, cette *« inflation des normes environnementales[4] »*, y compris celles des déchets, souffre encore d'insuffisances liées *« à la technicité de la plupart d'entre-elles[5] »* (section 1) qu'il faut combler tout en veillant à dépasser les retards constatés quant à son effectivité (section 2).

1 B. ZUINDEAU, Développement durable et territoire, Presses Universitaires du Septentrion, Paris, 2000.

2 *Ibid.*, p 13.

3 J. MORAND-DEVILLER, « Où va le droit de l'urbanisme et de l'environnement ? », In :La Revue Administrative, vol. 51, no. 301, 1998, p. 155.

4 *Ibid.*, p. 156.

5 *Ibid.*

SECTION 1 – Les contraintes juridiques et institutionnelles à l'application du droit des déchets ménagers

Le droit des déchets ménagers au Maroc jette les bases d'une gestion intégrée et durable des déchets. Or, ce droit innovant souffre d'insuffisances et de lacunes (sous-section § 1) qui entravent sa mise en œuvre et par conséquent la réalisation des objectifs escomptés.

En effet, ce retard dans la mise en œuvre est expliqué, entre autres, par le manque d'expertise dans la gestion des déchets à de nombreux niveaux, y compris la surveillance des sites d'enfouissement, la réhabilitation des décharges, la fonction de contrôle au niveau local sur les opérateurs privés délégataires des activités de collecte des déchets, de nettoyage et d'élimination (sous-section § 2).

§.1 – Cadre juridique innovant… mais encore lacunaire

Le droit des DM a connu une remarquable évolution, notamment à travers ses innovations en matière de planification départementale, d'information du public, d'incitation à la réduction et à la valorisation des déchets et aussi bien par la mise en place d'un système de contrôle et de répression des infractions en ce domaine.

Cependant, ce cadre juridique innovant rencontre des contraintes juridiques qui limitent son efficacité quant à l'appréhension juridique de la notion de déchets (paragraphe A), la réalisation de ses objectifs (paragraphe B) et à l'efficacité du système de responsabilité environnementale du fait des déchets ménagers (paragraphe C).

A. Diversification de la notion de déchet

Reposant sur l'abandon, la notion de déchet est interprétée de manière extensive en raison de la fonction protectrice de l'environnement et de la santé que le droit attache à la catégorie juridique qui lui correspond, ce qui conduit la jurisprudence à une casuistique sans cesse renouvelée[1].

La loi marocaine sur les déchets a établi la distinction entre les DM, les déchets industriels, médicaux et pharmaceutiques non dangereux, agricoles, ultimes et inertes et les déchets dangereux et qui relèvent chacun de dispositifs de planification et de traitement divers.

Il s'agit, pour cette distinction, de déterminer le niveau territorial compétent pour traiter chacun de ces déchets. Néanmoins, cette distinction mène à une dilution des choix généraux quant au traitement des déchets en conduisant à une partition du problème général de ceux-ci[2].

Dans ce contexte, il est fondamental de réunifier la notion de déchets tout en conservant au niveau opérationnel la distinction entre les différents types, en précisant la distinction avec les notions proches et en en tirant les conséquences sur le régime juridique et le traitement[3].

Outre les trois types précités, le catalogue marocain des déchets distingue, parmi les DM, les fractions collectées séparément, qui incluent les déchets dangereux (solvants, acides, pesticides, médicaments cytotoxiques et cytostatiques…) et non dangereux (papier, carton, verre, vêtements…), ainsi que les déchets de jardins et de parcs. On est donc passé d'une notion relativement indistincte à une connaissance fine de la composition avec la possibilité de construire de véritables filières de prise en charge destinées au tri, au recyclage, à la valorisation et l'élimination ou toute autre destination[4].

Cette description très diversifiée des déchets, à côté de l'accumulation de déchets divers et de stocks, finit par s'accompagner d'une incertitude sur les durées et la rotation des stocks de déchets et les modalités de leur traitement, notamment en l'absence d'aucune cartographie à jour des déchets, de leur gisement, des équipements et des pollutions avérées ou

1 P. THIEFFRY, Droit de l'environnement de l'Union Européenne, Bruylant, Bruxelles, 2011, 398 p.
2 Y. CONDÉ, *op. cit.*, p 121.
3 *Ibid.*
4 *Ibid.*

potentielles, des procédures de consultation et de décision liées au système général ou aux sous-systèmes de prise en charge[1].

En effet, la notion de déchets doit s'articuler autour d'une unification, quelle que soit leur nature. Cette unification se traduit par une unification de la politique de déchet[2].

Par ailleurs, il est aussi question de diversifier ladite politique en fonction des possibilités de prise en charge.

B. Les objectifs de la loi loin d'être réalisés

Le cadre juridique relatif aux DM a pour objet « de prévenir et de protéger la santé de l'homme, la faune, la flore, les eaux, l'air, le sol, les écosystèmes, les sites et paysages et l'environnement en général contre les effets nocifs des déchets ». Cette finalité est manifestée à travers la réalisation de plusieurs objectifs.

Ledit cadre ambitionne[3], en plus de la prévention de la nocivité des déchets et de leur valorisation, leur réduction en consacrant l'un des principes de la gestion des déchets, leur hiérarchisation. La hiérarchisation de la gestion des déchets considère leur réduction parmi les options les plus rationnelles qui tendent vers l'instauration d'une gestion intégrée et durable des déchets.

La loi 28-00 vise également l'amélioration du service public relatif à la gestion des DM via l'instauration de plusieurs outils : la planification des déchets, le régime de la déclaration/autorisation préalable et du système répressif des infractions.

Néanmoins, les actions mises en œuvre concernent, en une grande partie, le recours à la mise en décharge des déchets en l'absence de toute démarche de tendance vers la réduction de leur production.

Ainsi, les pratiques actuelles de la mise en œuvre de la politique nationale des DM, représentée principalement par le

---

1 Y. CONDÉ, *op. cit.*, p 122.

2 N. MADANI, « Droit marocain des déchets municipaux et développement durable », *op. cit.*, p 7.

3Voir article premier de ladite loi 28-00.

PNDM, ne reflètent pas une articulation entre cette politique et les objectifs visés par le cadre juridique des déchets[1].

De plus, les aspects environnementaux liés à la gestion des DM nécessitent davantage de régulation.

1- Une prise en charge souvent réduite à la collecte et à la mise en décharge

Au début, la mise en décharge a été considérée la voie la plus optimale en matière d'élimination des déchets en passant des décharges sauvages, qui recevaient les déchets de tous types et finissaient par être elles-mêmes des menaces à la santé humaine et à l'environnement, aux décharges contrôlées[2] qui éliminent les déchets, au moins sur le plan théorique, d'une manière favorisant la protection de l'environnement et la préservation de la santé humaine.

Près de dix-huit ans plus tard après la promulgation d'une loi spécifique aux déchets, la tendance actuelle met en exergue encore la grande importance accordée au déploiement de décharges contrôlées. Il s'agit d'une alternative fortement recommandée pour réduire les impacts environnementaux de l'élimination des déchets, mais elle reste en dessous dans la hiérarchie des solutions les plus durables en matière de gestion des déchets.

Il existe des expériences prometteuses en matière de valorisation des déchets au Maroc, mais qui sont limitées et ne permettent pas de montrer l'existence d'une vraie politique dans ce domaine ; le recours massif à l'ouverture de nouvelles décharges contrôlées[3] pouvant s'expliquer par l'incapacité de cette politique à générer les effets escomptés.

Par ailleurs, cette tendance demeure en confrontation à diverses contraintes[4] :

1 N. MADANI, « Droit marocain des déchets municipaux et développement durable », *op. cit.*, p 7.

2 J. M. BALET, Gestion des déchets, *op. cit.*, p 4.

3 B. NADIR, « La gestion des déchets solides ménagers et assimilés : le développement d'une nouvelle politique territoriale environnementale », *op. cit.*, p 68.

4 B. SOUDI, H. CHRIFI, H., *op. cit.*, p 29.

- la difficulté de trouver un site adéquat qui répond aux critères environnementaux et qui se situe à une distance économiquement justifiable ;
- la durée de vie de la décharge qui peut être aussi relativement faible, ce qui complique davantage la première contrainte ;
- la disponibilité de terrain et son coût pouvant être assez élevés ;
- le statut foncier présentant encore au Maroc un handicap majeur pour le développement de tous les secteurs économiques.

Le recours à la valorisation des déchets au Maroc est tributaire de la réponse à plusieurs questions concernant l'établissement de normes, l'engagement de la société et à l'efficacité des opérations de tri[1]. Par conséquent, les domaines d'application sont limités et les efforts en matière de réduction des déchets demeurent en dessous de la réalisation des objectifs envisagés par leur cadre juridique[2].

En outre, la mise en décharge est considérée la pire solution, d'un point de vue environnemental, vu qu'elle est consommatrice d'espace et qui gaspille les ressources[3]. En revanche, dans les pays développés, cette solution demeure le dernier recours après épuisement de toutes les autres possibilités de prévention, de recyclage et de valorisation. En effet, la mise en décharge doit être réservée aux seuls déchets ultimes et que seuls les déchets qui ne peuvent être intégrés dans le cadre d'un processus de valorisation ou de recyclage avec un retour sur investissement peuvent être enfouis, d'où la nouvelle appellation actuelle de « centre de stockage de déchets ultimes », CSDU[4].

---

1 B. SOUDI, H. CHRIFI, H., *op. cit.*, p 27.

2 J. M. BALET, Gestion des déchets, *op. cit.*, p 87.

3 L. HAOUAOUI, F. LOUKIL, Evaluation du système de gestion des déchets ménagers en Tunisie, Cinquième colloque international « Énergies, changements climatiques et développement durable », Hammamet, Tunisie, 14 et 17 Juin 2009, p 17.

4 S. LE MAITRE, « Gestion des déchets ménagers : du consommateur à l'"acteur-citoyen" entre contrainte et persuasion », sous la direction de M. Antoine SOUBEYRAN et M. Hubert STAHN, thèse de doctorat soutenue le

Du fait, la politique actuelle des DM semble insuffisante. En effet, les principes de base sur lesquels elle repose ne permettent pas de réduire la quantité des déchets. De plus, les statistiques montrent une augmentation annuelle de la quantité des déchets[1].

Dans ce cadre, il est fort recommandé actuellement pour aboutir à la réalisation des objectifs du cadre juridique des déchets, et notamment celui de leur réduction, de tendre d'une politique d'élimination à une « politique de réduction »[2] en se basant sur la redéfinition de la notion et du régime des déchets.

2- La non-articulation entre le cadre juridique et les actions mises en œuvre

Partant de ses objectifs envisagés, le cadre juridique relatif aux déchets est très ambitieux quant à l'amélioration du service public de gestion des déchets ménagers. À ce titre, il vise :

- la prévention de la nocivité des déchets et la réduction de leur production ;
- l'organisation de la collecte, du transport, du stockage, du traitement des déchets et de leur élimination de façon écologiquement rationnelle ;
- la valorisation des déchets par le réemploi, le recyclage ou toute autre opération visant à obtenir, à partir des déchets, des matériaux réutilisables ou de l'énergie.

Par ailleurs, le PNDM constitue une opportunité pour l'articulation entre, d'une part, l'esprit et les objectifs envisagés par le cadre juridique des DM et, d'autre part, la politique adoptée.

En effet, le programme vise la modernisation de la gestion des déchets ménagers, en particulier l'extension et la

---

15 juin 2009, UNIVERSITÉ DE LA MÉDITERRANÉE (AIX-MARSEILLE II), Faculté des Sciences Économiques et de Gestion, MARSEILLE, pp. 44-45.

1Voir Y. CONDE, *op. cit.*, pp 111-112 et Le Réseau Régional d'Échange d'Informations et d'Expertise dans le secteur des déchets dans les pays du Maghreb et du Mashreq (REME), Rapport pays sur la gestion des déchets solides au Maroc, *op. cit.*, p 14.

2 Le Réseau Régional d'Échange d'Informations et d'Expertise dans le secteur des déchets dans les pays du Maghreb et du Mashreq (REME), *op. cit.*, p 125.

professionnalisation du service de collecte, le recours à des pratiques d'élimination respectant l'environnement et la promotion des activités de recyclage. Dans ce cadre, il a fixé des objectifs spécifiques en matière d'extension du service de collecte, d'enfouissement en décharges contrôlées, de fermeture et/ou de réhabilitation des décharges sauvages ainsi que de valorisation.

Nonobstant, le PNDM demeure très focalisé sur la mise en décharge contrôlée des déchets ménagers que par l'approche préventive ou au moins la réduction, tant quantitative que qualitative, de ces déchets, étant donné qu'elle représente l'option la plus durable selon le principe de la hiérarchisation de la gestion des déchets.

La valorisation est un axe important du PNDM comportant d'importants enjeux économiques, financiers, environnementaux, institutionnels et sociaux. Durant la première phase du PNDM, les initiatives relatives à la valorisation ont été insuffisantes et orientées principalement vers le volet social, essentiellement dans le cadre des projets de décharges contrôlées. Cette phase n'a pas initié le développement d'une approche de filière organisée et à grande échelle, dotée des mécanismes de financement appropriés. Ce déficit de planification ne manquera pas d'impacter l'atteinte des objectifs, et notamment celui de valoriser au moins 20 % des DM à l'horizon 2020[1].

Et malgré cela, cette tendance vers la régulation de la mise en décharge rencontre encore des difficultés pour sa mise en œuvre[2].

C. La responsabilité du fait des déchets ménagers : une apparence redoutable et une efficacité douteuse

L'on critique, souvent à raison, la complexité et le caractère flou des finalités du droit de l'environnement. En effet, l'institution de la responsabilité, à condition d'être repensée,

---

1 Ministère de l'Intérieur et ministère de l'Énergie, des Mines, de l'Eau et de l'Environnement, Département de l'Environnement, Evaluation de la première phase du Programme National des Déchets Ménagers, Banque Mondiale, 2011.

2 *Ibid.*

pourrait former le *« fil d'Ariane de ce labyrinthe »*, en plus du fondement éthique sur lequel elle reposerait[1].

En effet, quatre des principes soulevés *supra* sont fondés eux-mêmes sur l'idée de la responsabilité ; il s'agit des principes de : précaution, prévention, correction par priorité à la source des atteintes à l'environnement et pollueur-payeur[2].

Par ailleurs, le droit de l'environnement reste un droit largement inefficient, non pas par défaut de règles, mais plutôt par mauvais vouloir systématique de les appliquer et par une forme d'organisation plus ou moins volontaire de leur inefficience[3].

Du fait de cela, la responsabilité en matière des DM se trouve dans une situation d'ambiguïté, d'une part, à qui incombe la responsabilité d'élimination des déchets, est-ce à leur détenteur ? Ou aux communes, acteur principal de collecte et d'élimination, étant donné que le déchet a le statut de *res derelictae* en faisant un objet qui a perdu son maitre, son premier occupant, par prise de possession, par occupation ?

D'autre part, dans le cas de délégation du service public de gestion des DM, les limites des responsabilités des contractants, l'autorité délégante et le délégataire, restent à définir ; les exemples de cas de conflits et de diminution de responsabilité dans plusieurs villes marocaines, Casablanca, Rabat, Salé et bien d'autres villes, sont flagrants et illustrent cette réalité et que chacun dégage sa responsabilité et la jette sur autrui.

1- Responsabilités limitées des générateurs/détenteurs de déchets

La question de la définition des responsabilités du générateur ou du détenteur des déchets soulève la problématique du régime de propriété du déchet. Signifie-t-il un transfert de la propriété dès la prise en charge par les communes des déchets ménagers ou un maintien du droit de propriété du particulier jusqu'à son élimination ?

---

1 F. OST, « La responsabilité, fil d'Ariane du droit de l'environnement », *op. cit.*, p 281.

2 *Ibid.*, p 283.

3 C. LEPAGE, « Les véritables lacunes du droit de l'environnement. », In : Pouvoirs 4/2008 (n° 127), p 123.

En effet, la prise en charge des déchets ménagers par les communes moyennant le financement de leur collecte et d'élimination par le budget communal ne résout pas sur le fond la question de la propriété du déchet. Cette question pose celle de la responsabilité du détenteur intermédiaire ou final du déchet ou du producteur. Elle peut être celle du producteur, comme dans le cas de dispositifs dans d'autres pays relatifs aux emballages, ce qui suppose que dès l'acquisition d'un bien avec son emballage par un consommateur, il s'effectue un transfert de propriété sans celui de responsabilité[1].

En droit marocain des DM, la loi sur les déchets établit une distinction entre générateur et détenteur de déchets en matière de responsabilité.

D'un côté, le générateur du déchet, qui est défini comme « toute personne physique ou morale dont l'activité de production, de distribution, d'importation ou d'exportation génère des déchets », est contraint par la responsabilité de réduire, quantitativement et qualitativement, les effets des déchets générés par ses activités en recourant à la technique disponible économiquement viable et appropriée et en en informant l'administration de leurs caractéristiques.

Cependant, cette mise en responsabilité du générateur du déchet reste limitée en l'absence de dispositifs pour leur réglementation. À ce jour, aucun texte réglementaire n'est apparu pour la définir comme il a été prévu en vertu de l'article 4 de la loi 28-00.

En outre, le détenteur de déchet, « toute personne physique ou morale ayant la possession de fait des déchets », est responsable, sur le même pied d'égalité que leur producteur[2], d'en assurer ou de s'en faire assurer l'élimination.

---

1 Y. CONDE, *op. cit.*, p 124.

2 Le terme producteur de déchet nécessite plus d'éclaircissements, est-ce qu'il renvoie au terme générateur de déchet et pour cela le législateur ne l'a pas défini à l'instar de détenteur et de générateur de déchets ? Ou est-ce qu'il s'agit d'un autre terme que le législateur n'a pas voulu le définir pour laisser le champ vide à l'interprétation ? Dans le deuxième cas, est-ce que l'administration peut l'interpréter pour apposer aux producteurs d'emballages la responsabilité de l'élimination de ceux-ci une fois qu'ils sont devenus déchets ?

D'ailleurs, la définition du déchet énoncée dans le troisième article de la loi 28-00 suppose une volonté d'abandon de la part du détenteur ce qui laisse le champ à la question de délimitation de la responsabilité par la propriété des déchets, leur détention ou leur génération ou qu'un déchet ne devient déchet que s'il est abandonné[1].

2- Partage ambigu de la responsabilité entre délégant et délégataire

Si parmi les objectifs du recours à la délégation du service public de la gestion des déchets ménagers figure le désengagement de la commune de l'exécution des tâches quotidiennes de collecte, de nettoiement et d'élimination des déchets, cela ne signifie en aucun cas la déresponsabilisation de celle-ci ; ce désengagement s'accompagne de la responsabilité de l'organisation du service, de son suivi et de son contrôle dans la logique du principe fondamental de la continuité du service public[2].

Dans ce cadre, les communes sont dotées de larges pouvoirs de contrôle, technique, administratif et financier, et de régulation de l'organisation et du fonctionnement du service.

Cependant, il est remarquable que les communes rencontrent des difficultés à assumer leur responsabilité de suivi et de contrôle de la délégation de la gestion du service public des DM.

Suivant une jurisprudence traditionnelle du Conseil d'État en France[3], le délégataire du service public répond directement des dommages causés à des tiers par son activité à moins qu'il y ait eu une faute initiale de conception ou que la faute soit liée à une décision administrative, sous réserve que la preuve en soit rapportée.

---

1 N. MADANI, « Droit marocain des déchets municipaux et développement durable », *op. cit.*, p 8.

2 B. NADIR, « La gestion des déchets solides ménagers et assimilés : le développement d'une nouvelle politique territoriale environnementale », *op. cit.*, p 85.

3http://www.juripole.fr/memoires/penal/Agnes_Bertrand/partie2.html, consulté le 30 juin 2023.

Sur le plan pénal, en revanche, bien que l'activité ait été déléguée, le président du conseil communal, représentant de l'autorité délégante et l'organe responsable du service public relatif aux déchets ménagers, peut voir sa responsabilité engagée concurremment à celle de l'exploitant pour s'être abstenu de mettre en œuvre son pouvoir de police. Le président du conseil communal qui serait aussi déclaré responsable pourrait du fait de son abstention fautive, être à l'origine d'une infraction imputable à la commune dont il est l'organe et le représentant, l'activité en cause étant l'objet d'une convention de délégation de service public, sous réserve toutefois, qu'elle ait été accomplie pour le compte de la personne morale.

En outre, il est admis qu'à défaut d'être considéré comme l'auteur principal, le maire peut voir sa responsabilité engagée sur le fondement de l'article 121-7 C. pén. relatif à la complicité[1].

Sur le plan conceptuel, la notion de gestion déléguée reste un peu floue et polysémique. Dans ce cadre, l'article 1 de la loi 54-05 sur la gestion déléguée donne une définition globale de la gestion déléguée sous toutes ses formes. Or, au fur et à mesure de la lecture de la loi, il ressort que l'examen de certains articles évoquant la gestion déléguée montre que ses dispositions font référence aux contrats de concession pure, qui reste une forme parmi d'autres de la gestion déléguée. Cette constatation apparaît notamment dans les articles 13, 15, 16 et 24.

Sur l'ordre pratique, et pour les gros contrats, l'assistance technique représente l'une des clauses les plus importantes pour les concessionnaires, car c'est la ligne dans laquelle une partie intéressante du crédit est versée. Cette assistance représente la meilleure voie qui permet la fuite des capitaux et la loi n'a pas prévu des dispositions pour l'encadrer. Pour pallier de pareils problèmes, plusieurs spécialistes du domaine conseillent les délégants d'imposer aux délégataires d'inclure dans l'assistance technique des programmes de recherche et de développement ainsi que la rémunération du personnel expatrié et d'imposer des mesures de contrôle.

1http://www.juripole.fr/memoires/penal/Agnes_Bertrand/partie2.html, consulté le 30 juin 2023.

D'autre part, si la loi organique relative aux communes et la loi 28-00 ont conféré aux communes la responsabilité du choix de mode de gestion, elles n'ont pas précisé ou mis à la disposition de ces derniers les moyens ou les compétences nécessaires pour remplir leur responsabilité en cas de délégation du service d'où le faible degré de leur implication et de l'intensité déficiente de leur contrôle.

Ces conditions ont amené les communes parfois à se déresponsabiliser malgré les problèmes qui amoncellent et comptent sur les délégataires pour tout prendre en charge alors qu'elles ne disposent pas des moyens humains, financiers et matériels nécessaires[1].

En outre, les termes de référence servant à l'élaboration du contrat de gestion déléguée sont souvent imprécis en ce qui concerne les sanctions qui s'attachent aux manquements du délégataire et particulièrement à ceux ayant trait aux objectifs écologiques[2].

Du fait, la protection de l'environnement devrait constituer une préoccupation principale dans la passation des contrats. Les manquements aux engagements contractuels devraient donner lieu à des sanctions pécuniaires à infliger aux délégataires selon des « modalités d'émission et de recouvrement précises et faciles à mettre en œuvre[3] ».

Néanmoins, les cas pouvant donner lieu à des sanctions ou à des situations de déchéance ou de résiliation sont libellés dans des termes trop généraux dans les contrats, ne permettant pas leur mise en œuvre sur le plan pratique. Ce sont les cas de l'écart d'investissement, de la rémunération des parties, de la faute grave et des conditions des révisions tarifaires.

Le montant cumulé des pénalités infligées aux délégataires pour les services de propreté jusqu'à fin 2012 a atteint 336 MDH[4]. En revanche, ces pénalités donnent lieu à un processus

---

1 B. NADIR, « La gestion des déchets solides ménagers et assimilés : le développement d'une nouvelle politique territoriale environnementale », *op. cit.*, p 85.

2 N. MADANI, « Droit marocain des déchets municipaux et développement durable », *op. cit.*, p 10.

3 Rapport de la cour des comptes sur la gestion déléguée, 2014, p 179.

4 *Ibid.*

de négociation long et difficile qui entrave leur recouvrement par les autorités délégantes.

§.2 – Limites du système de gestion des déchets ménagers

Le système de gestion des DM ne peut être mis en marche qu'en présence d'un système d'information, des objectifs, des structures et des ressources humaines cohérents. À ce niveau, il est soulevé une première observation relative aux principes généraux et structures qui devraient guider l'activité des différents acteurs vers la réduction des déchets qui ne sont pas mis en œuvre[1]. Cela peut être expliqué par l'absence de la définition même de ces principes de réduction.

En effet, le système de gestion s'articule, dans les meilleurs des cas, en deux étapes : l'amélioration et l'organisation de la collecte des déchets et ensuite leur mise en décharge sauvage en attendant la mise en place d'une décharge contrôlée. L'objectif principal consiste à se débarrasser des déchets et les acheminer plus loin[2].

Ainsi, il s'agit d'un système de gestion aveugle, en partie, à certains des principes fondamentaux érigés par le cadre juridique pour tendre vers la réduction des quantités des déchets, voire leur prévention[3].

En outre, le manque d'information des gestionnaires et des communes sur les autres options de recyclage et de compostage et sur les clients potentiels demandeurs des produits de ces opérations mène à l'instauration d'une démarche très simpliste et peu visionnaire. Et à côté de ce manque d'informations, on ne tient pas compte des critères pouvant aider dans le choix des options d'élimination, de traitement et de valorisation des déchets[4].

D'ailleurs, le système de gestion des DM est lié au handicap de la gouvernance du secteur (paragraphe A), basée sur une approche plutôt sectorielle et par type de déchets et sur la

1 Y. CONDE, *op. cit.*, p 117.
2 B. SOUDI, H. CHRIFI, *op. cit.*, p 14.
3 Y. CONDE, *op. cit.*, p 119.
4 B. SOUDI, H. CHRIFI, op. cit., p 14.

gestion du quotidien que sur la recherche de la qualité du service (paragraphe B).

A. La gouvernance des déchets ménagers, un véritable handicap

Le secteur des DM souffre de problèmes de fragmentation qui nuisent à l'élaboration et à la mise en œuvre de politiques efficaces[1]. Pour faire face à ces problèmes, il a été envisagé de mettre en place une commission nationale qui va assurer la planification et la coordination des politiques du secteur, en tant qu'organisme de planification politique et stratégique du PNDM (CN-PNDM).

La CN-PNDM est responsable de la planification sectorielle et de la coordination des réformes ainsi que du suivi, de l'évaluation et de la proposition du statut d'exécution et des résultats du PNDM, et du programme de réforme dans son ensemble. Elle est dirigée par le département ministériel chargé de l'environnement et comprendra des représentants clés des autres intervenants : ministère de l'Intérieur, ministère des Finances, fonds d'équipement communal…

Or, face à cette régulation centrale du PNDM, il existe de grands défis à surmonter pour poursuivre cette démarche et d'en assurer une gouvernance solide. Parmi ces défis figure la pluralité d'intervenants et la limite des compétences communales, confrontées aux problématiques de la gestion du secteur, surtout dans le cas de la délégation du service à des partenaires privés, d'où les difficultés, en amont, pour monter des cahiers de charges bien ficelés et, en aval, dans leur suivi et contrôle ainsi qu'en ce qui concerne le financement du service.

Il est donc important de poursuivre, voire d'intensifier, les efforts engagés, d'une part, en élargissant le périmètre sur lequel portent les objectifs et en mettant en œuvre de nouvelles actions et, d'autre part, en pérennisant des actions déjà engagées.

---

1 Banque Mondiale, Prêt de Politique de Développement du Secteur des Déchets Ménagers, 24 février 2009, *op. cit.*, p 15.

1- Compétences communales limitées

Le processus de décentralisation, qu'a connu et connait encore le Maroc, s'est attribué comme un fondement le transfert de responsabilités vers les collectivités territoriales, plus particulièrement en destination aux communes pour un certain nombre de services de base, dont le service public relatif à la gestion des déchets ménagers.

La gestion des déchets est, probablement, le service urbain sur lequel quasiment tout le monde (populations, experts, bailleurs, opérationnels, etc.) s'accorde à reconnaître une responsabilité aux communes[1]. Dans ce cadre, au cours des dernières décennies, leurs compétences et leurs responsabilités relatives à ce secteur ont été élargies.

Cependant, cet élargissement n'a pas été accompagné d'un transfert des moyens correspondant aux besoins des communes, surtout en matière de financement, de suivi et de contrôle.

Par ailleurs, il est souligné que des difficultés peuvent surgir du fait que la collecte et le nettoiement sont susceptibles de dépendre de plusieurs intervenants, surtout dans le cas de leur délégation à un opérateur privé. Et bien que ces activités soient du ressort des communes, le législateur a omis de préciser ou d'imposer des conditions particulières quant à leur organisation et à leur fonctionnement et encore moins quant à leur traitement[2]. Cette situation laisse le champ vide pour calquer automatiquement les pratiques existantes sans aucune innovation ni même une adaptation ; de même pour la mise en décharge dont la responsabilité se disperse et dépasse même le territoire de la commune concernée.

À ce sujet, une forme d'intercommunalité est fortement recommandée et permettra d'assurer le financement des investissements majeurs de gestion des déchets, notamment en

1 Ministère de l'Écologie et de Développement Durable et ministère des Affaires Étrangères, Gestion durable des déchets et de l'assainissement urbain, *op. cit.*, p 106.

2 B. NADIR, « La gestion des déchets solides ménagers et assimilés : le développement d'une nouvelle politique territoriale environnementale », *op. cit.*, p 80.

ce qui concerne les décharges contrôlées et les stations de transfert.

Néanmoins, la principale difficulté tient à l'engagement financier des communes. Toute coopération intercommunale suppose une forme d'engagement financier des communes qui, s'il n'est pas respecté, peut mettre en péril la viabilité d'un projet[1].

Cette pluralité d'intervenants rend difficile la gestion de ce service public et tend vers la dilution et l'émiettement des responsabilités dans la gestion actuelle des déchets ménagers qui n'est pas propice à une approche globale et intégrée[2].

Dans ce cycle de pluralité des intervenants, chacun agit et finance, mais nul n'est responsable. La répartition des compétences, telle qu'elle a été conçue au début, fait surgir la prééminence de l'État dans la définition et la conception des différentes politiques ; des conflits d'interprétation et de chevauchement des compétences sont aussi soulevés[3].

2- Des cahiers de charges mal ficelés et un suivi-contrôle non opérationnel

Les services de la propreté sont soit gérés directement par les communes ou groupements de communes, soit délégués à des entreprises ou à des groupements d'entreprises privées. En juin 2014, le mode de gestion déléguée des services de collecte des déchets ménagers, au niveau urbain, a atteint une part de 80%, celle de la gestion directe étant de 20 % de l'ensemble[4].

En effet, le cadre institutionnel confère au secteur privé le rôle de partenaire pour la modernisation et la professionnalisation de la gestion des déchets ainsi que pour

---

1 Ministère de l'Intérieur et ministère de l'Énergie, des Mines, de l'Eau et de l'Environnement, Département de l'Environnement, Guide pour l'élaboration de plans directeurs provinciaux/préfectoraux de gestion des déchets ménagers au Maroc, GTZ, mai 2011, p 30.

2 Conférence Stratégies de Développement Urbain en Méditerranée, Les Stratégies de Développement Urbain en Méditerranée : Contexte, Enjeux et Perspectives, Barcelona, 14 et 15 mars 2011, p 138.

3 B. NADIR, « La gestion des déchets solides ménagers et assimilés : le développement d'une nouvelle politique territoriale environnementale », *op. cit.*, p 80.

4 Rapport de la cour des comptes, 2014, p 138.

une plus grande efficacité économique et une meilleure qualité de service en faveur du citoyen[1].

La gestion déléguée est actuellement à sa deuxième génération et ses avantages sont reconnus. Les délégataires sont censés être des professionnels susceptibles d'assurer un service de qualité dans des conditions de management moderne, efficient, efficace et durable.

Nonobstant, l'expérience rencontre encore des difficultés : des cahiers de charges mal ficelés, des déficits en qualité du service liés à des problèmes de gestion du personnel communal (cas de la collecte des déchets) ou de suivi et de contrôle de l'exécution des contrats par la commune.

Sur le volet de la conception des cahiers de charges, les termes de référence servant à l'élaboration du contrat de gestion déléguée sont fréquemment imprécis, notamment en ce qui concerne les aspects liés au périmètre desservi et à son évolution, à la fréquence du service, à la consistance des équipements et à leurs spécifications techniques et des sanctions qui s'attachent aux manquements du délégataire[2].

De plus, les études préalables s'avèrent peu fiables et insuffisantes dans de nombreuses situations (surestimation ou sous-estimation du volume de déchets, mauvaise conception technique des décharges) et conduisent, ainsi, à des prévisions compromettant l'équilibre économique et financier du contrat.

En outre, les cahiers des charges de gestion déléguée ne réservent pas un traitement spécifique aux prestations de la collecte des déchets ménagers émanant des autres établissements, hospitaliers et médicaux, industriels, commerciaux...

Concernant le choix du délégataire, il existe un besoin croissant pour l'amélioration de la concurrence et de la transparence en matière de gestion déléguée tout en renforçant la responsabilisation au niveau communal et en améliorant la qualité des cahiers de charges. La Cour des comptes, dans son rapport de 2009, a constaté qu'un tiers des contrats en cours avec le secteur privé pose des problèmes, en raison des

1 Rapport de la cour des comptes, 2014, p 137.
2 *Ibid.*, p 146.

spécifications inadéquates des appels d'offres, de modalités contractuelles portant à confusion, de mesures de performance confuses et du manque de capacité des communes à superviser et à faire appliquer leurs contrats d'impartition des services. Un autre indicateur sur ce volet et qui montre la faible capacité des communes pour la sous-traitance est l'augmentation importante des coûts unitaires des services délégués au privé[1].

En ce qui concerne la responsabilité des communes en matière de contrôle de l'activité du délégataire, la loi les a dotés de larges pouvoirs. Nonobstant, leurs capacités techniques et humaines moyennes restent limitées et les freinent à remplir au mieux cette responsabilité. Par ailleurs, toutes les conventions de la gestion déléguée prévoient la création d'un service permanent de contrôle par le délégant ayant pour attribution le contrôle sur pièces et sur place des travaux et des prestations, objet du contrat. Dans la pratique, ce service n'existe pas en raison de l'absence d'une entité juridique représentant le délégant[2].

Ce constat a été confirmé à travers le diagnostic mené par la Cour des comptes en 2014 et qui révèle des dysfonctionnements au niveau des mécanismes de régulation, de contrôle et de suivi de ce mode de gestion et montre que la réalisation des opérations de surveillance et de contrôle comporte de nombreuses insuffisances.

Il en résulte des insuffisances en ce qui concerne l'exercice régulier d'un contrôle des travaux et des prestations, le non-recrutement des compétences nécessaires à l'exercice de cette mission ainsi que l'insuffisance du recours aux experts externes pour le suivi de certaines prestations spécifiques (construction des casiers et des alvéoles, pose des membranes d'étanchéité, installation de la station d'osmose inverse…).

De même, l'absence du service permanent de contrôle aggrave la carence d'archivage des documents relatifs à l'exécution des différentes phases du contrat, notamment en matière de suivi de l'exploitation, de mise à disposition des

1 Banque Mondiale, 2009, *op. cit.*, p 12.
2 Rapport de la cour des comptes, 2014, *op. cit.*, p 147.

terrains, des travaux de construction des décharges et des centres de transfert et de réception des équipements.

En outre, le rapport de 2009 de la Cour des comptes[1] a énuméré plusieurs défaillances et manquements du côté des sociétés délégataires comme du côté de l'autorité délégante. C'est le cas de rémunération des prestations identiques à des prix différents.

Ainsi, une approche juridique et institutionnelle s'avère nécessaire aux fins d'amélioration de ces conditions de mise en œuvre, en particulier les conditions de tarification, d'implication du secteur privé national, de suivi et de contrôle, bref, tout ce qui relève d'une régulation au niveau national[2].

Il est donc recommandé, lors de l'élaboration du contrat de délégation du service public ou d'une partie de ce service, du traitement des déchets ménagers, de minorer les conséquences négatives d'un contrat, quels que soient sa forme et le degré de responsabilité du délégataire, d'affiner les éléments relatifs à la prestation, à la rémunération, à l'équilibre économique, aux biens nécessaires et indispensables et aux modalités de la fin du contrat[3].

B. La qualité du service, le maillon perdu

Parmi les motifs du recours au secteur privé pour la délégation de la gestion du service public relatif à la gestion des déchets ménagers, il y a la recherche de l'amélioration de la qualité du service, vu, d'une part, l'expertise et le savoir-faire de l'opérateur privé et, d'autre part, sa capacité à mobiliser des fonds pour le renforcement de l'investissement des infrastructures.

Or, cette quête s'est confrontée aux difficultés de concilier entre des intérêts contradictoires, d'un côté, les principes sacro-

---

1 Rapport d'activités relatif à l'exercice 2009, présenté à Sa Majesté le Roi par Ahmed El Midaoui, Premier président de la Cour des comptes, volume II, BO n° 5932-bis du 07 avril 2011.

2 A. HERZENNI, Évolutions du partenariat et modalités de pilotage et de gestion du développement humain, in "Rapport cinquantenaire du Royaume", 2005, p 254.

3Voir S. GUERIN (coord.), Le choix du mode de gestion des services locaux, Groupe Moniteur, Paris, 2005, pp 60-62.

saints du service public et, de l'autre côté, la maximisation des profits qui est l'objectif majeur de l'existence d'une société commerciale.

Au niveau de l'attribution des contrats, le choix est fréquemment porté sur le soumissionnaire le moins disant et non plus le mieux disant, ce qui compromet la qualité du service.

La qualité de service des délégataires ne progresse pas toujours par rapport aux objectifs et aux indicateurs de performance préétablis. Dans les faits, on relève de nombreuses défaillances : le débordement des conteneurs, l'insuffisance des moyens de leur maintenance, les opérations défectueuses de vidage des conteneurs…

La gestion technique des conteneurs et des bacs est caractérisée par une planification défaillante qui se traduit par une mauvaise répartition sur les différents sites.

La qualité de service se dégrade par l'absence de programmes préétablis pour le lavage, la faible fréquence des opérations de nettoiement des bacs et la non-utilisation des produits désincrustants et dégraissants appropriés.

La vétusté des moyens de transport, l'absence d'entretien et de renouvellement du matériel et la déviation des itinéraires de collecte ne permettent pas une qualité de service améliorée[1].

1- Difficulté de conciliation entre intérêt général et recherche de profit

Le regard des collectivités territoriales sur les demandes des citoyens usagers des services publics locaux, le poids des besoins à satisfaire et, alors, le périmètre de l'intérêt général a été modifié en profondeur à cause de l'émergence de contraintes juridiques, économiques et sociales, pour certaines, introduites par les évolutions législatives successives.

Ainsi, ces dernières se trouvent dans l'obligation de procéder, en des moments opportuns, à des choix politiques : changement du mode de gestion d'un service public, renouvellement d'un contrat, etc.[2]

---

1 Rapport de la cour des comptes, 2014, *op. cit.*, p 150.
2S. GUERIN (coord.), *op. cit.*, p 12.

C'est, naturellement, confrontée à la réalité que la gestion déléguée de service public peut être réellement évaluée. Savoir si le service public, en tant que mission incombant à la puissance publique, dont la vocation est de satisfaire des besoins d'intérêt général sans se préoccuper des bénéfices, demeurant fidèle à lui-même lorsqu'il est délégué dans sa gestion au privé, est une question cruciale. En le passant au crible des principes sacro-saints qui le caractérisent, la question de la responsabilité est presque automatiquement posée. Ceci est d'autant plus évident que la loi sur la gestion déléguée rappelle les principes du service public en imposant au délégataire des obligations de droit commun exorbitantes. Elle dispose que *« le délégataire assume la responsabilité du service public en respectant les principes d'égalité des usagers, de continuité du service et de son adaptation aux évolutions technologiques et sociales° »* et que *«°le délégataire assure ses prestations au moindre coût et dans les meilleures conditions de sécurité, de qualité et de protection de l'environnement*[1] ».

À ce titre, dans la pratique, force est de relever que divers obstacles ont contraint son chemin au point que les résultats obtenus n'ont pas été à la hauteur des attentes tant des délégants que des destinataires du service public. Car, objectivement, qui dit gestion de service public accepte évidemment que le délégataire ne soit pas forcément pourvu des mêmes buts que le délégant. À celui-ci, la satisfaction de l'intérêt général au moindre coût, à celui-là l'amortissement de son investissement et la réalisation de bénéfices ; et ce sont bien deux visées contradictoires.

Par ailleurs, au sens de l'article 2 de la loi n° 54-05, le législateur a reconnu au délégataire le droit de percevoir une rémunération sur les usagers et/ou de réaliser des bénéfices sur ladite gestion. Cette rémunération sur les usagers suscite des interrogations lorsqu'on pense aux délégataires assurant le service des DM qui ne perçoivent en aucune manière des

1Voir article 3, « Principes du service public », de ladite loi 54.05.

rémunérations des usagers. Ces derniers paient, certes, une taxe générale[1] mais dont la commune n'en perçoit qu'une partie.

Du fait, la gestion déléguée est appelée à s'étendre à l'avenir à d'autres secteurs et dans l'ensemble des villes, et peut-être aussi, pour quelques services, dans le milieu rural. Une approche juridique et institutionnelle s'avère nécessaire aux fins d'amélioration de ses conditions de mise en œuvre, en particulier les conditions de tarification, d'implication du secteur privé national, de suivi et de contrôle ; bref, tout ce qui relève d'une régulation au niveau national[2].

2- À la recherche d'indicateurs de performance

L'amélioration des services publics forme un enjeu majeur relatif à de fortes attentes croissantes des pouvoirs publics, des usagers et de l'ensemble des citoyens[3].

La gestion des déchets ménagers, à la lumière des autres services publics, nécessite une évaluation de ses performances que la commune doit en rendre compte. En effet, cette évaluation ne pourrait s'effectuer qu'après définition de critères et sélection d'indicateurs pouvant mesurer les progrès d'une commune et dresser des comparaisons intercommunales. Dans ce cadre, la performance relève de plusieurs facettes qui appellent une évaluation multicritère[4].

D'ailleurs, la performance ne pourrait être appréciée qu'en fonction des attentes des uns et des autres (pouvoirs publics, centraux et territoriaux, usagers, opérateurs privés...). Attentes traduites en termes de fonctions, d'objectifs ou de critères en se basant sur un consensus qui s'établit notamment autour du

---

1 La taxe de Services Communaux, remplace l'ex-taxe d'édilité et la taxe additionnelle et concerne aussi bien les ménages que les entreprises en vertu de la loi n° 47.06, publiée au BO n° 5583, du 25 kaada1428 (03 décembre 2007), complétée par la loi n° 39.07, publiée au BO n° 5591-bis du 20 hija 1428 (31 décembre 2007).

2A. HERZENNI, *op. cit.*, p 254.

3 France Qualité Publique, Évaluer la qualité et la performance publiques, La Documentation française, Paris, 2006 cité par : G. BERTOLINI, « Le service public local des déchets ménagers à la recherche d'indicateurs de performance », *op. cit.*, p 80.

4 G. BERTOLINI, « Le service public local des déchets ménagers à la recherche d'indicateurs de performance », *op. cit.*, p 80.

concept de développement durable, menant à adopter comme composantes importantes, en plus du confort de l'usager, les dimensions économique, sociale et environnementale en les articulant entre elles, suivant la dimension temporelle, « les générations futures[1] ».

En réalité, les contrats actuels mis en place par certaines communes dans la délégation des services de collecte des DM se basent plus sur des obligations de moyens (plus vérifiables par les services communaux) que d'une logique de résultats. En d'autres termes, ce sont les obligations de résultats qui inciteraient les acteurs du secteur privé à démontrer leur savoir-faire et c'est dans cet objectif que des marges de progrès dans la gestion pourraient être obtenues[2].

Du fait, se contenter des seuls indicateurs quantitatifs, à savoir du taux de collecte ou la quantité produite de déchets, ne pourrait refléter l'image fidèle de la qualité du service.

Au Maroc, le seul indicateur de développement durable, pris en considération, est celui qui concerne la production et la collecte des déchets ménagers[3].

D'ailleurs, la croissance de la population, à laquelle s'ajoute le changement des habitudes de consommation, génère une augmentation du taux de production des déchets ménagers. Le taux de collecte a connu une évolution positive, mais le problème de la mise en place des décharges contrôlées dans tous les centres urbains reste d'actualité[4].

Les quantités de déchets produites sont en lien avec l'exploitation des ressources : plus de carton, plus de plastique dans les déchets reflètent plus de consommation de matières

---

1 G. BERTOLINI, « Le service public local des déchets ménagers à la recherche d'indicateurs de performance », *op. cit.*, pp 80-81.

2 MATEE, SEE &GTZ, Manuel pratique : de la collecte à l'élimination des déchets, *op. cit.*, p 25.

3 Définition : Le taux de production des déchets ménagers est estimé à partir de la quantité unitaire des déchets produits par habitant (par jour ou par an) multipliée par la population. Il s'exprime en tonnes par jour ou par an. Le taux de collecte correspond aux quantités de déchets collectées sur les quantités de déchets produites. Il s'exprime en pourcentage.

4 Ministère de l'Energie, des Mines, de l'Eau et de l'Environnement, Département de l'Environnement, Indicateurs de développement durable au Maroc, 2011, p 11.

premières. Cet élément est donc en lien avec le développement durable. La gestion des déchets est aussi un facteur de développement durable. Assurer leur collecte et leur élimination dans de bonnes conditions environnementales contribue à la préservation des ressources naturelles et permet l'amélioration du cadre de vie, en préservant la santé de la population.

Néanmoins, cet indicateur ne peut à lui seul rendre compte de la performance du service, étant donné que l'augmentation de la production des déchets n'est pas correspondante à une régression dans la gestion du service, mais à d'autres facteurs qui sont mis en jeu.

De même, le taux de collecte ne prend pas en charge d'autres aspects liés à la performance du service comme les modes de collecte et de nettoiement ou le confort des usagers. L'indicateur néglige aussi le taux de recyclage des déchets actuellement limité et organisé de manière informelle et qui concerne environ 10 %[1].

En outre, la logique de résultat nécessite l'élaboration d'indicateurs multicritères prenant en considération, en plus du confort de l'usager, les dimensions du développement durable.

En outre, il existe une autre méthode qui peut être appliquée quant à l'évaluation de la performance du service public relatif à la gestion des déchets ménagers, il s'agit de la méthode de l'évaluation contingente[2].

Bien qu'il ne s'agisse pas d'un bien économique classique mesurable au niveau marchand, Kah[3] propose un détournement de l'objectif économique de la méthode vers la constitution d'indices géographiques, c'est-à-dire spatialisés, en vue de les confronter avec d'autres critères géographiques.

---

1 Conseil Économique, Social et Environnemental (CESE), Intégration des principes de l'économie circulaire aux traitements des déchets ménagers at aux eaux usées auto-saisine, février 2022, p 25.

2 Fondée sur l'estimation par les usagers de la valeur qu'ils attribuent à un bien non marchand, comme, par exemple, un bien environnemental, au moyen d'une mise en situation selon un scénario hypothétique (simulation d'un dommage ou d'une amélioration), la méthode de l'évaluation contingente fournit aux économistes des évaluations de coûts, modélisables selon des critères techniques, sociaux ou économiques.

3 E. KAH, *op. cit.*, p 47.

En effet, si le coût du traitement proprement dit des déchets peut être évalué, les conséquences environnementales (pollutions de l'atmosphère, des sols, de l'eau, etc.), voire sociales ne sont pas monétairement mesurables, tout simplement parce qu'elles ne sont pas intégrées au marché[1].

D'ailleurs, les impacts des déchets sur l'environnement sont très variés : érosion des sols, produits toxiques, fumées, poussières, pollution des sols et des nappes phréatiques, odeurs, bruits, intrusions visuelles, consommations d'espace, coupures de l'habitat, etc. Or la monétarisation des impacts ou des dommages à l'environnement est très complexe[2].

Pour cela, l'auteur propose qu'une analyse factorielle en composantes principales de variables sociales, démographiques, économiques, résidentielles, etc. soit réalisée pour mener cette évaluation[3].

Cependant, il ne s'agit pas d'indicateurs ou de méthodes clé en main, mais qui nécessitent une adaptation et une prise en considération de plusieurs paramètres contextuels qui peuvent les influencer.

La promulgation d'une loi spécifique aux déchets traduit l'engagement du pays au 11e principe de la Déclaration de Rio qui recommande que « les États doivent promulguer des mesures efficaces en matière d'environnement. Les normes écologiques et les objectifs et priorités pour la gestion de l'environnement devraient être adaptés à la situation en matière d'environnement et de développement à laquelle ils s'appliquent[4] ».

Certes, de forts progrès juridiques en la matière sont enregistrés, mais ils nécessitent encore des mesures pour rectifier le tir notamment pour combler les lacunes au niveau du cadre juridique relatif aux déchets ménagers.

---

1 E. KAH, *op. cit.*, p 49.

2 G. GAUTHIER, M. THIBAULT, L'Analyse coûts-avantages, Economica, Paris, 1993, p 270 cité par : E. KAH, *op. cit.*, p 50.

3 Voir E. KAH, « La méthode d'évaluation contingente appliquée aux déchets urbains »,In : L'Espace géographique, 2003/1 tome 32, pp 47-59.

4 Ministère de l'Energie, des Mines, de l'Eau et de l'Environnement, Département de l'Environnement, Développement durable au Maroc, Bilan et perspectives de Rio à Rio+20, 48 p,

En effet, les lacunes subsistantes que connait le droit des déchets ménagers, notamment en ce qui concerne la responsabilité et son articulation avec la politique nationale du secteur, a des incidences sur le système de gestion sur deux volets : la gouvernance du secteur et la qualité des prestations fournies dans le cadre de ce service public.

SECTION 2 – Un droit en quête d'effectivité

La législation en vigueur dresse la base d'une gestion des déchets plus consistante et plus durable. Cependant, l'exécution accuse toujours du retard, et les références, objectifs et exigences techniques spécifiques manquent toujours dans nombre de domaines. Au-delà du fait qu'ils concernent l'élaboration de plans directeurs provinciaux/préfectoraux de gestion des déchets ménagers – ou même la création de décharges contrôlées – les prescriptions nationales concernent principalement les modalités d'organisation et de mise en œuvre de ces outils, mais elles touchent difficilement les exigences techniques et environnementales[1].

En outre, dans un certain nombre de domaines, les exigences et les références techniques spécifiques ne sont pas présentes dans la législation pour la rendre exécutoire[2].

Par exemple, le décret de 2009 fixe une liste des équipements nécessaires pour ouvrir une décharge ; cependant, il n'existe pas d'autres exigences minimales pour les équipements. La législation exige un contrôle annuel des cours d'eau qui seraient affectés par le lixiviat des décharges, mais ne mentionne pas les paramètres à analyser ou leurs valeurs limites. Le même constat vaut pour la pollution de l'eau, puisqu'aucun paramètre ou valeur limite ne sont mentionnés. En outre, aucune mesure n'est prévue en cas de pollution. Quant aux décharges contrôlées, il n'y a pas de norme nationale pour vérifier la qualité, ni de critère pour protéger les eaux souterraines ou pour prévenir le lixiviat après traitement. Les

1 Commission Économique des Nations-Unies pour l'Europe, Examen des performances environnementales du Maroc, Nations-Unies, 2014, New York et Genève, 252 p.

2 *Ibid.*

valeurs limites qui ne doivent pas être dépassées et les mesures correctives font également défaut. De la même manière, la durée pendant laquelle les décharges sont surveillées après leur fermeture n'est pas explicitement mentionnée.

De plus, la non-effectivité des solutions législatives instaurées par le droit des déchets ménagers est due, d'un côté, au retard dans la promulgation de textes pour l'application de ces solutions (sous-section §1) et, de l'autre côté, à la non-application de ces instruments (sous-section §2).

§.1 – Des solutions législatives novatrices… mais non appliquées !

Le droit des déchets ménagers a permis donc d'introduire des innovations majeures permettant d'intégrer la gestion du service public y afférent dans le cadre d'une gestion intégrée et durable.

Nonobstant, ces solutions législatives souffrent, dans la plupart des cas, de leur non-effectivité due, d'une part, au retard de la promulgation de leurs textes d'application (paragraphe A) et, d'autre part, à l'ambiguïté quant aux délais d'application non encore définis (paragraphe B).

A. Des législations en attente de textes réglementaires pour application

Il est de nature courante de remarquer la lenteur du processus de mise en application de plusieurs lois environnementales, y compris la loi sur les déchets. Ainsi, il est fort recommandé de procéder à l'accélération de l'opérationnalisation de ce cadre juridique et de normalisation des déchets pour aboutir à son effectivité.

Aussi, un certain nombre de dispositions nécessitent la mise en œuvre de mesures d'application comme les modalités d'application de la responsabilité, les modalités d'octroi de l'autorisation de mélange des autres types de déchets avec les DM, les modalités de mise en œuvre des installations de valorisation, de traitement, de stockage et d'élimination des déchets ou enfin les normes et les prescriptions techniques de valorisation des déchets.

1- Modalités d'application de la responsabilité

En ce qui concerne la responsabilité, bien que la loi l'ait érigé par des dispositions faisant la distinction entre plusieurs intervenants en matière de déchets dont chacun est censé assumer la responsabilité, ce partage de la responsabilité mérite d'être expliqué davantage et nécessite des mesures pour son application.

En effet, cette mise en responsabilité, surtout celle qui incombe au générateur du déchet, demeure incomplète en l'absence de dispositifs pour sa réglementation. Par exemple, la loi oblige les générateurs des déchets à tenir au courant l'Administration de toutes les informations se rapportant aux caractéristiques des déchets qu'ils fabriquent, distribuent ou importent[1].

L'Administration a le droit également d'imposer, à certains produits lors de leur fabrication ou leur importation ou leur distribution des conditions et des mesures dans le but de leur réduction quantitativement ou qualitativement[2].

Cependant, ces dispositions restent limitées du fait de l'absence de textes réglementaires portant modalités de leur application, chose prévue en vertu de l'article 4 de la loi 28-00[3].

2- Modalités d'octroi de l'autorisation de mélange des autres types de déchets avec les déchets ménagers

En classifiant les déchets, par leur provenance, en trois catégories, le législateur a voulu faire une distinction dans le traitement de chacun de ces types, dans leur gestion et même dans leur élimination afin de réduire au maximum leur dangerosité et leur nocivité.

---

1 Voir article 4 de ladite loi 28-00 : « […] Les générateurs des déchets sont tenus également de fournir à l'administration toutes les informations sur les caractéristiques des déchets qu'ils fabriquent, distribuent ou importent. »

2 Voir article 4 de ladite loi 28-00 : « […] Des conditions et des mesures peuvent être imposées à certains produits lors de leur fabrication ou leur importation ou leur distribution en vue de réduire la quantité et la nocivité des déchets issus de ces produits.»

3 Voir article 4 de ladite loi 28-00 : « […] Les modalités d'application des alinéas 2 et 3 de cet article sont fixées par voie réglementaire. »

Dans ce cadre, il existe autant de catégories de décharges contrôlées que de catégories de déchets. La distinction entre les déchets ménagers et les autres types de déchets émane de la conscience du législateur des caractéristiques de ces déchets et de leurs quantités qui ne permettent pas ce mélange et vu aussi, d'autre part, la nocivité et la dangerosité des autres types de déchets.

En effet, il est interdit totalement de procéder à tout mélange des différentes catégories de déchets, notamment les déchets dangereux, lors des opérations de collecte, de transport, de stockage, de valorisation, d'élimination ou de mise en décharge ; et toute infraction à cette interdiction engendre une poursuite pénale[1].

Nonobstant, la loi sur les déchets a prévu comme exception, et en l'absence d'autres classes de décharges contrôlées, d'autoriser le mélange des autres types de déchets avec les déchets ménagers dans une décharge de la classe I, à savoir la décharge contrôlée des déchets ménagers[2]. Tandis que cette autorisation du mélange des déchets ménagers avec les autres types de déchets, y compris les déchets dangereux, reste limitée en l'absence de mesures pour leur application[3].

3- Modalités de mise en œuvre des installations de valorisation, de traitement, de stockage et d'élimination des déchets

Par son premier article, la loi sur les déchets ambitionne la prévention de la nocivité des déchets et la réduction de leur production. Cette prévention, tant quantitative que qualitative, s'effectuerait à travers deux voies : d'un côté, par le biais de l'amélioration des conditions de collecte et d'élimination des déchets en mettant en place des décharges contrôlées et, de l'autre côté, par leur valorisation au moyen de leur réemploi,

---

1 Voir article 73 de ladite loi 28-00 : « Le mélange des déchets dangereux avec les autres types de déchets, sans l'autorisation visée à l'article 35 ci-dessus, est puni d'une amende de 100.000 à 2.000.000 de dirhams et d'un emprisonnement de 3 mois à 2 ans ou de l'une de ces deux peines seulement. »
2 Voir article 35 de ladite loi 28-00.
3 *Ibid.*

leur recyclage ou toute autre opération visant à obtenir, à partir des déchets, des matériaux réutilisables ou de l'énergie.

Relativement à ce dernier point, le cadre réglementaire relatif aux déchets a incité les communes à mettre en place des installations dédiées au traitement, à la valorisation, au stockage ou à l'élimination des déchets ménagers. Installations devant être mentionnées et prises en considération au niveau du plan directeur/provincial des déchets ménagers[1].

Les opérations d'ouverture, du transfert, de la fermeture ou de la modification substantielle de ces installations sont précédées d'une déclaration auprès de l'Administration en se référant à des prescriptions techniques. Lesdites prescriptions définissent, entre autres, la maîtrise des flux de déchets, la bonne caractérisation des déchets, les normes de gestion des déchets (élimination et traitement), les normes de qualité des produits issus de recyclage et/ou de valorisation des déchets (compost, produits de recyclage, boues de stations d'épuration compostées ou séchées, etc.).

Cependant, les textes d'application de ces dispositions[2], notamment ceux qui concernent l'élaboration des prescriptions techniques relatives à ces installations, n'ont pas encore vu le jour ; empêchant d'y profiter pour les résultats escomptés du fait de l'adoption du cadre réglementaire des déchets ménagers.

En outre, et bien que le but général de recycler et de valoriser 20 % d'ici à 2030 soit défini au niveau national, les buts afférents ne sont pas stipulés en conséquence dans les plans directeurs provinciaux/préfectoraux et dans les plans régionaux[3].

Le projet des termes de référence pour ces plans, élaboré par la DGCL, dispose cependant que les objectifs à déterminer par le développeur soient en étroite collaboration avec la commission consultative[4] ; or, il serait plus efficace de définir

1 Voir article 12 de ladite loi 28-00.

2 Voir article 52 de ladite loi 28-00.

3 Commission Économique des Nations-Unies pour l'Europe, *op. cit.*

4 La commission consultative est composée des représentants des conseils régionaux et provinciaux, des entités administratives et professionnelles impliquées dans la production et l'élimination des déchets et les associations de protection de l'environnement dans la région concernée.

ces objectifs en détail au niveau national, tout en permettant une marge de flexibilité.

B. Des délais d'application non encore définis

L'opérationnalisation des lois environnementales récemment publiées dépend souvent de l'élaboration de textes d'application qui exigent des délais considérables pour leur adoption et leur publication. Cette situation se traduit par la persistance des actions de dégradation de l'environnement que les textes de lois en question sont censés régler[1].

Par ailleurs, le droit des déchets ménagers ne constitue nulle part une exception à ce constat. Pour plusieurs de ces dispositions, le législateur a transféré les délais de son application à des textes réglementaires qui les régissent et qu'ils n'ont pas encore, pour la plupart, vu le jour, ce qui rend difficile la réalisation des objectifs de la loi, notamment ceux relatifs à l'amélioration de la gestion du service public communal des déchets ménagers et son ancrage dans un cadre intégré et durable.

1- Le plan communal ou intercommunal de la gestion des déchets ménagers

La planification est considérée parmi les innovations majeures du droit des DM, qui permet de se déplacer d'une gestion anarchique à une gestion intégrée et durable des déchets ménagers.

Dans ce cadre, ledit droit a insisté sur la nécessité d'élaborer des plans directeurs provinciaux ou préfectoraux des déchets ménagers qui encadrent la gestion de ce service public communal vital. La loi a souligné l'importance pour chaque province ou préfecture de se doter, dans un délai de cinq ans à partir de sa publication, de ce plan directeur qui trace les principales orientations en matière de gestion des déchets, en proposant une combinaison cohérente d'options pour les différentes étapes de la gestion des déchets au niveau provincial ou préfectoral.

---

1 CNE, Les instruments juridiques au service de la protection de l'environnement au Maroc, 6ème session, Mai 2009, Rabat, p 6.

Ainsi, des plans communaux ou intercommunaux des déchets ménagers devraient être élaborés et mis en œuvre en tenant compte des orientations du plan directeur provincial ou préfectoral[1]. Cependant, le législateur a omis de préciser le sort des plans communaux ou intercommunaux en l'absence d'une élaboration du plan provincial ou préfectoral qui fixe ces orientations.

La situation actuelle est très compliquée du fait du retard dans l'élaboration des plans directeurs provinciaux ou préfectoraux. Une douzaine d'années s'est écoulée de l'échéancier pour leur mise en œuvre prescrite par la loi sur les déchets.

En outre, la loi 28-00 a laissé le soin, faute de plans directeurs provinciaux ou préfectoraux, à l'administration de fixer par voie réglementaire les lieux, conditions et prescriptions techniques de gestion des déchets ménagers[2]. Jusqu'à aujourd'hui aucun texte réglementaire relatif à ce sujet n'a été publié, ce qui laisse la porte ouverte à une gestion non durable.

De plus, la loi a laissé le champ ouvert pour la publication de textes réglementaires qui vont fixer les délais d'élaboration des plans communaux ou intercommunaux.

2- La mise en œuvre des installations de valorisation, de traitement, de stockage et d'élimination des déchets

La mise en œuvre des installations de valorisation, de traitement, de stockage et d'élimination des déchets constitue une étape primordiale dans la transition vers les solutions les plus durables en matière de gestion des déchets, conformément au principe de la hiérarchisation des déchets qui met la prévention au sommet des solutions les plus durables.

Ces installations, en plus du manque flagrant de textes réglementaires pour leur application, souffrent également de l'attente des délais pour leur mise en œuvre. La loi sur les

1 Voir article 17 de ladite loi 28-00.
2 Voir article 15 de ladite loi 28-00.

déchets l'a transféré ultérieurement, ce qui écarte toute obligation aux communes de mettre en place ces installations[1].

En effet, cette situation crée des manques à gagner et fait perdre de diverses opportunités, en matière de professionnalisation de la gestion des déchets et des perspectives industrielles, économiques et sociales, éventuellement offertes.

Un autre point mérite d'être évoqué : la distinction non claire entre les opérations de valorisation et d'élimination. Bien qu'elle accorde une partie particulière aux décharges contrôlées des déchets ménagers, censées être destinées au stockage et à l'élimination des déchets, la loi a omis d'établir une distinction claire entre les installations de tri et de valorisation des déchets et celles relatives à leur stockage et à leur élimination, étant donné que chacune doit avoir des particularités, notamment en ce qui concerne le régime applicable.

3- La réhabilitation des anciennes décharges et la mise en place de nouvelles décharges contrôlées des déchets ménagers

La mise en décharge et l'élimination des déchets ménagers sont classées au plus bas de la pyramide des solutions durables. Néanmoins, le PNDM a accordé une grande importance aux actions d'aménagement des décharges sauvages qui existaient avant la promulgation de la loi sur les déchets et procédé, en parallèle, à la mise en place de décharges contrôlées conformément aux normes internationales de protection de l'environnement.

En effet, plusieurs décharges sauvages ont été aménagées et d'autres contrôlées ont été mises en œuvre, mais le nombre de réalisations reste inférieur aux besoins des nationaux. Cette lenteur de réalisation est due, d'une part, aux problèmes opérationnels (difficultés de trouver des sites pour les décharges contrôlées, lourdeurs administratives, complexité de la coopération intercommunale…) et, d'autre part, à l'ineffectivité du droit des déchets manifestée par le retard de publication de

---

1 Voir article 20 de ladite loi 28-00.

textes réglementaires fixant les délais pour la mise en œuvre effective de ces actions.

D'un côté, la loi sur les déchets a transféré la détermination des délais pour le réaménagement des sites où sont implantées les décharges des déchets ménagers avant la publication de ladite loi[1] et, d'un autre côté, ce cadre réglementaire a procédé de même pour les délais de mise en place des décharges contrôlées pour la même catégorie des déchets conformément aux exigences de cette loi[2].

§.2 – Des instruments non encore mis en œuvre

Le droit des déchets ménagers a érigé des instruments juridiques ayant pour vocation d'être des leviers de développement durable.

Ces instruments, une fois instaurés, permettront aux pouvoirs et gestionnaires publics d'assurer une gestion des déchets sans mettre en danger la santé humaine et sans nuire à l'environnement.

Cependant, le retard dans la mise en œuvre de ces instruments remet en cause cette vocation, notamment en ce qui concerne l'élaboration et la mise en œuvre des plans territoriaux des déchets ménagers et assimilés (paragraphe A) et l'application du système de contrôle et de répression des infractions (paragraphe B) qui sont deux instruments efficaces de la mise en œuvre de l'effectivité du droit des déchets.

A. Une planification non opérationnelle

La planification territoriale de la gestion des déchets ménagers représente l'un des instruments efficaces pour une gestion durable des déchets. Cette planification vise la prévention de l'augmentation des déchets et l'assurance de leur prise en charge en promouvant particulièrement la valorisation et le recyclage.

La loi sur les déchets a prévu l'élaboration de plans relatifs à la gestion des déchets ménagers couvrant deux niveaux

---

1 Voir article 85 de ladite loi 28-00.

2 Voir article 84 de ladite loi 28-00.

territoriaux. Cependant, jusqu'à nos jours, l'élaboration et la mise en œuvre de ces plans accusent un retard conséquent.

Le plan directeur provincial ou préfectoral représente un élément primordial pour la planification intercommunale et l'amélioration des services communaux de gestion des déchets. Il contribue à la cohérence au niveau des systèmes communaux de gestion des déchets, par exemple en termes de mutualisation des investissements majeurs, des équipements et des compétences, de l'harmonisation des standards de qualité et des stratégies de sensibilisation de la population, ou encore de l'optimisation des circuits et des systèmes de collecte au niveau intercommunal[1].

Actuellement, selon les chiffres présentés par la Direction générale des collectivités locales (DGCL)[2], remontant au mois d'août 2023, 67 plans directeurs provinciaux et préfectoraux sont en cours de préparation, dont 17 plans seulement achevés. Mais le grand défi réside dans leur mise en œuvre après achèvement.

Par ailleurs, trois plans directeurs interpréfecturaux ont été élaborés.

En ce qui concerne les plans communaux, bien que la loi sur les déchets exige leur établissement même en l'absence du plan directeur provincial ou préfectoral, aucune information ni chiffre ne sont trouvés concernant les communes procédant à leur élaboration, ce qui laisse le champ vide à la gestion anarchique de ce service public selon l'esprit et les principes instaurés par le droit des déchets ménagers.

B. Le droit pénal des déchets ménagers : une garantie d'impunité ?

Vu la tendance croissante du Maroc vers l'adéquation de son arsenal juridique national aux différentes conventions internationales en la matière, auxquelles il a soussigné, et pour

1 Ministère de l'Intérieur et ministère de l'Énergie, des Mines, de l'Eau et de l'Environnement, Département de l'Environnement, Guide pour l'élaboration de plans directeurs provinciaux/préfectoraux de gestion des déchets ménagers au Maroc, *op. cit.*, p 14.

2https://www.collectivites-territoriales.gov.ma/fr/programme-national-des-dechets-menagers-pndm, consulté le 10/10/2023.

l'aligner au droit international de l'environnement, il a adopté une série de lois environnementales ayant pour objectif principal de lutter contre la dégradation des écosystèmes et de limiter sinon de diminuer l'impact des activités humaines sur l'environnement d'une manière globale.

En effet, lesdites lois environnementales ont alimenté le droit pénal de l'environnement par une panoplie de sanctions, tant administratives que pénales.

Avec l'adoption de ces lois, un accroissement de la demande à des agents qualifiés de faire la constatation des infractions environnementales et de dresser des procès-verbaux, a été observé. C'est vrai que l'adoption d'incriminations et de peines est indispensable, mais cela ne suffit pas, car leur application ou du moins la menace de leur application est nécessaire pour assurer l'efficacité de la réglementation[1].

Il faut alors déterminer le responsable, tâche encore une fois très difficile si le même contexte persiste en ce domaine. Ensuite, il faut mettre en œuvre la répression, mais en matière environnementale, les victimes sont, le plus souvent, l'environnement et ses composants biologiques (l'eau, l'air, le sol…), il est donc inconcevable sinon absurde qu'ils portent plainte et agissent[2].

2- La constatation des infractions environnementales du fait des déchets ménagers : entre police classique et police spécifique

Le système de contrôle des infractions ainsi constitué fut un instrument important dans la mise en œuvre de l'effectivité du droit des déchets ménagers, notamment en ce qui concerne la constatation des infractions et l'instauration de plusieurs sanctions diverses.

Dans ce cadre, il existe plusieurs organes habilités à remplir cette mission : la police administrative, les brigades de l'environnement de la Gendarmerie royale, la police de l'environnement de la DGSN ou bien les inspecteurs de police

---

1 R. NERAC-CROISIER, Sauvegarde de l'environnement par le droit pénal, L'Harmattan, Paris, 2005, p 10.
2 *Ibid.*

de l'environnement rattachés au département de l'Environnement.

Néanmoins, ce système souffre de sa non-efficacité due au faible recours à ces organes pour veiller à la bonne application du droit des déchets ménagers. Son fruit tarde encore à se manifester.

De son côté, la commune dispose de la compétence de mettre en place une police administrative[1] qui veille au bon fonctionnement des différents services qui en assurent la gestion, y compris celui relatif aux déchets ménagers[2].

À ce titre, la commune exerce les pouvoirs de police administrative par le biais d'arrêtés réglementaires et de mesures individuelles et se charge de conserver et d'administrer les biens communaux[3].

En effet, du fait de sa responsabilité d'éliminer les déchets ménagers, la commune, par le biais de son président, peut ordonner à quiconque qui a déposé les déchets en dehors des endroits réservés de les reprendre en vue de les éliminer conformément à la réglementation en vigueur ; en cas de refus, le président de la commune concernée a le pouvoir, après mise en demeure, d'ordonner, aux frais du contrevenant, l'élimination d'office des déchets[4].

Et pourtant, l'expérience montre que cette opportunité est non exploitée par les communes, ce qui laisse le champ ouvert à l'émergence de mauvaises pratiques en la matière et des infractions impunies.

Cette non-exploitation peut être expliquée par plusieurs raisons : d'une part, l'incapacité des présidents des communes à assumer les attributions induites par la loi dans le domaine de la

---

1 La police administrative est définie comme « l'ensemble des pouvoirs exercés par l'Administration sur les activités des individus dans le but du maintien et de la protection de l'ordre public, dans ses trois éléments : la sécurité, la stabilité et la salubrité »,

ع. أشرقي، الشرطة الإدارية، الممارسون لها والنصوص القانونية والتنظيمية المتعلقة بها، مطبعة النجاح الجديدة، الدار البيضاء، 2006، ص 23.

2 Voir article 83 de la loi organique 113.14 susmentionnée relative aux communes.

3 Voir article 100 de la loi organique 113.14 susmentionnée relative aux communes.

4 Voir article 8 de ladite loi 28-00.

police administrative communale ; incapacité due au manque d'expérience et à la faiblesse de la culture juridique et administrative de ceux-ci et, d'autre part, à l'insuffisance des ressources humaines qualifiées auprès des communes capables de remplir ces attributions[1].

En outre, la loi-cadre portant Charte de l'environnement et de développement durable[2], instrument crucial à même de légiférer à ce sujet, a prévu l'institution d'une police environnementale en vue de renforcer la capacité de l'Administration à veiller à la bonne application de la réglementation régissant l'environnement et le développement durable[3], laissant le soin de son organisation et de la définition des modalités de son fonctionnement à la publication de textes d'application[4].

En effet, un décret relatif à l'organisation de ce nouveau corps a été publié et l'a rattaché cette fois-ci, non pas à la DGSN, mais à l'autorité chargée de l'environnement[5].

La police environnementale a pour mission de procéder au contrôle, à l'inspection, à la recherche, à l'investigation et à la constatation des infractions, puis à la verbalisation telle que prévue par les lois environnementales[6] et d'apporter l'appui aux autorités gouvernementales concernées en matière de renforcement des capacités, de mutualisation des moyens humains et techniques, de l'unification des outils de travail et de l'échange d'information.

Cette nouvelle police devrait être déployée à travers des agents relevant d'un corps dépendant du département de l'environnement et dont les membres seront dénommés officiellement « inspecteurs de police de l'environnement ».

---

1 ع. أشرقي، م س، ص 165.

2 Dahir n° 1-14-09 du 4 Joumada I 1435 (6 mars 2014) portant promulgation de la loi cadre n° 99-12 portant charte nationale de l'environnement et du développement durable (BO n° 6240 du 20 mars 2014).

3 Voir article 35 de ladite loi 99-12.

4 Voir article 35 de ladite loi 99-12.

5 Décret n° 2-14-782 du 30 rejeb 1436 (19 mai 2015) relatif à l'organisation et aux modalités de fonctionnement de la police de l'environnement (BO n° 6366 du 04 juin 2015).

6Voir articles premier et deuxième dudit décret n° 2-14-782.

Ces agents ne porteront plus d'uniformes, mais une carte professionnelle ou un badge visible[1].

Par ailleurs, le décret susmentionné stipule dans son article 5 que « les inspecteurs de la police de l'environnement exercent leurs fonctions de manière inopinée ou à la demande de l'autorité gouvernementale chargée de l'environnement ou dans le cadre d'un plan national de l'environnement au sein d'une commission de contrôle créée à cet effet ».

Mais la question qui se pose est celle relative à la relation de ce nouvel organe avec les autres corps et brigades institués auprès d'autres organes de l'État, à savoir les agents habilités rattachés auprès du l'Agence nationale des eaux et forêts, la police de l'eau rattachée aux agences de bassins hydrauliques, la police de l'environnement de la DGSN ou encore la brigade de l'environnement instituée par la Gendarmerie royale.

Cette multitude d'intervenants nécessite d'abord l'unification des outils de travail, un partage d'informations, la coordination des opérations de contrôle et d'inspection environnementale ou encore l'amélioration des mesures de prévention, de prévision des risques et de lutte contre la pollution.

Ce constat est confirmé par la non-élaboration à ce jour du plan national de contrôle de l'environnement qui, en principe, devrait prévoir ces dispositions en plus du bilan annuel de cette police devant être soumis au Chef du gouvernement, en application du principe de la reddition des comptes, et publié sur le portail de la tutelle. En cherchant dans ce dernier, aucun bilan n'a été diffusé à ce jour depuis 2017, l'année de son installation par le département de tutelle.

Par ailleurs, un autre défi est à prendre en considération : la multitude, sinon la complexité, des systèmes répressifs adoptés par les lois environnementales en plus de la diversité des domaines d'intervention (eau, air, sol, bruit, énergie, déchets, paysage…) nécessitant des efforts considérables et la mobilisation d'inspecteurs environnementaux, en quantité et en qualité suffisantes, pour les couvrir en totalité. Constat incitant

1 Voir article 4 dudit décret n° 2-14-782.

à la réflexion sur une éventuelle codification du droit pénal de l'environnement.

De plus, la place des activités de la police de l'environnement en matière d'opérationnalisation du système répressif relatif aux déchets ménagers, est dépendante des priorités de l'autorité gouvernementale chargée de l'environnement et de l'importance donnée à ce domaine, notamment dans le cadre de l'élaboration du plan national de protection de l'environnement chargé de son élaboration[1].

3- Un système répressif inefficace

En effet, le système répressif actuellement adopté en matière de déchets présente une très grande hétérogénéité. Cela s'explique particulièrement par la diversité des secteurs économiques et sociaux produisant des déchets, la diversité des substances couvertes par la notion de déchet ainsi que la dispersion des compétences étatiques du fait de leur transfert vers les autorités régionales et locales[2].

Ainsi, un abandon de déchets au bord d'un ruisseau est susceptible d'entrer dans les prévisions de plusieurs textes. Selon les circonstances de l'espèce, il pourrait être sanctionné au titre de la loi relative aux déchets, pour dépôt illicite de déchets, ou au titre de la loi sur l'eau, pour délit général de pollution de l'eau, s'il y a eu écoulement polluant dans le ruisseau, ou au titre du code pénal pour infractions relatives à la voirie et l'hygiène publique.

Dans de tels cas, quel texte faut-il appliquer ? Ne serait-il pas pertinent de ne choisir qu'une seule incrimination ? Une panoplie d'infractions pourrait-elle fonder les poursuites pénales pour un acte unique perpétré par le délinquant écologique ? La réponse définitive appartiendra au juge répressif qui, confronté à l'embarras d'un tel dilemme, ne

---

1 Voir article 6 dudit décret n° 2-14-782.

2 N. DE SADELEER, « La répression des infractions en matière de gestion des déchets », 2004, pp 65-67, dans F. COMTE et L. KRÄMER (Sld.). Environmental Crime in Europe. Rules of sanctions, Groningen – Amsterdam : Europa Law Publishing, p. 63-70. Cité par F. TORO, F. VANHAMME, *op. cit.*

pourrait pas toujours faire preuve de clarté dans la rédaction de ses jugements[1].

Encore, depuis son apparition, le droit pénal de l'environnement est caractérisé par le paradoxe suivant : on ne cesse à la fois de dénoncer son ineffectivité et d'y recourir en créant de nouvelles infractions environnementales (devant donc être traitées par le pénal). Certains mouvements demandent même que les atteintes à l'environnement soient qualifiées de crimes contre l'humanité. L'environnement s'impose en qualité de nouvelle « valeur sociale » et, afin de pouvoir affirmer qu'un « intérêt social » a été lésé[2], le droit pénal de l'environnement est prié de s'activer face au contentieux écologique.

Si l'on voulait, dans ce domaine, avancer de manière plus sérieuse, il serait indispensable de passer à une responsabilité objective dans un certain nombre de domaines en inversant la charge de la preuve. Enfin, il conviendrait d'ajouter à cet inventaire les faiblesses des sanctions, lorsqu'elles existent, et le difficile accès à la justice pour le monde associatif afin de démontrer que les pollueurs sont assez peu menacés[3].

L'accent mis sur l'utilisation de la règle de droit a révélé l'extrême diversité des manières dont les individus peuvent se servir du droit. Ce dernier apparaissait moins comme un ensemble de commandements que comme un ensemble de références, de ressources à la disposition des acteurs[4].

---

1 V. JAWORSKI, « L'état du droit pénal de l'environnement français : entre forces et faiblesses », In : Les Cahiers de droit, Volume 50, numéro 3-4, septembre-décembre 2009.

2 L.CAPDEVILLE, Jérôme, « Le droit pénal de l'environnement : un droit encore à l'apparence redoutable et à l'efficacité douteuse », 2006, pp17 et 20, dans NERAC-CROISIER, Roselyne (Sld.). Sauvegarde de l'environnement et droit pénal, Paris : L'Harmattan, p. 13-71. Cité par F. TORO, et F. VANHAMME, Nuisance environnementale et traitement institutionnel : Le cas de la gestion problématique de déchets. In :Justice! Entre pénalité et socialité vindicatoire, Actes du Séminaire Modèles de justice et socialité vindicatoire. Laboratoire d'études et de recherches sur la justice (LERJ), 2011.

3 L. CORINNE, « Les véritables lacunes du droit de l'environnement. », In : Pouvoirs4/2008 (n° 127), p 123.

4Y. LEROY, L'effectivité du droit au travers d'un questionnement en droit de travail, LGDJ, Lextenso Editions, 2011, Paris, p 311.

Au-delà des actes de la police, administrative ou environnementale, dans le domaine des déchets ménagers, la question de l'efficacité de ces actes se pose avec acuité. L'efficience d'un dispositif contraignant se mesure au demeurant peut-être, idéalement, au fait qu'il n'a pas à être utilisé ou déclenché et qu'il se suffit à lui-même en tant que menace, la chose qu'il n'est pas en réalité. Sous cet angle, la meilleure efficacité d'un système général de protection de l'environnement, y compris celui relatif aux DM, impliquerait sans doute que les sanctions y soient rarement pratiquées. Ainsi, de nombreuses dimensions du problème suscitent la mise en relief du fait que certaines d'entre elles constituent un aspect normatif et d'autres une connotation plus pratique, éthique ou technique[1].

D'ailleurs, les sanctions sont nombreuses et ne manquent pas, pourtant c'est leur efficacité qui est remise en question. Ce doute nait de deux considérations : d'une part, la première tient à la prescription des poursuites, dans la mesure où ces sanctions contraventionnelles sont très nombreuses et où il est parfois difficile de découvrir rapidement l'infraction ; d'autre part, la deuxième est liée à l'abandon du critère du délit matériel au profit d'une infraction intentionnelle ou de prudence, ce qui offre de nombreuses échappatoires[2].

En effet, les sanctions doivent être *« effectives (qui produisent un effet), proportionnées (adéquation avec le but recherché) et dissuasives (effet préventif)*[3] *»*.

Du fait, le droit des déchets ménagers nécessite encore plus d'efforts devant passer, d'une part, par la mise en œuvre des décrets publiés et le développement des décrets d'application et,

---

1 L. FONBAUSTIER, L'efficacité de la police administrative en matière environnementale, In : L'efficacité du droit de l'environnement, mise en œuvre et sanctions, BOSKOVIC, O. (Dir), DALLOZ, CRJ POTHIER, Paris, 2010, p 116.

2 Ph. BILLET, « L'efficacité du droit de l'environnement : la relativité des chose, In : L'efficacité du droit de l'environnement, mise en œuvre et sanctions, O. BOSKOVIC (Dir), DALLOZ, CRJ POTHIER, Paris, 2010, p 134.

3 CJCE 12 sept 1996, aff. Jtes C.-58/95, C-75/95 s. Procédures pénales c S. Gallotti et alii., Rec. CJCE. I-4363.

d'autre part, par son renforcement avec l'adoption d'autres textes dans le but de l'adapter aux principes instaurés par la loi-cadre 99.12 portant charte de l'environnement et de développement durable[1].

1Dahir n° 1-14-09 du 4 Joumada I 1435 (6 mars 2014) portant promulgation de la Loi-cadre n° 99-12 portant Charte Nationale de l'Environnement et du Développement Durable, B.O. n° 6240 du 18 Joumada I 1435 (20 mars 2014).

CHAPITRE 2 - La gestion des déchets ménagers et le développement territorial durable

Le développement durable peut être exposé comme une notion à visée globale dont la mise en œuvre présume *« le respect simultané de trois critères : finalité sociale, efficacité économique, prudence écologique*[1] » et qui s'est peu à peu affirmée en devenant omniprésente dans les discours de la politique internationale en matière de développement[2].

En outre, le message de développement durable passe de mieux en mieux auprès des acteurs territoriaux selon la célèbre formule « penser globalement et agir localement ». Cependant, les acteurs ne saisissent pas toujours le sens de la notion de développement durable, et dans la pratique, ils l'ont réduit à une économie de ressources spatiales, au freinage de l'appauvrissement des écosystèmes et de la biodiversité et à la valorisation du patrimoine paysager et non plus à une politique et une philosophie qui s'efforce de trouver, à l'échelon territorial, un équilibre entre les différentes fonctions requises pour en assurer le développement territorial[3].

Aussi, l'approche territoriale n'a pas pour seul intérêt d'être concrète et de réfléchir à des solutions pragmatiques à des problèmes du vécu quotidien, mais elle est aussi la seule capable de s'intéresser à l'enjeu de l'intégration des inégalités sociales et écologiques[4].

---

1 B. L. BALTHASARD, Le développement durable face à la puissance publique, L'Harmattan, « Questions contemporaines », 2005, p 26, cité par : J. FIALAIRE, *op. cit.*, p 11.

2 B. NADIR & N. MADANI, « La protection de l'environnement et développement local durable : cas du bassin minier de Khouribga », in B. NADIR (sous dir.), Environnement et développement durable : les nouvelles alternatives, Université Med V, Rabat, 2014, p 207.

3CH. VAN DERMOTTEN (sous la dir.), Le développement durable des territoires, Editions de l'Université de Bruxelles, Bruxelles, 2002, p 47.

4 Voir : J. THEYS, « L'approche territoriale du " développement durable ", condition d'une prise en compte de sa dimension sociale », *op.cit.*, p , cité par : B. NADIR & N. MADANI, « La protection de l'environnement et développement local durable : cas du bassin minier de Khouribga », *op. cit.*, p 208.

La question du développement durable a pu être véhiculée de la sphère globale à la sphère locale en accordant une place primordiale, dans sa mise en œuvre, aux collectivités territoriales à travers les Agendas 21 locaux.

Ainsi, le développement durable a fait son chemin dans l'action locale en s'appuyant sur l'adoption de choix d'architecture urbaine et sur leur valorisation, suivant des orientations de « marketing stratégique » des territoires[1].

La gestion du service public relatif aux déchets ménagers pourrait être renforcée en accentuant les efforts en faveur de l'intégration des objectifs de développement durable dans ce domaine (section 1).

Par ailleurs, le développement durable tend à devenir un agent mobilisateur et fédérateur pour les décideurs et acteurs locaux, étant donné qu'il représente un nouvel horizon pour le territoire[2]. Il s'intègre donc dans nombre de politiques publiques, y compris dans le domaine des déchets ménagers, mettant généralement ensemble une pluralité d'acteurs locaux poussés à coopérer entre eux, à l'intérieur d'une territorialisation du développement durable (section 2).

SECTION 1 – Pour une gestion des déchets ménagers soucieuse du développement durable

Au niveau national, la dimension globale du développement durable dans le domaine des déchets, en général, et des ménagers et assimilés, en particulier, se manifeste par le biais de l'établissement de la gestion intégrée et durable des déchets ménagers (GID DM) qui tend à renouveler le système de gouvernance de ce service public pour qu'il intègre toutes les dimensions y afférentes.

En effet, cette globalité se traduit, au niveau des politiques territoriales, par une reconfiguration autour du concept de ville durable dont l'obligation de renouvellement et le

1 J. FIALAIRE, *op. cit.*, p 13.

2 G. LOINGER, « La notion de développement durable dans le champ de l'aménagement du territoire », in CH. VAN DERMOTTEN (sous la dir.), Le développement durable des territoires, Éditions de l'Université de Bruxelles, 2002, Bruxelles, p 50.

développement des équipements de traitement et de recyclage des déchets sont notamment au cœur de ces choix[1].

Ainsi, la hiérarchie des priorités en matière de gestion des déchets constitue le canevas de référence de l'action des décideurs locaux. Elle met en évidence le fait qu'après la prévention, la réutilisation et le recyclage constituent deux voies essentielles pour une gestion des déchets s'inscrivant dans le cadre du développement durable[2]. Ledit cadre nécessite une approche intégrée et durable (sous-section §1) s'appliquant au service public de gestion des déchets ménagers (sous-section §2).

§.1 – La nécessité d'une approche intégrée et durable

La croissance de la quantité des DM a aggravé la situation de leur gestion, d'où la nécessité de la réflexion à d'autres alternatives que leur élimination par mise en décharge.

En effet, cette situation, en plus de la complexité de la gestion, pousse à chercher des voies intégrées et durables de la gestion des déchets ménagers qui ne se réduisent pas seulement à s'en débarrasser, mais à s'interroger sur les éventuelles opportunités offertes par leur traitement, voire leur valorisation.

En outre, la question de la gestion des déchets s'ancre dans un nouveau cadre caractérisé par de divers enjeux s'intégrant dans un contexte plus global de développement durable, transcendant la perspective avec laquelle le souci majeur dans le processus de gestion des déchets réside en leur élimination et à en limiter les impacts et les nuisances générées.

Dans ce cadre, un nouveau concept en relation avec cette tendance est apparu le jour ; il s'agit du concept de gestion intégrée et durable des déchets ménagers (paragraphe A) et qui cherche à articuler leur gestion et le développement durable (paragraphe B).

---

1 J. FIALAIRE, *op. cit.*, pp 14-16.
2 M. GILLET, *op. cit.*, p 84.

A. La notion de gestion intégrée et durable (GID) des déchets ménagers

La gestion des déchets ménagers reste une question épineuse pour toutes les collectivités territoriales marocaines, manifestée à travers plusieurs éléments : l'augmentation exponentielle de la production de la quantité des déchets, l'insuffisance financière, les lacunes organisationnelles et managériales et l'insuffisance des infrastructures[1].

Dès lors, la question des déchets ménagers représente un élément clé de leur stratégie de développement. Ainsi l'on assiste de plus en plus à l'émergence de signes prometteurs d'une conscience de la nécessité d'une gestion plus rationnelle de ce service public vital.

Par la seule observation des pratiques quotidiennes dans la plupart des communes, la démarche poursuivie pour l'élimination des déchets ménagers est quasi-semblable, se déroulant en deux étapes : la collecte des déchets et ensuite leur mise en décharge, sauvage ou contrôlée selon le territoire en question.

Par ailleurs, le système de gestion des déchets est appelé à adopter une forme encore plus évoluée, dite gestion intégrée, cette évolution étant déjà à l'œuvre à plusieurs titres. À l'heure où la politique de gestion des déchets s'efforce de se démarquer d'une logique d'élimination au profit d'une valorisation plus poussée, les systèmes de gestion des déchets évoluent donc dans le sens d'une intégration qui rencontre les préceptes du développement durable, dès lors qu'ils s'appuient sur une approche transversale et globale, à la fois verticale et horizontale. Il s'agit de prendre en charge l'ensemble des « maillons de la chaîne », du plus en amont, à travers des objectifs de prévention de la production des déchets, jusqu'en aval avec la gestion des impacts du traitement[2].

Ainsi, la relation entre déchets ménagers et développement durable peut être illustrée à travers un questionnement sur plusieurs dimensions :

---

1 B. SOUDI, H. CHRIFI, *op. cit.*, p 12.
2 Voir : ROCHER, L., *op. cit.*, p 29.

- Stimulant d'un développement économique territorial ?
- Favorisant du vivre mieux et en cohésion sociale ?
- Contribuant à limiter les atteintes à l'environnement ?

Lorsqu'on réfléchit à une gestion intégrée et durable des déchets ménagers, les premiers enjeux qui s'imposent sont d'ordre environnemental. Dans ce domaine, la ressource, représentée par l'espace pour stocker les déchets, est rare et en bien commun.

B. Déchet et développement durable

La problématique des déchets ménagers permet une approche concrète du développement durable, étant donné qu'elle se focalise sur des problèmes multidimensionnels qui renvoient aux aspects environnementaux, sociaux et économiques.

En outre, la gestion durable des déchets ménagers intègre la problématique des déchets depuis l'amont, au moment où un produit peut potentiellement devenir un déchet, jusqu'à l'aval, soit le traitement du déchet proprement dit. Elle propose donc des outils qui permettent de jeter moins, de « jeter mieux », de diminuer l'impact écologique du traitement des déchets tout en répondant à un impératif de viabilité économique et en faisant appel à des circuits d'économie sociale et solidaire[1]. Elle respecte ainsi les trois piliers fondamentaux du développement durable (environnemental, économique et social).

En effet, le développement durable en matière de déchets ménagers suit trois étapes, de l'élimination écologique des déchets au développement durable proprement dit en passant par la gestion durable qui est le tri et le recyclage.

1- Élimination des déchets

De tout temps, chacun, à son niveau, essayait d'évacuer ses résidus dans des conditions qui respectaient son confort immédiat : la ménagère dans sa cuisine ou le locataire d'une maison cherchent un espace dédié loin de la voie courante ; pour les communes, le ramassage des déchets l'emporte sur les

1 http://www.cniid.org/Gestion-durable-des-dechets-des-preuves-par,243, consulté le 29 janvier 2014.

considérations de traitement et a fortiori de valorisation en estimant que la collecte des déchets ménagers est d'abord et avant tout une affaire de salubrité publique[1].

En effet, la prise en compte du besoin d'évacuation des déchets ménagers devra avoir le même degré d'importance que les autres besoins de base. Cependant, ce confort ne devra pas avoir en contrepartie des impacts sur l'environnement et la santé humaine.

L'élimination visée dans le contexte du développement durable est celle conforme aux exigences environnementales.

2- Pour une gestion plus durable des déchets

Après la phase de l'élimination écologique des DM, l'exigence de non-pollution par les centres d'enfouissement technique des DM, est arrivée celle du recyclage qui constitue la tendance vers une gestion plus durable, dans le cadre de la hiérarchisation des solutions de la gestion durable des déchets des moins aux plus durables.

La récupération de ressources de seconde main à partir des déchets constitue une première étape vers une gestion plus durable de celles-ci. Cette récupération est un préalable à une valorisation, en matière ou en énergie.

La récupération de ressources à partir des déchets constitue une pratique très ancienne où les chiffonniers exercent le deuxième plus vieux métier du monde[2]. Elle a connu un développement aussi bien dans ses méthodes que dans les types de déchets récupérés (aluminium, verre, plastique, papier…) en l'absence d'un cadre réglementaire et institutionnel au Maroc l'organisant.

En outre, les collectes sélectives et le tri, en amont, par les citoyens constituent des préalables au recyclage et illustrent l'exemple de cette tendance vers une gestion plus durable des déchets, reconnus comme l'un des tout premiers pas vers l'écocitoyenneté.

---

1 R. GUILLET, « Déchets et développement durable », In : Annales des mines, Responsabilités et environnement, Juillet 2005, p 36.
2 *Ibid.*, p 38.

En effet, chaque citoyen peut contribuer quotidiennement à ce premier geste de développement durable, à savoir le tri qui représente le premier maillon d'une chaîne qui trouve ses prolongements dans le non-rejet, le ramassage d'un déchet sur la voie publique, la réduction de la consommation d'eau, l'utilisation de moyens de transport en commun[1], etc.

Cependant, le recyclage n'est pas toujours la solution optimale qui reflète une gestion plus durable parce qu'il a parfois des effets pervers, pas seulement à cause des coûts élevés de sa mise en œuvre, mais aussi en raison de l'insignifiance de ses impacts écologiques, voulus rentables, qui ne correspondent pas aux investissements déployés.

3- Le non-déchet ou le développement durable

La phase précédente, tri et recyclage, incarne le slogan souvent utilisé dans les campagnes de sensibilisation, « jetez utile », considéré comme un paradoxe avec sa durabilité. Au départ, jeter devrait demeurer synonyme d'un échec. Une amélioration est toujours recherchée puisque jeter ne sera jamais utile.

Ceci amène à réfléchir à ce que pourrait constituer une vraie politique de développement durable qui est la prévention des déchets ou le non-déchet.

En effet, une véritable politique de développement durable dans le domaine des déchets ménagers conduira inévitablement à une réduction des déchets et non à leur suppression totale.

Cette politique amènera également à remettre en cause des produits, des projets de déchets, avec leurs rapports coûts/bénéfices, utilité/nocivité, etc., ce qui suppose immédiatement des transformations radicales des habitudes de consommation, mais aussi de production et de distribution.

À coup sûr, les premières étapes de la prévention des déchets dépendent d'une approche environnementale générale représentée par une politique intégrée des produits, la production des déchets n'étant en fait qu'une des composantes liées aux consommations de matières premières et d'énergie.

1R. GUILLET, *op. cit.*, p 39.

Néanmoins, cette approche n'est pas sans externalités, aussi sociales qu'économiques, et qui peuvent être limitées dans le temps par des mesures convenables. Sur le volet social, la réduction des déchets n'est pas toujours synonyme de perte d'emploi, étant donné que les emplois perdus au niveau de la fabrication, du transport ou de la distribution des biens de première main sont récupérés au niveau des activités d'entretien et de maintenance.

D'autre part, le produit durable, moins jetable, devra être plus robuste, réparable, et sera a priori, dans la plupart des cas, un peu cher[1]. Cependant, ce coût élevé pourrait être réduit par la réduction de l'usage des emballages et la conception de produits à usage collectif plutôt qu'aux usages individuels.

En fait, ces externalités demeurent des hypothèses et l'impact sociétal de cette approche nécessite leur évaluation. Il apparaît ainsi inéluctable de respecter globalement l'ordre des approches présentées *supra* en essayant de l'adapter au contexte territorial et selon les particularités de chaque territoire sans négliger leur ancrage dans une politique intégrée et durable à l'échelon global.

§.2 – L'application de la gestion intégrée et durable aux déchets ménagers

Le développement des activités humaines et industrielles génère inévitablement l'accroissement de la production de déchets qui ont une incidence nuisible sur l'environnement et la santé humaine. Leur traitement et leur élimination écologique deviennent ainsi impératifs. Par conséquent, la recherche de solutions adaptées, écologiquement compatibles et en harmonie avec les directives environnementales et les intérêts socioéconomiques, surgit et se pose en problématique[2].

La Conférence des Nations Unies pour l'environnement qui s'est tenue en 1992 à Rio de Janeiro, citée plus haut, a mis en exergue l'importance de la solution intégrée pour la gestion des

---

1 R. GUILLET, *op. cit.*, p 40.

2 S. SOUABI et al., « Triage et valorisation des déchets solides à la décharge publique de la ville de Mohammedia », In : Les technologies du laboratoire, Volume 6, N° 25, 2011, p 122.

déchets qui présente une opportunité de conciliation et de compatibilité entre le développement et la protection de l'environnement.

À côté du concept de GID des DM, un autre, assez adopté dans certains pays, réside dans la gestion du cycle de vie de la matière (*Life Cycle Management*). En se basant sur une hiérarchisation des modes de gestion des déchets, ce concept favorise l'approche de prévention et de réduction des déchets à la source ainsi que les options de recyclage, de réutilisation et de valorisation[1].

Ainsi, le développement des filières constitue sans doute un des piliers d'une gestion intégrée et durable des déchets, en contribuant à la réduction des impacts environnementaux du secteur et en diminuant la quantité de déchets à éliminer ou à traiter et à économiser les matières premières[2].

A. La réception de la notion de gestion intégrée et durable aux déchets ménagers, ou les 3RV

Le problème du devenir des déchets se pose avec acuité ces dernières années, notamment avec la promulgation de la loi spécifique sur les déchets qui incitait à dépasser la logique d'élimination des déchets pour adopter une élimination plus écologique en accordant plus d'importance au traitement et à la valorisation des déchets et en invitant les communes à mettre en place des installations spécialisées.

Cependant, des insuffisances sont encore marquées au niveau de la mise en œuvre de ces dispositions, et les communes, les premières concernées par ce choix qui est à la fois politique et de société, sont encore confrontées à des problèmes de collecte, de traitement et de débouchés qu'elles ne maitrisent pas souvent[3].

En outre, la gestion intégrée et durable des déchets ménagers passe essentiellement par le recours à des approches plus

---

1 B. SOUDI, H. CHRIFI, *op. cit.*, p 17.

2 Ministère délégué auprès du ministre de l'Energie, de l'Eau et de l'Environnement chargé de l'Environnement, Valorisation et gestion durable des déchets au Maroc, 2 juin 2014.

3 J. M. BALET, *op. cit.*, p 4.

durables qu'on qualifie de 3RV : réduction, réutilisation, recyclage et valorisation.

D'ailleurs, le choix d'une filière de traitement particulière ou d'une combinaison de filières (gestion multifilière) dépend de plusieurs paramètres socio-économiques, géographiques et techniques dont : la présence de matières recyclables, le tonnage à traiter, les coûts d'investissement et de fonctionnement, l'existence ou non de sites bien adaptés, etc.[1]

1- La réduction

La réduction des déchets doit être anticipée, étant donné leur prévention qui se place au sommet de la hiérarchie des modes de gestion des déchets, se basant sur le principe : « le meilleur déchet est celui qu'on ne produit pas[2] ». Elle consiste en la réduction de la quantité ou de la nocivité des déchets produits, en intervenant à la fois sur leur mode de production et de consommation, ce qui présente un fort enjeu en permettant de réduire les impacts environnementaux et les coûts associés à la gestion des déchets, mais également les impacts environnementaux dus à l'extraction des ressources naturelles, à la production des biens et des services, à leur distribution et à leur utilisation.

La limitation du volume des déchets ménagers constitue le défi majeur aux communes. Elle passe par deux voies complémentaires : des mesures incitatives ou l'amélioration du produit de telle sorte qu'il génère moins de déchets.

La production de déchets est ainsi synonyme d'une utilisation non efficace des ressources. Dès lors, il s'avère nécessaire de réduire les incidences de l'utilisation des ressources sur l'environnement, en prévenant l'apparition des déchets et en favorisant leur recyclage. D'où la réflexion à revoir même le cycle de vie des produits, de même que leur

1 S. ABOULAM, «Recherche d'une méthode d'analyse du fonctionnement des usines de tri-compostage des déchets ménagers. Fiabilité des bilans matière », sous la direction de VERMANDE Paul, thèse de doctorat soutenue le 15 avril 2005, Institut National Polytechnique de Toulouse, p 13.

2 Ph. BILLET, « Les métamorphoses juridiques du déchet », In : Raison présente, vol. 220, no. 4, 2021, p. 30.

écoconception permet de minimiser les effets sur l'environnement[1].

On note ici que la réduction des déchets ne vise pas seulement le volet quantitatif relatif à la réduction des quantités des déchets, mais également le volet qualitatif lié à la limitation de leur dangerosité et de leur nocivité[2].

Par exemple, la directive-cadre européenne de 2008[3] impose aux États membres la conception de programmes nationaux de prévention des déchets en proposant l'élaboration d'une politique écologique des produits, dans le but d'empêcher de produire des déchets contenant des substances nocives en cas de leur production, et privilégiant la promotion de technologies promouvant la mise à disposition de produits durables, réutilisables ou recyclables[4].

Ainsi, pour éviter que le volume de déchets n'augmente, on ne doit pas se contenter seulement de l'amélioration des filières de tri, mais aussi procéder en amont des déchets à faciliter la réutilisation ou la consigne, à abolir l'utilisation de substances dangereuses dans les objets de la vie quotidienne et à responsabiliser les producteurs d'emballages dans l'objectif d'arriver à leur réduction optimale[5].

Situation pour le moins déplorable, les domaines d'application de prévention des déchets ne sont encore que ponctuels et la politique de réduction du volume des déchets demeure loin de ses objectifs, d'autant plus que le volume de certains déchets est incompressible : le cas des fermentescibles[6].

2- La réutilisation

Du fait de leur nature et de leur composition, les déchets ménagers, constituent un grand gisement de matières premières

---

1 Y. PETIT, *op. cit.*, p 67.

2 ACR+ (Association des Cités et Régions pour le recyclage et la gestion durable des ressources), *op. cit.*, p 62.

3 Directive n° 2008/98/CE du 19/11/08 relative aux déchets et abrogeant certaines directives.

4 Y. PETIT, *op. cit.*, p 64.

5A. POZZI, Les métiers de l'environnement et de l'écologie, Editions des Puits Fleuri, Héricy, 2009, p 213.

6 J. M. BALET, *op. cit.*, p 87.

qui peuvent servir à diverses activités économiques, agricoles, artisanales ou industrielles. Ainsi, l'exploitation de ce gisement permet de produire des impacts positifs sur toute la chaîne de gestion des déchets[1].

Le réemploi constitue un premier recours pour la limitation du volume de déchets en leur offrant une deuxième vie d'usage. L'exemple le plus flagrant de cette filière est celui des vêtements : même s'ils ne sont pas déposés, en règle générale, parmi les déchets ménagers, vu qu'ils sont collectés par des organismes caritatifs et redistribués par leurs soins après nettoyage, mais sans transformation[2], ils sont qualifiés juridiquement, par le critère d'« abandon » et par leur provenance, en tant que déchets ménagers. L'exemple de la bouteille consignée est par ailleurs un autre exemple connu.

Malheureusement, cet aspect de gestion des déchets est resté longtemps ignoré par les gestionnaires urbains, d'abord préoccupés par la collecte et l'évacuation des déchets. C'est au secteur informel que reviennent les activités de récupération, de recyclage et de transformation des déchets. Mais, les marges bénéficiaires sont faibles, en raison de contraintes techniques (tri manuel, déchets centralisés à la décharge) et économiques (méconnaissance des produits finis, coûts de production)[3].

3- Le recyclage

Le stockage reste le premier exutoire des déchets ménagers dans une grande partie des pays, y compris le Maroc, pour plusieurs raisons, que ce soit économiques, par manque de moyens financiers ou géologiques, vu le caractère argileux de son sol. L'absence d'aides publiques incitant au recyclage vient au demeurant compliquer la situation[4].

1Ministère de l'Écologie et de Développement Durable et ministère des Affaires Étrangères, Gestion durable des déchets et de l'assainissement urbain, *op. cit.*, p 106.
2 M. BALET, *op. cit.*, p 46.
3 Programme « Gestion durable des déchets et de l'assainissement urbain », http://www.pseau.org/outils/ouvrages/pseau_gestion_durable_dechets_assainissement.pdf, consulté le 15 janvier 2022.
4 S. ABOULAM, *op. cit.*, p 13

Dès lors, se contenter du seul stockage et de l'élimination des déchets reflète un gaspillage considérable de ressources causant des dommages environnementaux et sanitaires et contribuant au réchauffement climatique en entraînant l'émission de gaz à effet de serre (GES) comme le CO_2 ou le CH_4 (méthane), alors que le défi actuel réside dans l'instauration d'une société de recyclage, dans laquelle la production des déchets est évitée et les résidus sont exploités en tant que ressources[1].

En effet, la nécessité d'économiser les ressources de la terre, en portant soin à réutiliser et à ne pas détruire la matière des produits, est imposée du fait de la nature même de l'espace très restreint qu'il représente. Un engagement consistant à éviter autant que faire se cache ainsi sous le terme général de recyclage qui conteste la destruction anarchique de la matière dans le but de mettre à l'abri le maximum de ressources, ce qui permet de faire profiter aux générations futures des possibilités industrieuses équivalentes à celles des présentes[2].

Le recyclage est le deuxième recours après le réemploi ; un déchet non réutilisé peut être exploité après transformation. Bien qu'il fasse encore débat, le recyclage progresse, y compris pour les biens courants, permettant ainsi de constituer une alternative au stockage ou à la destruction[3] : de nouveaux objets sont construits à partir des déchets récupérés.

En économie, on définit l'opération de recyclage comme *« transformation, en vue de leur utilisation, de produits naturels ou de biens ayant déjà fait l'objet d'une voire de plusieurs utilisations antérieures, et qui sont ainsi réinsérés dans le circuit de production[4] ».*

Par ailleurs, le recyclage représente une activité très ancienne où les chiffonniers constituaient, au XVIIIe, les premiers récupérateurs des rebuts de la société de consommation naissante. Longtemps mal considérée, cette

---

1 Y. PETIT, *op. cit.*, p 66.
2 D. DIETMANN, *op. cit.*, p 65.
3 J. M. DEBLONDE, *op. cit.*, p 40.
4 M. V. HENRY-WITTMANN, « Le recyclage des déchets : approche économique d'une activité nouvelle » Revue Française d'Économie, n° 3, 1996, p.165-191.

profession gagne de plus en plus de place en se modernisant pour devenir un rouage essentiel de l'économie du papier, de l'acier, du plastique et des métaux non ferreux[1].

La récupération sans transformation qu'est le recyclage contribue à avoir un matériau moins coûteux que la matière première dégagée à partir de la ressource naturelle et qui en détient les mêmes propriétés, ce qui montre que le recyclage recèle un bel avenir partout où il est applicable[2].

D'ailleurs, le processus du recyclage a pour objectif de « fermer la boucle » et de réintroduire les déchets au stade premier du cycle à travers la récupération des déchets produits à tous les stades du cycle de vie pour les réintroduire une autre fois dans le cycle[3].

Sur le plan opérationnel, le développement et l'efficacité du recyclage dépendent d'une phase antérieure primordiale, le tri ; il constitue l'opération clé de la réussite du recyclage. Effectivement, le mélange des matières recyclables avec les matières organiques et/ou avec d'autres matériaux indésirables, comme les piles électriques, a pour effet leur contamination, ainsi les matériaux recyclables se détériorent-ils inévitablement[4]. Alors, l'accent doit être mis sur l'importance d'un tri des déchets, le plus en détail possible, dans le but de diminuer la quantité des déchets entreposés[5].

Dans d'autres pays, ce tri est mécanisé de façon à faciliter la destination des déchets vers le centre de valorisation ; comme d'ailleurs le projet suédois Stockholm[6], la collecte des déchets suit une technique relativement nouvelle, ayant toutefois montré

---

1 L. CHAUVEAU, Le développement durable, produire pour tous, protéger la planète, Petite Encyclopédie Larousse, 3ème édition, Paris, 2009, p 46.
2 BALET, J. M., *op. cit.*, p 93.
3 J. P. HANNEQUART, « Les politiques de prévention en Europe », 2èmes Rencontres Nationales de la Prévention des Déchets, les 19 et 20 octobre 2005, Paris.
4 B. SOUDI, H. CHRIFI, *op. cit.*, p 38.
5 J. FIALAIRE, Les stratégies de développement durable, L'Harmattan, Paris, 2008, p 147.
6 *Ibid.*

ses avantages dans d'autres pays, il s'agit du système « ENVAC »[1].

C'est ainsi que la loi 28-00 incite les communes à instaurer un système de tri des déchets, à quoi les usagers sont appelés à soumettre, en le prenant en considération sur le plan communal de gestion des déchets ménagers et en mettant en place des installations spécialisées[2].

D'autre part, les avantages du recyclage se résument principalement à l'économie d'énergie et la réduction des émissions de GES[3].

En effet, la filière informelle de récupération et de recyclage des déchets solides au Maroc, allant de la récupération dans les poubelles jusqu'à l'industrie de recyclage, a montré son utilité[4].

De peur que ses effets ne menacent la santé humaine, il est à noter qu'il est interdit d'utiliser les produits issus de recyclage des déchets dans la fabrication des produits destinés à être mis en contact direct avec les produits alimentaires[5].

4- La valorisation

Valoriser la matière se traduit par une réduction au maximum de son utilisation à la source, tout en réduisant également la dimension des emballages en faisant en sorte qu'à l'issue de leur durée d'utilité ou de service, ils représentent un produit résiduel ménager le plus petit possible, mais aussi le plus compostable ou recyclable possible[6].

---

1 Il s'agit d'un procédé qui repose sur un principe d'aspiration pneumatique : une fois jetés dans les points de collecte sélective, situés dans les cours d'immeubles ou les parties communes extérieures, les déchets sont envoyés au biais de conduites souterraines, jusqu'à un terminal, avant d'être évacués sous vide par un camion qui se relie au point de collecte une à deux fois par semaine. Ainsi plusieurs avantages sont à conclure de l'application de cette technique : d'abord, les éboueurs n'ont plus à vider les conteneurs de chaque immeuble, ensuite, les nuisances sonores et olfactives liées au trafic des camions-bennes et au traitement des déchets s'en trouvent éliminées et enfin, en plus d'être hygiénique, elle présente l'avantage d'être moins coûteuse qu'un système traditionnel de collecte des déchets.

2Voir articles 16 et 20 de ladite loi 28-00.

3 B. SOUDI, H. CHRIFI, *op. cit.*, pp 44-45.

4 S. SOUABI, et al., *op. cit.*, p 127.

5 Voir article 5 de ladite loi 28-00.

6 D. DIETMANN, *op. cit.*, pp 65-66.

En droit marocain des déchets, on intègre dans la valorisation des déchets les 2 dernières R, le réemploi et le recyclage, pour aboutir à la première R qui est la réduction, tant quantitative que qualitative, des déchets[1].

Le recyclage est défini comme une valorisation matière. Il existe d'autres filières de valorisation que sont la valorisation organique, le compostage, et la valorisation énergétique – production de l'énergie à partir des déchets (biométhanisation, incinération…).

En ce qui concerne le compostage, défini en tant que *« procédé de transformation biologique accéléré et contrôlé des matières résiduelles organiques […] qui permet la récupération de la matière organique en vue de la valoriser […] (compost) similaire à l'humus pour les sols*[2] *»*, son choix est particulièrement adapté aux pays en développement étant donné l'origine organique d'une grande part des déchets et que le besoin des sols en matière organique s'avère désormais critique[3].

Ce procédé de valorisation consiste à transformer les déchets ménagers à travers la décomposition de la fraction organique[4]. Il est accompli par les micro-organismes (bactéries, levures et champignons) présents dans la plupart des matières organiques, aboutissant à la formation d'un amendement organique stable de type humus et d'éléments minéraux assimilables par les plantes[5].

---

1 Voir article 3 de ladite loi 28-00.

2 L. HAOUAOUI, F. LOUKIL, op. cit., p 19.

3 *Ibid.*, p 20.

4 D. DIETMANN, *op. cit.*, p 60.

5 Les déchets compostables sont en particulier :

- La fraction fermentescible et le papier-carton des déchets ménagers.
- Les boues des stations d'épuration des eaux usées.
- Les déchets verts et agricoles.
- Les déchets de l'industrie agroalimentaire.
- Le compost stimule l'activité microbienne, apporte aux plantes les éléments nécessaires à leur croissance et facilite la circulation de l'eau et de l'air dans le sol. Il permet aussi :
- La réduction du processus de l'érosion.
- Le renforcement de l'enracinement des plantes.
- L'apport des matières organiques indispensables à l'activité microbienne…

S'agissant de l'incinération, elle est considérée comme une autre voie de traitement des déchets en vue de produire de l'énergie valorisée sous forme de chaleur, ou pour produire de l'électricité, ou les deux à la fois[1]. Bien qu'elle soit un moyen efficace de réduction du volume et de la masse de ces déchets, elle génère des déchets ultimes (cendres et mâchefers) qui concentrent des polluants toxiques tels que des métaux lourds (plomb, cadmium et mercure).

Enfin, la valorisation semble être une préoccupation largement partagée, les motivations d'ordre économique l'emportant sur les autres (gestionnaire, environnementale, et bien d'autres). Pourtant, elle n'est pratiquée qu'à une petite échelle et de manière marginale. On constate par exemple que si certaines matières font l'objet d'un tri à la source (collectes particulières pour des marchés particuliers), d'autres matières, a priori tout aussi intéressantes à valoriser, ne le sont pas. Il s'agirait d'identifier, par types de produits et de filières, les obstacles (techniques, économiques, etc.) à la valorisation, et de déterminer par quels moyens ceux-ci peuvent être surmontés (incitations, études de marché, etc.).

Cette conception restreinte de la gestion des déchets évolue : les déchets sont de plus en plus considérés comme une ressource, bien que l'impact économique de la valorisation soit encore mal connu, et la gestion des déchets tend à s'élargir à la valorisation. Celle-ci devient alors une composante d'un schéma global et cohérent de gestion des déchets, selon une approche qui, à l'idéal, prend en compte d'autres objectifs (économiques, sanitaires et sociaux, environnementaux)[2].

B. L'application de la gestion intégrée et durable des déchets ménagers au Maroc

Le Maroc, comme la majorité des pays en voie de développement, connaît un déficit important en matière d'aménagement et de qualité des services de gestion des déchets

1 Ch. NGÔ, A. REGENT, Déchets et pollution, Impact sur l'environnement et la santé, Ed. DUNOD, Paris, 2004, p 20.

2 Programme « Gestion durable des déchets et de l'assainissement urbain », *op. cit.*.

ménagers. L'ampleur et le coût grandissant des impacts de ce type de déchets sur l'environnement, la santé humaine et la salubrité publique ont poussé à la réflexion à des solutions pertinentes pour une gestion rationnelle de ces déchets.

En effet, des réformes majeures ont été conduites dans le but d'améliorer les services publics d'assainissement solide : la nouvelle loi sur les déchets, l'ouverture sur le secteur privé dans le cadre de la délégation, notamment, les services de collecte, de nettoiement et de mise en décharges contrôlées et d'aménagement de ces celles-ci.

Ainsi, des efforts sont entrepris tendant vers l'élaboration de schémas de développement des filières valorisation de déchets et l'identification des mécanismes institutionnels, juridiques, techniques et financiers nécessaires à leur mise en œuvre[1].

1- Expériences de valorisation des déchets au Maroc

La valorisation représente un axe majeur du Programme national des déchets ménagers qui se focalise sur d'importants enjeux économiques, financiers, environnementaux, institutionnels et sociaux. En effet, il a été remarqué, durant sa première phase, que les initiatives, relatives à la valorisation, étaient insuffisantes et exécutées principalement au niveau des projets de décharges contrôlées. Du fait de cette tendance, il n'a pas permis d'initier le développement d'une approche de filière organisée et à grande échelle dotée des mécanismes de financement appropriés et indépendants, ce qui n'a pas manqué d'impacter la réalisation des objectifs envisagés, notamment celui relatif à la valorisation d'au moins 20 % des DM à l'horizon 2020[2].

Étant donné leurs composantes, les déchets ménagers constituent un grand gisement en matières valorisables capables de promouvoir une industrie déchets.

---

1 Ministère de l'Energie, des Mines, de l'Eau et de l'Environnement, Département de l'Environnement, Développement durable au Maroc, Bilan des réalisations, 2014, p 9.

2 Ministère de l'Intérieur et ministère de l'Énergie, des Mines, de l'Eau et de l'Environnement, Département de l'Environnement, Evaluation de la première phase du Programme National des Déchets Ménagers, pp 14-15.

En outre, le Maroc s'est engagé dans plusieurs expériences pilotes d'expérimentation et d'investigation de filières de traitement et de valorisation des déchets : recyclage, compostage, méthanisation, traitement mécano-biologique (TMB) et incinération.

En ce qui concerne le recyclage des déchets, ce secteur a souffert depuis longtemps de l'absence totale de reconnaissance tant au niveau institutionnel, que juridique et réglementaire. Alors, il évolue comme une activité commerciale artisanale tolérée et régie par la seule loi de l'offre et de la demande d'une manière autonome en marge du système.

D'ailleurs, le recyclage n'est entré pour la première fois dans le lexique de la législation nationale qu'à travers la promulgation de la loi sur la gestion et l'élimination des déchets. Néanmoins, le tri et le recyclage y figurent dans des termes très généraux sans objectifs chiffrés, ni orientations ou obligations pour les communes de promouvoir les activités de valorisation.

Au niveau organisationnel, la collecte des déchets recyclables est actuellement organisée principalement par le secteur informel, accompagnée d'activités de tri et de conditionnement qui restent largement artisanales au niveau des récupérateurs. Ces récupérateurs informels contribuent de façon importante au recyclage des déchets, avec un bilan économique positif[1]. Au niveau des grossistes, qui disposent souvent de presses pour la fabrication des balles de papier et de carton et des broyeurs pour le plastique, les activités sont souvent mieux organisées en filières, avec à la base des récupérateurs fournissant une chaîne d'intermédiaires et d'opérateurs assurant la collecte locale, le prétraitement et le conditionnement, le transport et la valorisation ou l'export. La quasi-totalité de ces deux dernières opérations étant concentrée à Casablanca, le coût de transport constitue, pour les villes lointaines, un handicap majeur au développement des activités de recyclage. De même,

---

1 Ministère de l'Intérieur et ministère de l'Énergie, des Mines, de l'Eau et de l'Environnement, Département de l'Environnement, Guide pour l'élaboration de plans directeurs provinciaux/préfectoraux de gestion des déchets ménagers au Maroc, GTZ, mai 2011, pp 33-34.

les conditions de travail très difficiles des récupérateurs et les faibles salaires qu'ils gagnent constituent une contrainte importante à l'amélioration des performances et à l'augmentation des rendements du tri à la base des filières.

D'autres problèmes persistants liés à ce système sont constitués par les mauvaises conditions sanitaires et sociales des récupérateurs informels et la gêne qu'ils peuvent éventuellement occasionner du fait de leurs fouilles dans les containers ou sur la décharge[1].

En effet, l'intégration du secteur informel doit permettre de structurer les activités de récupération des matériaux recyclables et de répondre aux objectifs du PNDM, à savoir la prise en compte des dimensions sociales de la gestion des déchets[2].

En outre, le secteur privé est principalement actif dans la récupération des verres recyclés. Comme il n'y a pas de secteur de recyclage formel, le secteur informel et le secteur privé collaborent pour le recyclage des emballages en verre. Cette entente est stimulée par la demande de verre transparent de l'industrie locale de production de verre, ce qui aide à détourner une partie importante du verre de la catégorie des déchets ultimes enfouis en décharges contrôlées à des produits de seconde main. SEVAM[3], une industrie de verre opérant au Maroc, est le plus grand producteur local de verre creux d'emballage, avec 76% de la part du marché du secteur[4].

---

1 Ministère de l'Intérieur et ministère de l'Énergie, des Mines, de l'Eau et de l'Environnement, Département de l'Environnement, Guide pour l'élaboration de plans directeurs provinciaux/préfectoraux de gestion des déchets ménagers au Maroc, *op. cit*.

2 *Ibid.*

3 Elle achète le verre récupéré par 300 grossistes environ qui sont en aval de la chaîne de valeur qui commence par les ramasseurs de déchets dans la rue qui récupèrent les emballages de verre dans les bacs et les décharges. Ces derniers vendent à des semi-grossistes qui rassemblent et regroupent le verre récupéré, et le vendent aux grossistes qui nettoient, trient et séparent les verres blancs des verres colorés. Les verres colorés sont revendus au secteur artisanal.

4 Le Réseau Régional d'Échange d'Informations et d'Expertise dans le secteur des déchets dans les pays du Maghreb et du Mashreq (REME), Rapport pays sur la gestion des déchets solides au Maroc, *op. cit.*, p 36.

Quant au compostage, le Maroc a mis en place, depuis les années 60, dans les villes de Casablanca, Rabat, Marrakech, Tétouan et Meknès des unités de compostage n'ayant peu, voire pas du tout servi.

Également, la forte teneur en matières organiques des déchets ménagers marocains, associée aux conditions climatiques favorables et à la présence d'un marché potentiel des amendements organiques (lié à la vocation agricole du pays) a incité les responsables à mettre en place des unités de compostage (UTOM) basées sur le modèle européen trop mécanisé.

D'autres expériences ont été menées, mais sans aucun succès. Cet échec peut être expliqué par les techniques utilisées qui restent non appropriées, avec des coûts d'investissement et de fonctionnement trop élevés sans aucun retour sur investissement dû aux difficultés de commercialisation du compost, en raison de sa mauvaise qualité. Nonobstant, même avec la production d'un compost de bonne qualité, il est confronté aux difficultés financières et de gestion[1].

Le pays a expérimenté également d'autres filières de valorisation comme la méthanisation. De petits digesteurs pilotes (modèles indiens ou chinois) ont été introduits au Maroc dès la fin des années 1980. Ces systèmes permettent une production et un usage local de l'énergie issue du biogaz, notamment en milieu rural. Cependant, leur productivité énergétique est limitée et concurrencée par d'autres sources d'énergie (butane, bois).

La réalisation d'installations de méthanisation, permettant de valoriser énergétiquement des quantités importantes de déchets ménagers, a été expérimentée dans plusieurs régions marocaines (particulièrement les régions de Tanger et de Meknès), sans pour autant aboutir à la réalisation des objectifs escomptés. Dans le cadre du Mécanisme de développement propre (MDP), un projet de valorisation énergétique par

1 Ministère de l'Intérieur et ministère de l'Énergie, des Mines, de l'Eau et de l'Environnement, Département de l'Environnement, Guide pour l'élaboration de plans directeurs provinciaux/préfectoraux de gestion des déchets ménagers au Maroc, *op. cit.*, p 45.

biométhanisation a été inscrit en 2004 pour la décharge de Marrakech[1].

Ainsi, dans le cadre de la satisfaction de ses engagements internationaux, notamment l'adhésion au protocole de Kyoto pour la lutte contre les gaz à effet de serre (GES), le Maroc a incité à opérationnaliser d'autres projets MDP dont leur réalisation implique des enjeux financiers et environnementaux importants pour les collectivités territoriales. Cependant, certaines contraintes freinent l'aboutissement de ce type de projets : d'une part, la complexité des procédures de montage des projets MDP et, d'autre part, l'expertise limitée des collectivités territoriales pour la conduite et la mise en œuvre de ce type de projet.

À part ce programme de MDP, la délégation du service de la gestion des déchets ménagers, dans la plupart des villes, ne s'est traduite par aucune disposition relative au tri et à la valorisation des déchets, chose qui fait manquer de grandes opportunités pour le développement et la professionnalisation des activités du secteur. Si des mesures d'accompagnement ne sont pas mises en œuvre, cette tendance risque à court terme, de compromettre la récupération et la valorisation des déchets au Maroc, notamment celles des plastiques, du papier carton et du verre.

À noter que certaines expériences de gestion déléguée ont mis en œuvre des solutions adaptées pour permettre aux chiffonniers de trier les déchets avant leur enfouissement comme d'ailleurs le cas du CET d'Oum Azza à Rabat.

Quant à l'expérience de l'incinération des déchets, elle concerne seulement les déchets hospitaliers, incinérés pour des raisons sanitaires. L'incinération est très répandue dans différents pays européens en raison de la directive européenne interdisant la mise en décharge de déchets non traités[2].

Pour la valorisation des combustibles dérivés de déchets (CDD, l'entreprise de cimenterie Holcim utilise spécialement

1 Ministère de l'Intérieur et ministère de l'Énergie, des Mines, de l'Eau et de l'Environnement, Département de l'Environnement, Guide pour l'élaboration de plans directeurs provinciaux/préfectoraux de gestion des déchets ménagers au Maroc, *op. cit.*, p 46.

2 *Ibid.*, p 49.

des pneus comme combustible de substitution dans l'usine de Fès Ras El Ma, usine pilote au Maroc. Le cimentier Lafarge s'est aussi engagé dans cette voie. L'Agence technique de coopération allemande GTZ a mis en place une alliance stratégique avec le cimentier Holcim. Des lignes directrices pour la valorisation des déchets en cimenterie ont ainsi été élaborées conjointement[1].

Par ailleurs, l'incinération des déchets ménagers était une pratique courante qui génère des nuisances olfactives, avant la promulgation de la loi sur les déchets. Et même après l'autorisation pour un processus de valorisation énergétique, il est très difficile de l'adopter au niveau du Maroc vu le faible pouvoir calorifique de ces déchets qui avoisine les 1000 Kcal/kg ce qui ne permet pas une auto-combustion à cause de la teneur élevée en eau (60 à 75 %). En revanche, dans les pays industrialisés, le pouvoir calorifique varie entre 1500 et 2500 Kcal/kg[2]. Un défi important pour la prochaine phase du PNDM est de faire du secteur des déchets une composante substantielle de l'économie circulaire, en développant des filières viables dotées d'une gouvernance efficace et partenariale. Sur le plan technique et opérationnel, il s'agira aussi d'assurer une mobilisation optimale et professionnalisée du gisement de déchets recyclables[3].

2- Les options optimales pour une gestion intégrée et durable des déchets ménagers au Maroc

Considérés comme des produits, une grande partie des déchets valorisés deviennent de véritables matières premières secondaires ; à titre d'exemple, avec une moyenne de production annuelle approximative de 450 kg par habitant, tous déchets ménagers confondus, leur marché constitue un énorme

---

1 Ministère de l'Intérieur et ministère de l'Énergie, des Mines, de l'Eau et de l'Environnement, Département de l'Environnement, Guide pour l'élaboration de plans directeurs provinciaux/préfectoraux de gestion des déchets ménagers au Maroc, *op. cit.*, p 50.

2 B. SOUDI, H. CHRIFI, *op. cit.*, p 30.

3 Ministère de l'Intérieur et ministère de l'Énergie, des Mines, de l'Eau et de l'Environnement, Département de l'Environnement, Evaluation de la première phase du Programme National des Déchets Ménagers, pp 14-15.

gisement d'autant plus qu'il permet l'instauration d'un grand nombre de filières[1].

Dès alors, et après les avancées remarquables enregistrées au niveau de l'extension des services de collecte et d'élimination, la valorisation constitue maintenant au Maroc un grand tournant vers une gestion plus durable des DM[2].

Néanmoins, la mise en place de telles filières revêt quelques difficultés associées, d'une part, aux interférences entre elles et des aspects logistiques, industriels, techniques et législatifs spécifiques à chacune et, d'autre part, au caractère coûteux des procédés de traitement qui nécessitent de prévoir, de collecter et de traiter beaucoup, dans le cadre d'une économie d'échelle, afin de parvenir à un grand retour sur investissement[3].

Par ailleurs, le choix des filières de traitement et de valorisation des déchets se base sur plusieurs critères : économiques, techniques, sociaux, environnementaux et bien d'autres. Ainsi, en appliquant ces critères dans le contexte marocain, le choix tend vers les filières de recyclage et de compostage des déchets offrant des opportunités, jusque-là mal exploitées, de réduction des coûts et de gestion rationnelle des déchets. En effet, le recyclage et le compostage, étant donné leur nature de valorisation de produits provenant des déchets, offrent un triple avantage de : i) réduction des quantités de déchets et des coûts associés à leur gestion, ii) réduction de l'impact des déchets sur l'environnement, iii) préservation des ressources naturelles par la minimisation de la consommation des matières premières, notamment d'origine minérale et fossile[4].

Dès lors, d'autres filières comme l'incinération vont être écartées pour focaliser le choix sur la récupération, le recyclage et le compostage[5].

---

1 J. M. BALET, *op. cit.*, p 4.

2 Ministère délégué auprès du ministre de l'Energie, de l'Eau et de l'Environnement chargé de l'Environnement, Valorisation et gestion durable des déchets au Maroc.

3 *Ibid.*

4MATEE, Développement du secteur de recyclage des déchets solides au Maroc, ADS Maroc, Août 2005, p 2.

5 G. BERTOLINI, M. BRAKEZ, *op. cit.*, p 5.

Pour ce qui est de la récupération, elle est une pratique qui existe déjà et s'effectue à différents niveaux (ripeurs, récupérateurs de rue...), de façon classique (par des récupérateurs informels appelés suivant le contexte local « *mikhâlî* » ou « *bou'âr* »), informelle, et non organisée ; et par conséquent, cette pratique ne participe nullement, comme elle devrait, dans l'amélioration de la gestion du secteur des déchets[1].

De sa part, le recyclage qui est aussi une option faisant partie intégrante de l'approche gestion intégrée et durable des déchets ménagers s'associe parfaitement à la filière compostage qui, elle, passe nécessairement par l'opération de tri.

Pour cela, le Maroc a clairement affiché sa volonté pour la promotion du recyclage dans le respect de la dimension sociale et environnementale en y définissant un objectif stratégique de valoriser 20% des déchets générés à l'horizon 2030 ; et ce, afin de profiter du gisement conséquent en matières recyclables dont ses principales composantes sont la ferraille, le papier et carton, le plastique et le verre[2].

Les matières qui se trouvent dans les déchets ménagers et qui sont susceptibles d'être recyclées sont : papiers et cartons, verre (bouteilles et emballages), matières plastiques, textiles, et métaux.

Les avantages du recyclage résident essentiellement dans l'économie d'énergie et la réduction des émissions des GES.

En dépit des contraintes relevées sur les plans organisationnel et technique, le secteur de recyclage fonctionne et génère d'importantes plus-values. Cependant, ces plus-values sont mal réparties et profitent plus aux opérations d'intermédiation qu'au tri et à la récupération. Ainsi, les acteurs du premier maillon de la filière, à savoir les récupérateurs, restent les parents pauvres du secteur dans la mesure où ils profitent le moins des plus-values générées[3] d'où la nécessité à

---

1 S. SOUABI et al., *op. cit.*, p 130.

2 Ministère délégué auprès du ministre de l'Energie, de l'Eau et de l'Environnement chargé de l'Environnement, *op. cit.*

3 MATEE, Développement du secteur de recyclage des déchets solides au Maroc, *op. cit.*, p 4.

la réflexion de les intégrer dans un mode motivant qui leur offre plus d'avantages et des conditions décentes de travail.

Quant au compostage, il constitue une véritable alternative écologique pour la valorisation des déchets ménagers. Du fait de la proportion importante de matière organique dans les déchets, il représente l'une des options les plus adaptées au Maroc et dans les pays en voie de développement de manière générale. Le processus de compostage ne permet pas seulement de réduire la masse de déchets par le phénomène de biodégradation, mais aussi de fournir un compost indemne d'agents pathogènes. Ce compost est un excellent produit d'amendement organique des sols. Il se justifie aussi au Maroc par les sols caractérisés par leur faible teneur en matières organiques et soumis aux divers processus de dégradation qui favorisent le fléau de désertification[1].

Outre son intérêt en matière d'agriculture, il permet également la réduction de la quantité et de la nocivité des déchets à éliminer, et par la suite le prolongement de la durée de vie des sites des décharges publiques.

Pour mettre en œuvre cette filière, une question primordiale se pose avec acuité à savoir celle du choix technologique et la manière de son exécution : doit-on opter pour un traitement totalement artisanal ou bien hautement mécanisé, voire robotisé. En effet, plusieurs types de technologies de compostage existent et se distinguent par le niveau de mécanisation, la capacité de traitement, la rapidité du processus et la superficie requise.

La technologie recommandée au Maroc, en tenant compte des conditions climatiques du pays, est celle par andains périodiquement retournés, pleinement adaptée au climat, moins coûteuse et possédant un potentiel d'employabilité important[2].

Le compostage demeure une solution fortement recommandée de valorisation des déchets, mais qui doit être complémentaire aux autres options de récupération/réutilisation et de recyclage, nécessitant pour sa réussite un tri avant traitement[3] car, à titre de rappel, le préfet Eugène René Poubelle

1 B. SOUDI, H. CHRIFI, *op. cit.*, p 33.
2 *Ibid.*, p 55.
3 S. SOUABI et al., *op. cit.*, p 130.

(1831-1907), qui organisa la collecte des déchets ménagers en ville, avait déjà réfléchi à une collecte sélective[1].

De nos jours, l'impact des options de gestion des déchets est mondialement connu et admis. Cette connaissance a contribué à la compréhension de l'importance des dimensions sociale, économique et environnementale du secteur des déchets.

Dans la logique du développement durable, il n'est plus admis de fonder le choix des alternatives de gestion des déchets sur la base des coûts internes. La prise en compte des externalités positives et négatives de chaque option s'impose pour valoriser la matière et minimiser les nuisances et leurs impacts sur la santé, les changements climatiques et la qualité des ressources en eau et en sols[2]. Quelque peu négligée, la valorisation devient un outil prépondérant dans la gestion des déchets ménagers ou déchets industriels. Le triage des déchets solides constitue un paramètre essentiel à la source et aux décharges publiques. Ceci permettra par la suite d'aboutir au traitement par compostage dans des conditions favorables et d'obtenir du compost facilement valorisable. En outre, les décharges publiques constituent une source de matières premières non négligeable[3].

En effet, une gestion intégrée et durable des DM n'est que l'aboutissement d'un long processus qui implique des changements importants de pratiques et de comportements des acteurs économiques et de la population[4].

SECTION 2 – Vers la construction d'un dispositif de gestion des déchets ménagers pour un développement territorial durable

Le développement économique sur le plan territorial ne doit pas se faire au détriment des conditions sociales ou des conditions liées à la qualité du cadre de vie et des ressources humaines de sa mise en œuvre. En revanche, il doit être conçu

---

1 M. LAMY, *op. cit.*, p 217.

2 B. SOUDI, H. CHRIFI, *op. cit.*, p 68.

3 S. SOUABI et al., *op. cit.*, p 130.

4 Ministère délégué auprès du ministre de l'Energie, de l'Eau et de l'Environnement chargé de l'Environnement, *op. cit.*

d'une façon générale dans un esprit de valorisation de l'ensemble des atouts d'un territoire et de l'équilibre, avec une maitrise optimisée des interactions entre les facteurs et les processus, en prenant en considération le facteur temporel : satisfaire les aspirations des générations futures sans pour autant sacrifier celles de la génération actuelle[1].

Ainsi, les enjeux économiques, sociaux et environnementaux du développement durable, dans un territoire donné, doivent être précisés, définis et mis en relation.

Par ailleurs, la dimension territoriale de la gestion des déchets ménagers est réduite au fait que sa planification s'effectue à deux niveaux territoriaux : provincial ou préfectoral, avec les plans directeurs provinciaux ou préfectoraux, et communal ou intercommunal, avec les plans communaux ou intercommunaux dans l'objectif d'une gestion optimale des déchets ménagers.

En effet, on ne dispose pas réellement de politique d'aménagement territorial liée aux déchets ménagers, étant donné que la construction d'une représentation claire, pertinente et utilisable de l'importance et de la répartition des déchets sur le territoire est intrinsèque à la connaissance et à la maitrise de la charge de ce type de déchets[2] ;

De plus, il n'existe donc ni une représentation de la pression environnementale subie par le territoire due à la production, au traitement, au transport, à l'élimination et aux risques liés aux déchets ménagers, ni une idée générale de ce que pourrait ou devrait être l'espace territorial dans ses relations avec les déchets, dans une dimension à la fois spatiale, politique, juridique, économique et sociale[3].

Cette absence se répercute sur la relation entre le droit des déchets et le droit d'aménagement qui se manifeste par un écart entre les instruments de chacun, comme l'a souligné C. A. Morand[4].

---

1 G. LOINGER, *op. cit.*, p 47.
2 Y. CONDE, *op. cit.*, pp 112-113.
3 *Ibid.*, p 115.
4 Voir C. A. MORAND, « la pesée globale des intérêts. Droit de l'environnement et de l'aménagement du territoire », Bâle et Francort-sur-le-

Cependant, la construction d'un système plus précis nécessite une articulation entre déchets et territoires pour rendre compte de l'impact des déchets sur le territoire[1] (sous-section § 1) qui se répercute sur le développement territorial durable manifesté par un territoire moins chargé par les déchets et offrant ainsi des perspectives économiques, sociales et environnementales (sous-section § 2).

§.1 – L'articulation entre la gestion des déchets ménagers et la dimension territoriale

L'adoption du premier schéma national d'aménagement territorial (SNAT) a stimulé la nécessité d'élaborer des stratégies plus territorialisées. Ainsi, l'échelle territoriale apparaît comme un point privilégié des démarches de développement[2].

Avec la montée en croissance des problématiques de développement durable, plusieurs interrogations surgissent sur de divers fronts : temporalité, équité, éthique, échelle spatiale, etc. Depuis quelques années émerge un champ de réflexion fécond sur l'inscription territoriale du développement durable. Pour l'essentiel, deux voies de théorisation sont à considérer. Le lien entre développement durable et territoire renvoie, pour certains, à l'application des principes de durabilité à l'échelle locale[3].

Dans ces conditions, le développement durable des territoires est une déclinaison locale des principes du développement durable[4]. Pour d'autres auteurs, l'échelle territoriale permet d'appréhender de manière pertinente le socle

---

Rhin, Helbing et Lichtenhahn, 1996, cité dans O. BÜRGENMEIER, cité par : Y. CONDE, *op. cit.*, p 116.

1Ibid., p 119.

2 N. EL KADIRI, « Genèse et développement de l'approche territoriale au Maroc », in J. LAPEZE et al., *op. cit.*, p 15.

3 V. ANGEON et al., « Des liens sociaux à la construction d'un développement territorial durable : quel rôle de la proximité dans ce processus ? », in : Développement durable et territoires [En ligne], Dossier 7 | 2006, mis en ligne le 10 mai 2006.

4 B. ZUINDEAU B., op cit., cité par ANGEON et al., *op. cit.*

du développement durable[1]. D'essence matérielle, identitaire et organisationnelle, le territoire est porteur de normes ou de règles produites par les acteurs locaux impliqués dans la définition de ses modalités de développement[2].

En effet, la question de la gestion des déchets ménagers prend une envergure territoriale, étant donné que ces derniers ne sont que les produits des habitants de ce territoire sur lequel elle doit être articulée (paragraphe A) en ayant recours aux instruments du développement territorial pour la rendre intégrée et durable (paragraphe B).

A. Vers la construction d'un développement territorial durable

Après la fin de la période de colonisation, plusieurs modèles de développement ont fait l'objet de transferts de la France vers les pays du Maghreb. La crise du développement industriel a ouvert la voie au développement local à partir des années 1980, et la puissance du mouvement de mondialisation a vu émerger le développement territorial. Depuis le début des années 2000, différents programmes de coopération ont été développés dans le domaine de l'aménagement sur cette thématique entre la France et le Maroc.

Le concept de territoire apparaît donc central dans les politiques françaises de développement, en posant en particulier la question de la décentralisation des politiques publiques, et de la capacité des acteurs locaux à participer à la mise en place de systèmes de gouvernance territoriale, deux conditions indispensables à la construction de ressources territoriales spécifiques[3].

---

1 R. LAGANIE, B. VILLALBA, B. ZUINDEAU, « Le développement durable face au territoire : éléments pour une recherche pluridisciplinaire », Revue Développement durable et Territoires, Dossier 1 : Approches territoriales du Développement Durable, 2002, cité par ANGEON et al., *op. cit.*

2 V. ANGEON et al., *op. cit.*

3 K. KOOP et al., « Pourquoi croire au modèle du développement territorial au Maghreb ? Une approche critique », in : EchoGéo [En ligne], 13 | 2010, mis en ligne le 20 septembre 2010.

À partir du milieu des années 1990, le concept du développement local commence donc à être remplacé, en France, par celui du développement territorial, concept transféré au Maghreb depuis les années 2000 par le biais de programmes bilatéraux de coopération[1].

Aujourd'hui, le développement territorial constitue un paradigme de référence pour la conception et la mise en œuvre des programmes d'investissements publics et des stratégies des acteurs locaux[2].

1- Concept de développement territorial durable

On définit le développement territorial comme étant *« l'expression d'un changement social caractérisé par la montée du partenariat, l'émergence d'acteurs multiples, la recherche de solutions alternatives à celles des superstructures économiques et l'introduction de critères sociaux et culturels à côté de rationalités purement économiques, et ce, dans une perspective humaniste du développement de l'ensemble des territoires habités*[3] *»*.

Il vise à rendre les territoires attractifs et compétitifs. C'est une nouvelle manière de concevoir et d'organiser le devenir des territoires par la valorisation de leurs ressources, à la rencontre du développement local et régional, de l'aménagement et de la gestion territoriale.

Dans les mutations à l'œuvre, l'intégration communautaire et la décentralisation jouent un rôle essentiel, obligeant à une gouvernance à de multiples niveaux, invitant à dépasser les frontières et à renouveler tout à la fois les principes, les outils et les politiques territoriales[4].

---

1 K. KOOP et al., *op. cit.*.

2 O. ALAOUI, « Développement territorial rural, Concepts et outils », in J. LAPEZE et al., *op. cit.*, p 59.

3 CH. GAGNON et al., « Développement territorial viable, capital social et capital environnemental : quels liens ? », in : VertigO - la revue électronique en sciences de l'environnement [En ligne], Volume 8 Numéro 2 | octobre 2008, mis en ligne le 05 juin 2008.

4 B. GUY et al., Le développement territorial en Europe : concepts, enjeux et débats, PUR, Rennes, 2011, 281 p.

De fait, une politique de développement territorial s'inscrit dans la rupture avec une définition centralisée des normes en matière d'aménagement du territoire et correspond au passage de politiques d'aménagement essentiellement redistributives, visant à répartir les richesses sur le territoire national, à des politiques d'aménagement et de développement devant créer les conditions de prise en charge territoriale du développement dans l'ensemble des territoires[1].

En s'inspirant de la définition du développement territorial - capacité des acteurs situés sur un territoire à en maîtriser les évolutions à venir[2] –, le développement territorial durable peut être défini comme *« la construction et l'articulation, par les acteurs locaux, de normes économiques, écologiques et éthiques*[3] *»*, en mettant l'accent sur les relations entre les composantes sociale et environnementale et sur leur viabilité (qualité du développement humain) et ce, à travers la notion de capital[4].

Il repose sur une double logique : l'établissement d'un projet de territoire associant les acteurs locaux à sa conception et le respect des principes de développement durable[5].

Ainsi, il n'est autre qu'une construction d'acteurs visant une trajectoire particulière intégrant notamment l'évolution conjointe des systèmes économiques, sociaux et écologiques[6].

2- Développement territorial et gestion des déchets

De nos jours, la gestion des déchets n'est plus observée seule, mais dans le cadre d'une approche territorialisée de caractérisation de l'ensemble des flux de matière et d'énergie. Cette approche territoriale de la gestion des déchets revêt une

---

1 A.-C. DOUILLET, « Les élus ruraux face à la territorialisation de l'action publique », in : Revue française de science politique, 4/2003 (Vol. 53), p 588.

2 J.-P. DEFFONTAINES, E. MARCELPOIL, P. MOQUAY, « Le développement territorial : une diversité d'interprétations », 2001, in S. LARDON, P. MAUREL, V. PIVETEAU (éds), Représentations spatiales et développement territorial. Bilan d'expériences et perspectives méthodologiques, Paris, Hermès, pp. 39-56, cité par ANGEON et al., *op. cit.*

3 V. ANGEON et al., *op. cit.*

4 CH. GAGNON et al., *op. cit.*

5 V. ANGEON et al., *op. cit.*

6 *Ibid.*

grande importance du point de vue des notions de métabolisme urbain et d'écologie industrielle et territoriale.

L'approche par le métabolisme urbain s'inscrit dans le champ de l'écologie industrielle et territoriale qui se définit comme *« une écologie industrielle inscrite spatialement, qui prend en compte les acteurs des flux de matières, s'interroge sur les modalités de leur gestion et ne néglige pas les conséquences économiques et sociales des flux*[1] ».

Ainsi, le concept de métabolisme urbain tend à analyser le fonctionnement « matériel » d'une ville et permet de refléter quantitativement les échanges de ressources entre les sociétés urbaines et l'environnement. Cette investigation permet alors d'avoir « *une vision synthétique de la matérialité de nos sociétés*[2] ».

La question des déchets s'inscrit donc dans une vision globale du fonctionnement de la ville et représente un enjeu stratégique de diminution des consommations en amont et de réduction des pollutions en aval. Cependant, dans le cadre du métabolisme, les déchets sont aussi considérés comme une production de ressources par la ville qu'il faut pouvoir évaluer. Des filières de collecte, de récupération, de recyclage et de valorisation s'organisent pour traiter ces flux sortants et en réinjecter une partie dans le système[3].

L'enjeu du métabolisme urbain est aussi de suivre ces flux de valorisation afin de connaître leurs trajectoires, mais aussi les gisements de ressources directement abandonnées dans les centres de stockage et les installations de valorisation énergétique. Ces recherches permettent ainsi de construire la place des déchets dans le métabolisme urbain en s'interrogeant

---

1 S. BARLES Society, energy and materials: the contribution of urban metabolism studies to sustainable urban development issues, Journal of Environmental Planning and Management, n°53(4), 2010, pp 439- 455, cite par : V. ANGEON et al., *op. cit.*

2 S. BARLES, Mesurer la performance écologique des villes et des territoires : Le métabolisme de Paris et de l'Île-de-France, rapport final pour le compte de la ville de Paris, 2007, Champs-sur-Marne : Laboratoire TMU (UMR CNRS AUS 7136), cité par : V. ANGEON et al., *op. cit.*

3 J.-B. BAHERS, Métabolisme territorial et filières de récupération-recyclage, Développement durable et territoires [En ligne], vol. 5, n°1, 2014.

sur les trajectoires et les territoires des flux entrants, sortants et des espaces de traitement de ces ressources-déchet.

En effet, l'écologie territoriale est conçue comme, d'un côté, une approche territorialisée de la circulation des flux et des systèmes d'acteurs ; de l'autre côté, une inscription de cette écologie des « matières premières de récupérations, de matières premières urbaines »[1] dans les projets de territoire.

En outre, cette relation entre gestion des déchets et dimension territoriale tient aussi au niveau de la planification qui s'articule autour du territoire[2]. Pour les déchets dangereux, c'est au niveau national, pour les déchets non dangereux (pharmaceutiques et médicaux, agricoles, industriels…) c'est au niveau régional et pour les déchets ménagers, deux niveaux : provincial ou préfectoral et communal ou intercommunal, et ce, pour une meilleure application du principe de proximité. Cet instrument juridique, fruit d'une élaboration concertée entre les acteurs concernés, est conçu pour définir la politique territoriale quant à la gestion des déchets.

Ainsi, les plans territoriaux de gestion des déchets ménagers (provinciaux/préfectoraux ou communaux/intercommunaux) représentent en même temps des documents qui dressent l'état de l'art d'un territoire donné (inventaire des quantités des déchets, inventaire des équipements existants), et programmatiques (exposition des solutions : modes de traitement et équipements à réaliser) à une échéance de dix ans. Ils fixent des objectifs de coordination et de réalisation. À travers ces dispositions afférentes à la planification s'affirme une volonté du législateur marocain d'organiser la cohérence territoriale de la gestion des déchets[3] qui est le plus

1Voir : J.-B. BAHERS, M. DURAND, H. BERAUD, « Quelle territorialité pour l'économie circulaire ? Interprétation des typologies de proximité dans la gestion des déchets », Flux, vol. 109-110, no. 3-4, 2017, pp. 129-141.

2 R. MTIBAA et al., « La problématique du stockage des déchets ménagers face au changement d'échelle de planification en Région Île-de-France ». In : Développement durable et territoires [En ligne], Vol. 3, n° 3 | Décembre 2012, mis en ligne le 25 octobre 2012.

3 L. ROCHER, « Gouverner les déchets, Gestion territoriale des déchets ménagers et participation publique », sous la direction de Cornine LARRUE, thèse de doctorat soutenue le 20 novembre 2006, Université François Rabelais, Tours, p 84.

fréquemment assurée par des prestataires privés au gré des contraintes de conciliation entre les principes du service public et ceux de l'équilibre économique de la gestion déléguée.

Ainsi, ils sont pensés comme des instruments de rationalisation de la gestion des déchets ménagers, en vertu du principe de la limitation des transports, et ce, dans le cadre provincial/préfectoral ou communal/intercommunal. Ces plans apparaissent donc comme l'outil privilégié de l'opérationnalisation du « principe de proximité ». Ce dernier est considéré un élément majeur du processus de « territorialisation » de la « politique déchet » en visant en premier lieu la limitation des transports des déchets dans le but de réduire les impacts environnementaux y afférents, tout en consolidant l'ancrage territorial de la question des déchets, vu qu'il faut éliminer les déchets au plus près de leur lieu de production[1].

B. Les instruments de développement territorial au service de la gestion intégrée et durable des déchets ménagers

Ancrer la gestion des déchets ménagers dans un cadre territorial lui permet de bénéficier des instruments de développement territorial permettant de lui assigner une gestion intégrée et durable.

En effet, le développement territorial incite à un management de ce service public articulé autour d'un projet territorial intégré.

1- Management stratégique articulé autour de projets territoriaux

Par le biais de la valorisation des « territoires », les politiques de développement territorial posent un certain nombre de principes : la transversalité et la globalité, le partenariat, la pertinence du territoire et la logique de projet.

Ces principes tendent à l'émergence, à la fois, d'un nouveau principe directeur de l'action publique : la transversalité et le projet plutôt que le secteur, de nouveaux acteurs, d'ouverture à l'ensemble des partenaires du développement territorial ; et

1 L. ROCHER, *op. cit,*.

d'un nouveau cadre spatial : les territoires pertinents[1]. Ces politiques offrent les conditions d'un renouvellement des modalités de l'action publique en encourageant la concertation horizontale et le management stratégique plutôt que les actions politiques éparpillées.

Aussi, le développement territorial durable, en suscitant l'émergence d'un projet collectif, place-t-il les acteurs au cœur du management stratégique des territoires. Il reflète donc la volonté de prendre en compte les besoins des populations locales et de répondre à leurs aspirations. Les intérêts des communautés locales s'expriment à travers la formalisation d'un projet territorial qui prend forme au sein d'une architecture institutionnelle particulière[2].

En effet, la gestion intégrée et durable des déchets ménagers, composante de ce projet territorial, permet aux collectivités territoriales de profiter de plusieurs avantages[3] :

- renforcer leurs capacités financières, d'une part, en réduisant les charges de gestion des déchets induites par la réduction des quantités des déchets et, d'autre part, en générant des revenus à travers leur valorisation ;
- améliorer le rapport coût-efficacité des systèmes de gestion des déchets solides modernes ;
- renforcer la capacité municipale de gérer efficacement les services des déchets ménagers.

En outre, une politique de gestion durable des déchets permet encore de mettre en avant deux principes : proximité et responsabilité. Il y a lieu de noter que ces deux principes méritent d'être développés et élucidés au niveau du droit marocain des déchets ménagers.

La transposition du premier principe, celui de la proximité, oblige les différents échelons territoriaux intervenant dans la gestion des déchets à traiter ceux de leur territoire, dans la

1 A.-C. DOUILLET, « Les élus ruraux face à la territorialisation de l'action publique », in : Revue française de science politique, 4/2003 (Vol. 53), p 584.
2 V. ANGEON et al., *op. cit.*
3 Voir Banque Mondiale, Prêt de Politique de Développement du Secteur des Déchets Ménagers, *op. cit.*

mesure du possible, au plus près de leur lieu de production et à ne pas s'en décharger sur le « territoire » des voisins.

De leur part, et en vertu du principe de responsabilité, les producteurs de biens doivent, de leur côté, assumer financièrement, voire opérationnellement, la gestion des déchets issus de leurs produits, comme les emballages, dans le cadre d'une responsabilité élargie des producteurs.

De ce qui précède, il est déduit qu'il existe un lien intrinsèque entre la prospective stratégique et le développement durable ; le lien entre les deux termes étant le principe de précaution[1].

2- La société de développement local (SDL)

La commune, en vertu de la législation en vigueur, peut gérer, en interne, le service public des déchets ménagers qui relève de sa compétence. Elle peut aussi recourir à des prestataires extérieurs pour externaliser tout ou partie de ce service. Relativement à cette seconde option, quelle que soit la distance qu'elle décidera de prendre avec la gestion du service, elle ne pourra pas totalement se dessaisir et conservera toujours un pouvoir de contrôle sur le service public délégué, plus précisément sur le délégataire. Elle devra donc fixer les règles du jeu et se donner les moyens d'en assurer le respect[2].

Cependant, les projets de partenariat public-privé pour la prestation des services publics impliquent des partenaires de deux secteurs d'activités de caractères différents, à savoir les secteurs public et privé. Ces projets visent la prestation de services publics reliés à l'intérêt général des citoyens individus et des citoyens corporatifs ou des entreprises. Le caractère très souvent universel des services offerts confère à ces projets une importance sociale et économique capitale, lesquels projets supposent l'identification des risques typiques qui les guettent afin d'en faciliter et d'améliorer la gestion[3].

---

1 G. LOINGER, « La notion de développement durable dans le champ de l'aménagement du territoire », in CH. VAN DERMOTTEN (sous la dir.), *op. cit.*, p 48.

2S. GUERIN(coord.), *op. cit.*, p 18.

3 L. PRFONTAINE, V. BOURNIVAL, *op. cit.*, p 2.

Plus globalement, la multiplicité des acteurs et des ressorts des politiques publiques de développement territorial durable conduit à placer la réflexion sur le terrain de la gouvernance, entendu comme *« décrivant de nouveaux styles de décision, plus ouverts et négociés en apparence, fruits d'adaptations contingentes de systèmes politiques pris dans des environnements en mutation*[1] *»*.

Cette notion introduit surtout l'idée que le *« pouvoir exercé sur une collectivité ne saurait être efficace qu'à condition de n'être pas comme une action purement unilatérale s'imposant aux membres du groupe social, mais au contraire comme le produit de l'implication des membres de la société dans les choix les concernant »*[2].

Bien que la décomposition du tissu urbain soit telle que *« la participation-intégration n'est plus possible dans les quartiers défavorisés »* et que l'on soit conduit à *« reconstruire une participation-institution »*, le développement durable appelle un sursaut de la démocratie participative, susceptible de faire émerger de nouveaux acteurs sur la scène locale[3].

En effet, le rôle de la participation publique dans la gestion des déchets ménagers prend de plus en plus d'envergure au Maroc en prévoyant un nouvel outil de participation publique dans le cadre du troisième prêt de politique de développement (PPD 3) accordé par la Banque mondiale en 2013 ; il s'agit de fiches d'appréciation des citoyens qui vont permettre au public de fournir ses remarques sur les services des déchets solides de sa ville[4].

Par ailleurs, la gouvernance territoriale constitue une épine dans les pieds du manager territorial. Ainsi, la réponse à des besoins croissants de la population et l'amélioration de la qualité des services qui lui sont rendus restent les grands soucis de ce

---

1 J. FIALAIRE, *op. cit.*, p 21.

2 G. TIMIST, « L'administration au miroir des mots », in collectif, A propos de l'administration française, 1998, Documentation française, p 216, cité par : j. FIALAIRE, *op. cit.*, p 21.

3 J. FIALAIRE, *op. cit.*, p 17.

4 Le Réseau Régional d'Échange d'Informations et d'Expertise dans le secteur des déchets dans les pays du Maghreb et du Mashreq (REME), *op. cit.*, p 21.

dernier. L'accomplissement de ces deux missions passe nécessairement par un accroissement du besoin d'investissements et de financements devant, au demeurant, être opérés sans aggravation du déficit public.

De même, au niveau de la réalisation des projets urbains complexes, l'idée de création de structures dédiées, telles que les sociétés d'économie mixte, est de mise[1].

En effet, et face aux contraintes rencontrées pour la délégation des services publics à des opérateurs privés dans le cadre d'un partenariat public-privé, la recherche d'un nouveau cadre de gestion s'avère primordiale. D'où la nécessité de pousser la réflexion pour assurer une transition du partenariat public-privé à la gouvernance participative comme cadre de gestion du service public des déchets ménagers[2]. De ce fait, la loi 17.08[3] a institué une nouvelle forme de cette gouvernance appelée société de développement local (SDL), reconnue avant cette loi comme société d'économie mixte (SEM).

Cette nouvelle formule de gouvernance territoriale participative permet une association du public-privé basée sur une relation « *win-win* » en conciliant l'intérêt public, qui constitue l'essence de la raison d'être du service public, avec les intérêts financiers et économiques des partenaires privés[4].

De ce fait, la SDL constitue un cadre adéquat de synergie entre des acteurs locaux (l'État, les collectivités locales et le secteur privé) dans une relation contractuelle équilibrée afin de satisfaire les besoins de la population locale pour un meilleur service de traitement des déchets ménagers.

De plus, elle permettrait de répondre à des problématiques qui n'ont cessé de constituer des entraves à l'introduction des

---

1N. MADANI and B. NADIR, « The Local Development Corporation, for an effective management of municipal waste in Morocco », In : IJAR (International Journal of Advanced Research), Volume 3, Issue 12, December 2015, p 450.

2 Ibid.

3Dahir n° 1-08-153 du 22 safar 1430 (18 février 2009) (B.O. n° 5714 – 7 rabii I 1430 (5-3-2009)), cette forme a été reprise de la loi organique précitée relative aux communes.

4 N. MADANI and B. NADIR, *op. cit.*, p 453.

dimensions environnementales et sociales aboutissant à la concrétisation d'un développement durable et intégré.

Par cela, la relation entre les communes et les autres opérateurs, en particulier ceux du secteur privé, tend de la seule délégation du service à la participation stratégique dans sa gouvernance[1].

Les communes, autorités de tutelle de ce service, voient leur rôle s'intensifier sur deux volets : d'une part, comme administrateurs de l'organisme chargé de la gestion du service et, d'autre part, comme autorité régulatrice qui assure le contrôle et le suivi.

3- L'Agenda 21 local[2], un outil de cohésion territoriale

Lors de la conférence de Rio dite « Sommet de la Terre », en 1992, la communauté internationale s'est accordée autour de la définition et des principes du développement durable en affirmant l'intérêt global et en adoptant un programme dit « Agenda 21 ».

En ce qui concerne la formulation et l'analyse de la gestion des déchets ménagers respectueuse de l'environnement, l'Agenda 21 représente ainsi le document de référence. Le chapitre 21 du programme, Gestion écologiquement rationnelle des déchets solides et questions relatives aux eaux usées, se focalise sur cette problématique.

Il existe d'autres chapitres qui s'occupent directement de la problématique des déchets solides[3] :

- chapitre 19 : « Gestion écologiquement rationnelle des substances chimiques toxiques, y compris la prévention du

---

1 N. MADANI and B. NADIR, *op. cit.*, p 453.

2 Faisant référence au texte « Action 21 », adopté à la conférence des Nations Unies de Rio en 1992, l'agenda 21 local est un processus par lequel les collectivités territoriales élaborent un plan d'actions concrètes visant au développement durable de leur territoire, autour de trois axes : développement économique, équité sociale, protection de l'environnement, traités de manière intégrée et globale, intersectorielle et transversale.

3 R. T. DE VASCONCELOS BARROS, « Enjeux d'une gestion durable de déchets solides ménagers dans les villes moyennes du Minas Gerais (Brésil) », sous la codirection de BOTTA Henri et DELEUIL Jean-Michel, thèse de doctorat soutenue en 2003, Institut National des Sciences Appliquées de Lyon, pp 104-105.

trafic international illicite des produits toxiques et dangereux » ;

- le chapitre 21 préconise 4 programmes : i) la minimisation, ii) le recyclage et la réutilisation, iii) le traitement et la disposition respectueux de l'environnement et iv) l'augmentation de la couverture des services en matière de déchets.

Par ailleurs, une des présuppositions de l'Agenda 21 global est que les propositions se concrétisent au niveau local : les communautés qui utilisent les ressources naturelles doivent être mobilisées pour les protéger. Les bases méthodologiques du plan d'action Agenda 21 local sont incluses dans le chapitre 28 (« Initiatives des autorités locales… ») de l'Agenda 21 global, qui montre les bases des partenariats nécessaires pour atteindre les objectifs préconisés : *« Chaque autorité locale doit commencer un dialogue avec ses citoyens, organisations et entreprises privées et approuver un Agenda local*[1] *»*.

Étant une *« feuille de route qui définit les objectifs et les moyens de mise en œuvre du développement durable du territoire*[2] *»,* invitant toutes les collectivités territoriales à tirer parti de sa souplesse en tant qu'instrument décliné selon un processus de démarche de projet (passant par une phase initiale de diagnostic de l'état des lieux, puis une identification des objectifs prioritaires et s'achevant par une déclinaison du programme d'actions), l'agenda 21 local est considéré un outil hautement stratégique et opérationnel. Projet de territoire qui décline un ensemble d'actions (10-15 ans), il est le résultat de nombreux débats organisés à l'échelle d'un territoire. Il est régulièrement évalué. Ce document transversal, allié au développement économique local, lutte contre les inégalités sociales, encourage la protection environnementale,

1 R. T. DE VASCONCELOS BARROS, *op. cit.*, p 122.

2 M.-S. BOIZARD, « la mise en place d'un Agenda 21 intercommunal – le cas de Nantes Métropole », Mémoire de master II droit et administration des collectivités territoriales, université de Nantes, 2006, cité par : J. FIALAIRE, *op. cit.*, p 18.

l'aménagement du territoire et la gestion économe des ressources naturelles[1].

Il constitue bien un enjeu de changement culturel. Jusqu'à récemment, l'environnement était perçu comme facteur limitant l'aménagement du territoire. Il convient de dépasser cette dichotomie et de mener des aménagements durables. D'autre part, l'objet du développement durable est de décloisonner les domaines de compétences et de travailler en transversalité. Ceci suppose une gestion urbaine qui intègre des thématiques du développement durable dans les politiques publiques. L'Agenda 21 local entérine donc un projet de développement pour un territoire et ses habitants[2].

Dans la définition de l'Agenda 21 local, il n'y a pas de référence explicite à la question des déchets solides, ni d'ailleurs à quelconque thème en particulier. C'est aux acteurs territoriaux de définir ce qui est le plus important et urgent ; les décisions étant libres, à eux donc de hiérarchiser leurs besoins. La question des déchets solides ne se présente pas avec la même gravité partout. L'on peut donc lister des besoins selon une hiérarchie particulière : de toute manière, c'est aux collectivités territoriales de définir – en concertation – ce qui leur est le plus convenant. En l'absence de quelconques orientations supérieures, l'Agenda 21 suggère certaines formes de traitement des problèmes[3].

Ainsi, étant donné leurs attributions, les collectivités territoriales jouent un rôle prépondérant dans la mise en œuvre territoriale du développement durable ; elles exercent des responsabilités importantes dans des domaines qui sont autant d'enjeux dans cette perspective de durabilité : gestion de l'environnement (déchets, eau, espaces naturels…), urbanisation, aménagement territorial, etc., en plus de leur proximité, sur le plan administratif, de la population[4].

---

1 C. SPEIRS, « Le développement durable dans la ville », in MATAGNE, P. (Dir. Sous), 2005, Les enjeux du développement durable, L'Harmattan, Paris, p 130.

2 *Ibid.*, pp 130-131.

3 R. T. DE VASCONCELOS BARROS, *op. cit.*, p 125.

4 C. SPEIRS, *op. cit.*, p 124.

En outre, le Royaume du Maroc, par ses engagements internationaux[1], montre, depuis de nombreuses années, sa volonté d'intégrer dans sa politique nationale les fondements d'un développement durable répondant aux besoins des générations actuelles sans compromettre ceux des générations futures, prenant en compte les dimensions : environnementale, économique et sociale.

En effet, la régionalisation avancée engagée depuis quelques années, et notamment avec sa constitutionnalisation en juillet 2011, constitue un cadre propice au développement d'initiatives locales. Ainsi, plus les collectivités territoriales ont de pouvoirs autonomes, plus il est facile d'instaurer des programmes de développement durable.

Du fait, la mission des collectivités territoriales consiste en la mise en œuvre, sur leurs territoires, d'un ensemble d'actions ciblées visant l'amélioration du cadre de vie et des modes de gestion. Ces actions résultent d'un programme adopté et formalisé en concertation entre différents acteurs, l'Agenda 21 local[2].

En effet, la transposition durable de la gestion des déchets ménagers implique de considérer la ville comme un écosystème, c'est-à-dire comme un ensemble d'interrelations entre des êtres vivants et des milieux, en prélevant le moins possible de ressources et en réduisant au maximum ses rejets. Cette gestion intégrée et durable des déchets ménagers sera transcrite au niveau de l'agenda 21 local par une réduction de la production de déchets et une favorisation de leur utilisation comme ressources (collecte sélective, compostage individuel, production de biogaz).

Ainsi, la collectivité territoriale prépare des indicateurs (clairs, compréhensibles par tous, faciles à calculer et pertinents) pour mesurer les progrès par rapport aux objectifs comme : le taux de recyclage, la quantité des déchets mis en décharge, etc.

---

1 Dans le cadre des processus de Rio de Janeiro (1992) et de Johannesburg (2002) et des Conventions internationales.

2 C. SPEIRS, *op. cit.*, p 125.

Enfin, les collectivités territoriales pourraient faire de l'Agenda 21 local une occasion pour instaurer une pratique publique renouvelée[1] permettant l'implication des Marocains dans un véritable changement de société, tourné vers un grand respect des environnements, naturel et social.

§.2 – Territorialité des déchets ménagers, un pas vers un développement durable

Le territoire est le cadre adéquat pour une gestion intégrée et durable des déchets ménagers aboutissant à la réalisation d'un développement territorial durable.

Cependant, le territoire pertinent pour une gestion globale est rarement celui de la commune, voire celui de la province ou de la préfecture. Les décharges et les sites de dépôt ou de traitement se situent quasiment toujours hors du territoire communal ou de la province (le cas de la décharge d'Oum Azza qui englobe 13 communes réparties sur trois principales préfectures de la région Rabat-Salé-Kenitra). Car il a été impossible de les implanter sur le territoire communal, plusieurs recherches ont relevé la difficulté de trouver de nouveaux lieux de décharges, de dépôt et de traitement[2].

En outre, et en se servant des instruments de développement territorial cités *supra*, le dispositif de la gestion intégrée et durable des déchets ménagers représente un pas vers le développement territorial durable qui s'articule autour de deux volets principaux : la mise en œuvre d'une économie sociale et solidaire autour des déchets (paragraphe A) et la concrétisation d'une attractivité territoriale (paragraphe B).

A. Les déchets ménagers et l'économie solidaire et sociale

L'identité du domaine de l'économie sociale et solidaire reste encore mal définie dans le secteur des déchets ménagers[3]. Dans ce registre, le développement ne peut être durable que s'il dispose d'une finalité sociale.

1 C. SPEIRS, *op. cit.*, p 144.
2 C. LE JALLE (Coord.), *op. cit.*, p 116.
3 M. GILLET, *op. cit.*, p 88.

En effet, la gestion des déchets répond à deux principes de solidarité prévus dans le rapport de Brundtland : une solidarité horizontale à l'égard des plus fragiles et démunis et une solidarité verticale entre les différentes générations[1].

En ce qui concerne la solidarité horizontale, elle renvoie à la création d'emplois durables dans le domaine de la gestion des déchets. En revanche, la solidarité verticale consiste en la préservation des ressources naturelles pour les générations futures à travers la prévention de la production de déchets, en amont, et leur valorisation, en aval.

Au Maroc, bien que le secteur des déchets ménagers n'ait pas été spécifiquement identifié en tant qu'objectif stratégique dans la Stratégie d'assistance de la Banque mondiale, accordée au Maroc en 2005[2], il contribuerait à l'achèvement du premier objectif stratégique du CAS, à savoir « l'amélioration de la compétitivité et du climat des affaires » à travers la stimulation de partenariats entre le secteur privé et les autorités locales et l'amélioration de la compétitivité du Maroc, en tant que destination touristique privilégiée[3]. Cette opération contribuerait également à l'atteinte du second objectif stratégique portant sur « l'amélioration de l'accès aux services de base par les pauvres et les groupes défavorisés »[4], du fait que les services améliorés des déchets ménagers couvriront également les populations urbaines pauvres et intègreront également l'inclusion sociale des ramasseurs informels de déchets.

1- Réduction de la pauvreté et création d'emplois

Étant donné leur nature et leur composition, les déchets ménagers peuvent constituer une matière première pour diverses activités économiques, agricoles, artisanales ou industrielles. L'exploitation de ce gisement peut avoir des

1 J. P., MARÉCHAL, « Développement durable », in LAVILLE JL, CATTANI AD, Dictionnaire de l'autre économie, Desclée de Brouwer, 2005, pp. 125-133.
2 CAS-Maroc, 3 1879-MA du 14 juin 2005.
3 Ministère de la Transition Énergétique et du Développement Durable, Programme National des Déchets ménagers (PNDM), *op. cit.*
4 *Ibid.*

impacts positifs sur toute la chaîne de gestion des déchets et, au-delà, la génération d'emplois et de ressources.

Malheureusement, cet aspect de la gestion des déchets a demeuré longtemps ignoré par les gestionnaires de la chose locale, préoccupés d'abord par la collecte et l'évacuation des déchets. C'est au secteur informel que reviennent les activités de récupération, de recyclage et de transformation des déchets.

Nonobstant, en raison de contraintes techniques (tri manuel, déchets centralisés à la décharge) et économiques (méconnaissance des produits finis, coûts de production), les marges bénéficiaires sont faibles[1].

Cette tendance reflète l'évolution de la conception restreinte de la gestion des déchets : les déchets sont de plus en plus considérés comme des ressources, bien que l'impact économique de la valorisation soit encore mal connu. La gestion des déchets tend à s'élargir à la valorisation. Celle-ci devient alors une composante d'un schéma global et cohérent de gestion des déchets, selon une approche qui, à l'idéal, prend en compte d'autres objectifs (sociaux, économiques, sanitaires, environnementaux)[2].

Au Maroc, le système informel de récupération et de recyclage des déchets joue un rôle considérable dans les moyens de survivance des catégories sociales marginalisées. Ainsi, la Banque mondiale[3] dresse l'état des lieux de ce secteur au Maroc : le nombre d'individus qui tirent une partie de leurs revenus des décharges est estimé à 5.500, dont 3.500 sont directement impliqués dans la récupération et le recyclage informel des déchets et 2.000 sont des bergers. Ces chiffres peuvent augmenter selon la saison en fonction du taux de croissance de l'économie. En temps normal, certains de ces individus ne sont pas des récupérateurs de déchets, mais des chocs systémiques ou d'autres catastrophes peuvent néanmoins les pousser à se rendre dans les décharges dans l'espoir d'augmenter un peu leur revenu. Le revenu mensuel moyen d'un

1 Programme « Gestion durable des déchets et de l'assainissement urbain », *op. cit.*

2 *Ibid.*

3 Voir Banque Mondiale, Prêt de Politique de Développement du Secteur des Déchets Ménagers, *op. cit.*, p 35.

ramasseur de déchets est de 2.300 dirhams (à peu près 200 euros) par mois et le revenu supplémentaire tiré de la surveillance d'un troupeau tourne autour de 1.000 dirhams (à peu près 90 euros) par mois. Parmi ces récupérateurs actifs, on estime à 20% la part des femmes ; 15% des ramasseurs actifs ont moins de 18 ans et 10% ont plus de 65 ans. Les externalités sociales négatives de la récupération informelle des déchets comprennent notamment la perte de revenu, des impacts négatifs sur l'éducation des enfants et des risques pour la santé de tous les ramasseurs[1].

Du fait, et sans des mesures d'atténuation adéquates, les réformes risquent d'avoir des impacts négatifs directs importants sur les récupérateurs et des impacts indirects sur d'autres groupes sociaux et d'autres secteurs économiques. La fermeture des décharges sans mesures d'accompagnement engendrera pour beaucoup la perte d'emploi, de revenu, voire d'habitat, la perte économique totale étant estimée à 88 millions de dirhams (à peu près 8 millions d'euros) par an.

L'expérience passée des fermetures des sites de Fès, d'Oujda et d'El Jadida a montré que 20 à 30% des ramasseurs qui, normalement, collectaient des déchets sur ces sites étaient amenés à se rabattre sur la collecte de déchets récupérables dans les rues des grandes villes, en y reportant par conséquent le problème[2].

Entre 200 et 300 familles vivant dans le périmètre des décharges risquent de perdre leur habitation. En outre, en l'absence de mesures d'accompagnement à la formalisation de la récupération, la diminution importante du volume des matières recyclables engendrerait une perte supplémentaire : les industries ayant normalement recours au recyclage informel devraient alors se tourner vers des importations. Une réduction de 15% de la quantité de matériaux recyclés (estimation conservatrice parmi celles provenant des activités informelles),

---

1 Voir Banque Mondiale, Prêt de Politique de Développement du Secteur des Déchets Ménagers, *op.cit.*, p 35.
2 *Ibid.*

se traduirait par une augmentation de 30% des coûts des intrants, en raison des prix plus élevés et des taxes[1].

Par ailleurs, les contrats conclus dans le cadre de la délégation du service public relatif à la gestion des déchets ménagers ne comportent pas de dispositions particulières de dimension sociale relatives à l'encadrement, la formation et l'organisation des trieurs et des recycleurs qui opèrent dans la décharge publique[2].

Dans ce cadre, l'organisation de ces récupérateurs dans le circuit formel à travers des coopératives ou de très petites entreprises permettrait de générer des emplois stables et contribuerait à l'augmentation de leurs salaires.

En outre, vu la petite taille des entreprises à mettre en place, en plus de la nature de leurs activités, réduites principalement à la collecte, au tri et à la réutilisation, et prenant en considération le rôle prépondérant du niveau territorial auquel doit être planifié ce secteur, il s'avère fortement recommandé l'encouragement du développement de collaborations entre ces organisations à caractère social plus que commercial et les communes[3]. Ces collaborations peuvent être manifestées à travers des actions comme l'intégration des récupérateurs informels dans le système formel de gestion des déchets et la reconversion d'autres groupes vers différentes activités, en plus d'autres actions visant à sensibiliser les décideurs et le secteur privé aux problèmes majeurs[4].

Au-delà, l'application du principe de responsabilité élargie des producteurs pourrait établir de nouveaux flux de matériaux et de capitaux liés au développement de nombreux produits et de nouvelles filières. Les pressions croissantes en faveur des politiques d'optimisation de l'utilisation des ressources naturelles et, en particulier, de leur utilisation en circuit fermé, auront, entre autres, pour effet d'accroître les activités de collecte sélective, de recyclage et de réutilisation, créant de

1 Banque Mondiale, Prêt de Politique de Développement du Secteur des Déchets Ménagers, *op.cit.*, p 35.

2 Rapport de la cour des comptes, 2014, *op. cit.*, p 148.

3 M. GILLET, *op. cit.*, p 87.

4 Voir Banque Mondiale, Prêt de Politique de Développement du Secteur des Déchets Ménagers, *op. cit.*, p 36.

nouvelles opportunités en termes d'activités économiques et de création d'emplois[1].

D'autre part, le changement du mode de gestion peut entraîner des répercussions sociales que la collectivité ne souhaite pas déclencher, sur les deux plans : humain et politique. Il serait souhaitable qu'un changement de mode de gestion soit neutre tant sur le plan de l'emploi que sur celui du coût pour la collectivité. Un changement de mode de gestion, au bénéfice d'une gestion déléguée, ne doit ni être à l'origine d'une perte « sèche » d'emploi pour les agents, ni conduire à un frein quelconque sur le déroulement de leur carrière. À la fin d'un contrat de délégation, la question de l'avenir du personnel en place se pose obligatoirement. Elle peut aussi se poser en cours de contrat en cas de bouleversement de l'économie globale ou de dénonciation de la part de la collectivité pour des motifs prévus dans le contrat. Et à défaut d'obligation légale ou conventionnelle, il peut y avoir évidemment reprise, moyennant des accords volontaires. En tout état de cause, les conditions de reprise seront très diverses selon les situations : signature d'un contrat de travail de droit privé ou statut de droit public, maintien ou non du statut collectif ou de l'ensemble des stipulations des contrats de travail… La réversibilité est donc indissociable de l'examen des clauses sociales[2].

Toutefois, la réflexion se poursuit actuellement sur la possibilité de création de « contrats publics à durée indéterminée » qui pourraient être utilisés dans le cadre de services administratifs fonctionnels de la collectivité en évitant ainsi des licenciements coûteux et aux conséquences sociales inutiles[3].

Par ailleurs, du point de vue de la création d'emplois, une étude a été menée pour tenter de quantifier le pourcentage des emplois verts créés ou à créer sur le marché de l'emploi national grâce à la mise en œuvre des divers programmes nationaux de mise en valeur de l'environnement, dont les résultats préliminaires montrent que 12 000 à 18 000 emplois seront

1 M. GILLET, *op. cit.*, p 79.
2 S. GUERIN (coord.), *op. cit.*, p 41.
3 *Ibid.*, p 43.

créés par le PNDM d'ici à 2020[1]. Ces prévisions ont été également confirmées par le rapport du ministère de l'Énergie, des Mines de l'Eau et de l'Environnement de février 2012, intitulé « Mobilisation pour une croissance verte au Maroc », et qui a identifié les potentiels de développement des filières vertes[2].

2- La lutte contre la précarité et l'exclusion sociale

L'intégration de la valorisation à la filière de gestion des déchets a des retombées sur plusieurs niveaux : économique et financier (création d'emplois et de ressources, production de matières premières secondaires pour l'artisanat, l'agriculture et l'industrie, impact sur les coûts globaux de gestion de la filière déchets), mais également sociaux (lutte contre la marginalisation sociale et la pauvreté urbaine)[3].

En effet, l'instauration d'entreprises à caractère social en matière des déchets ménagers permet de mettre à disposition des personnes ayant un revenu limité des objets de première nécessité (meubles, vêtements…) à des prix abordables, ce qui contribuerait à préserver leur dignité, distribuant ainsi un double dividende, environnemental et social[4].

Les activités suivantes sont alors dotées d'une utilité sociale : le tri, le contrôle et le nettoyage ; la collecte séparative des déchets augmente le réemploi de certains biens. Néanmoins, pour s'inscrire dans une perspective de développement durable, les conditions sociales des travailleurs des déchets doivent être prises en considération. Plusieurs travaux ont montré que les récupérateurs et les éboueurs travaillent généralement dans des conditions sociales précaires et sont exposés à des risques sérieux de santé (maladies respiratoires, maux de tête, maladies de la peau, maladies oculaires). Du fait, la préparation et la mise en œuvre d'un programme d'inclusion sociale est le premier pas

1 Commission Économique des Nations-Unies pour l'Europe, *op. cit.*

2 Ministère de l'Energie, des Mines, de l'Eau et de l'Environnement, Département de l'Environnement, Développement durable au Maroc, Bilan et perspectives de Rio à Rio+20, 48 p.

3 Programme « Gestion durable des déchets et de l'assainissement urbain », *op. cit.*

4 M. GILLET, *op. cit.*, p 84.

pour améliorer la performance sociale de la gestion des déchets solides.

Au Maroc, une grande partie du secteur des déchets fonctionne de manière informelle, en particulier en ce qui concerne le tri, le recyclage et l'élimination des déchets dans des décharges sauvages. Le PNDM dispose de mesures qui encouragent des initiatives d'inclusion des collecteurs de déchets pour garantir que les collecteurs de déchets du secteur informel soient systématiquement intégrés dans le secteur restructuré et modernisé.

Un exemple réussi de cette initiative est la coopérative de collecteurs de déchets d'Attawafouk développée en assistance de l'ONG internationale CARE et de l'exploitant du site de la décharge. Après que la phase initiale a commencé en 2007, des collecteurs de déchets du secteur informel travaillant à la décharge désaffectée d'Akreuch, ont été intégrés en juin 2011 et organisés en coopérative œuvrant au nouveau centre de tri d'Oum Azza près de la ville de Rabat.

Ce projet a abouti à la reconnaissance de la profession du trieur de déchets par le biais de la création d'une coopérative (176 trieurs dont 22 femmes) en leur fournissant un soutien technique et financier[1]. Cette approche a contribué, sur le plan social, à l'amélioration des conditions de travail et à la préservation des revenus de plus de 150 familles, sur le plan environnemental, à l'optimisation de la valorisation du potentiel recyclable des déchets, et sur le plan économique, à l'organisation, sur une échelle territoriale couvrant 13 communes desservies par cette décharge (environ 2 millions de la population nationale), à l'organisation de la filière valorisation-recyclage par leur intégration au circuit formel.

3- La gestion intégrée et durable des déchets ménagers et la cohésion sociale

Par ailleurs, pour mesurer les inégalités écologiques, il convient de mesurer l'impact des populations sur leur

---

1 Le Réseau Régional d'Échange d'Informations et d'Expertise dans le secteur des déchets dans les pays du Maghreb et du Mashreq (REME), Rapport pays sur la gestion des déchets solides au Maroc, *op. cit.*, p 22.

environnement : c'est-à-dire de voir quelles sont les populations qui produisent plus de déchets que les autres et qui donc produisent une source de pollution potentielle plus importante[1].

Les risques relatifs aux déchets correspondent à la probabilité qu'une population soit affectée par la nuisance, également qualifiée d'aléa-stress. Cette probabilité dépend en partie de la vulnérabilité des populations ; vulnérabilité, elle-même accrue par la présence de déchets. Il s'agit d'une « vulnérabilité sociale » ou « vulnérabilité différentielle » qui suppose que certains individus sont « plus vulnérables que d'autres parce qu'ils n'ont pas les moyens (en général financiers, mais aussi culturels, technologiques, voire physiques) de se prémunir aussi bien que d'autres, mieux lotis de ce point de vue, contre les aléas[2] ».

De façon plus large, il s'agit de la « vulnérabilité urbaine » qui « n'est pas seulement la susceptibilité à subir des dommages, mais aussi la propension de la société urbaine à les engendrer[3] ». La vulnérabilité urbaine s'applique à un périmètre plus étendu que la seule vulnérabilité des populations[4].

C'est le résultat d'une vulnérabilité différenciée des populations. Celle-ci s'exprime dans ce cas par la capacité à se défaire des déchets, c'est-à-dire l'accès ou non au service public de collecte. Une population dont les institutions ont mis en place un service public de propreté diminue sa vulnérabilité par rapport aux déchets. Elle a alors utilisé des ressources collectives pour ne plus être exposée aux nuisances et aux risques. Au contraire, les populations recevant les déchets n'ont pas la capacité de les évacuer dans de bonnes conditions. Elles vivent de la valorisation des déchets (recyclage informel de déchets solides, agriculteurs réutilisant les eaux usées) ou pâtissent de la proximité de dépotoirs (rejets d'égouts, décharge

1 M. DURAND, *op. cit.*, p 16 .

2 J.P. GALLANT, vulnérabilité, risques, sécurité, dans Dictionnaire de l'aménagement du territoire, paris, 2009 : Belin, p. 183-212 cité par : M. DURAND, *op. cit.*, p 18.

3 R. D'ERCOLE et al., Vulnerabilidades urbanas en los países andinos, Bulletin de l'IFEA, n°38-3, 2009, lima: iFea, pp 401-976 cité par : M. DURAND, *op. cit.*, p 18.

4 M. DURAND, *op. cit.*, p 18.

sauvage, etc.). Outre le fait de recevoir les déchets des autres, ces populations n'ont la plupart du temps pas la capacité d'évacuer leur propre production. C'est-à-dire qu'elles n'ont pas accès aux réseaux publics de collecte. Les deux nuisances viennent alors se cumuler. Les nuisances sont donc déplacées, en fonction d'une vulnérabilité différenciée des populations. C'est cette conjonction entre la nuisance (« aléa-stress ») et la vulnérabilité des populations qui aboutit à un constat de risque. Les populations recevant les déchets et n'ayant pas elles-mêmes accès aux services de collecte sont exposées aux risques environnementaux, sanitaires, etc. plus que toutes les autres. Les risques sont ainsi transférés des populations productrices de déchets vers les populations réceptrices. Le transfert de risques est constitutif des inégalités environnementales et écologiques, puisqu'il les construit et les renforce[1].

En revanche, la gestion intégrée et durable des déchets contribuera à l'extension de la couverture du service public y afférent, ce qui permettrait l'accès équitable aux services dans les zones pauvres et défavorisées, récompensant cette question par l'instauration d'une cohésion sociale.

Le développement territorial durable suppose en effet une gestion harmonieuse du territoire, « qui a pour autre ambition de trouver des compromis acceptables entre les objectifs – a priori opposés – du développement urbain (l'économique, le social et l'écologique)[2] ».

La gestion des déchets sous l'angle du territoire durable implique alors d'équilibrer la protection de l'environnement, avec les besoins sociaux d'accès au service public et la stabilité économique de leur fonctionnement. La gestion actuelle des déchets contient toutefois des éléments positifs à ne pas négliger, permettant d'aller vers une certaine durabilité par rapport à l'environnement. Il s'agit des pratiques informelles de valorisation des déchets. Le modèle actuel est source de nombreux risques et inégalités, il ne faut pas pour autant le

---

1 M. DURAND, *op. cit.*, pp 18-19.

2 C. EMELIANOFF, développement durable, dans Dictionnaire de l'aménagement du territoire, 2009, Paris: Belin, pp 133-182 cité par : M. DURAND, *op. cit.*, pp 18-19.

rejeter dans son intégralité, puisqu'il permet au système urbain de fonctionner, tout comme il permet de tirer un certain profit (économique et environnemental) d'une partie des déchets.

La collecte et l'évacuation des déchets, bénéficiant aujourd'hui à la majorité de la population, permettent d'offrir un environnement local relativement sain à une grande partie des habitants des villes marocaines. Cependant, cette propreté locale n'est pas synonyme de protection environnementale, car une grande partie des déchets est évacuée sans traitement. La propreté locale se fait donc au prix d'une pollution déplacée à un autre endroit. C'est la conséquence des transferts de risques. Malgré cette pollution, d'autres pans de la gestion des déchets permettent de prendre en compte la dimension environnementale du développement durable ; un mot d'ordre : leur valorisation. Celle-ci se fait au prix d'une grande vulnérabilité des récupérateurs des déchets. Les populations affectées par les risques au niveau local sont celles qui agissent dans le sens d'une meilleure prise en compte de l'environnement à l'échelle territoriale. L'action de ces recycleurs permet de limiter l'impact écologique des habitants de la ville, tout en mettant en danger leur propre santé. La prise en compte de la dimension environnementale du développement durable se fait donc au détriment de sa dimension sociale, venant accroître les inégalités environnementales et écologiques. Ils sont encore très souvent stigmatisés, ces « éboueurs », comme vivant dans des conditions d'insalubrité et d'informalité. Les recycleurs méconnaissent souvent, comme d'ailleurs le cas pour une grande partie des citoyens, le caractère d'intérêt public de leur action. Cette figure met en avant le fait que seules deux techniques de traitement permettent de limiter les conséquences sur l'environnement : la valorisation formelle et la valorisation informelle. Or, la valorisation formelle est quasiment inexistante dans les villes marocaines, exception faite à l'expérience limitée au niveau de la décharge d'Oum Azza précitée. L'essentiel se fait pour le moment à travers les acteurs informels, agissant la plupart du temps dans des conditions insalubres et indécentes. Le principal circuit aboutissant à une prise en compte de la dimension environnementale du développement durable passe donc par

une situation de risque local très élevé. C'est-à-dire que les populations et les quartiers stigmatisés pour leur insalubrité sont en réalité quasiment les seuls agissant pour améliorer la qualité de l'environnement urbain. Il y a alors une forte contradiction entre les impacts négatifs subis par ces populations et l'intérêt de leur action pour la société urbaine[1].

B. De la valorisation du local à la marchandisation du territoire

Si le patrimoine est un facteur de développement pour les territoires qui sert à construire une image territoriale forte à laquelle peuvent s'identifier les acteurs favorisant l'attractivité et la fixation sur le territoire, sa valorisation pour un développement durable reflète l'importance des facteurs culturels et elle peut être un terrain d'initiatives pour toutes les collectivités territoriales[2].

De même, la valorisation et la conservation du patrimoine naturel, qui est ancré dans l'identité des territoires et qui participe largement à la qualité du cadre de vie, contribue à la valorisation et à la marchandisation du territoire[3].

Aussi, un nombre croissant d'acteurs ont-ils été convaincus que la mise en œuvre des principes de développement durable peut leur être très utile en termes d'image : une ville durable, un territoire durable, est synonyme de modernité, de développement raisonné, maitrisé[4].

Dès lors, une gestion anarchique des déchets contribue à la dégradation du patrimoine naturel et culturel en raison des nuisances environnementales qu'elle cause.

Du fait, la gestion des déchets ménagers a connu un renforcement réglementaire imposant des contraintes techniques

---

1 M. DURAND, *op. cit.*, pp 21-22.

2 L. VERDELLI, Le développement durable : des définitions, aux outils, aux mises en œuvre opérationnelles en Indre-Et-Loire, in : Les espaces périphériques urbains et le développement durable : analyse à partir du cas de l'agglomération tourangelle, SERRANO, J. (dir. Sous), Programme interdisciplinaire développement urbain durable, CNRS, Université de Tours, volume 2 : recueil de travaux, décembre 2007.

3 L. VERDELLI, *op. cit.*

4 G. LOINGER, *op. cit.*, p 48.

visant un meilleur respect du milieu naturel et de la santé humaine dans un milieu de vie sain et sauf.

En effet, il existe une relation intrinsèque entre les facteurs d'attractivité des territoires et la production des déchets.

1- La gestion intégrée et durable des déchets ménagers, un moyen pour une attractivité territoriale

L'attractivité d'un territoire peut être assimilée à la capacité de ce territoire à attirer et à retenir les facteurs mobiles de production et/ou la population. Elle est alors définie comme « la capacité d'un territoire à être choisi par un acteur comme zone de localisation (temporaire ou durable) pour tout ou partie de ses activités[1] ».

D'ailleurs, le repérage des liens d'articulation entre attractivité et durabilité est primordial avant de penser le territoire vert comme un territoire tant durable qu'attractif parce qu'il met en relief l'influence mutuelle des notions de développement durable et de localisation des activités, bien qu'elles aient été, pour longtemps, étudiées séparément[2].

Dès lors, la localisation des activités effectue des incidences directes et indirectes sur le développement durable et de même, le développement durable a un impact sur l'implantation des activités, comme le démontre Éric Olszak en prouvant que le développement durable induit une « reterritorialisation » des activités[3].

Par ailleurs, le territoire vert est considéré comme un territoire attractif pour les entreprises, propice à l'éco-innovation et qui peut être le résultat de la reconversion d'anciens territoires marqués par l'industrie lourde, en faisant émerger les acteurs adéquats à la fabrication de ces territoires verts[4], dont les acteurs de la gestion des déchets ménagers ne sont pas loin de cette perspective.

---

1 J. POIROT, H. GÉRARDIN, « L'attractivité des territoires : un concept multidimensionnel », in : Mondes en développement, 1/2010 (n° 149), p 27.
2 J.-M. CARDEBAT, D. UZUNIDIS, « Introduction générale », in : Marché et organisations, 2/2012 (N° 16), p 19.
3 *Ibid.*
4 J.-M. CARDEBAT, D. UZUNIDIS, *op. cit.*, p 20.

Considéré comme un instrument de « marketing urbain » qui pourrait assurer une sorte d'avantage compétitif pour les territoires, la promotion d'un développement durable peut constituer un atout majeur en terme d'attractivité : c'est une façon de se positionner sur des valeurs, de donner une plus grande importance à l'Homme, au capital humain, aux aspirations personnelles des individus, replacées dans le contexte des aspirations collectives de la société civile locale et de la fragilité des équilibres homme/nature[1].

Du fait, les acteurs visés par les facteurs d'attractivité d'un territoire sont, d'une part, l'ensemble des ménages ou des groupes spécifiques de ménages et, d'autre part, les investisseurs lorsqu'ils veulent implanter ou développer leurs activités sur un territoire[2].

Ainsi, pour attirer durablement, à la fois, les ménages et les investisseurs, les décideurs territoriaux peuvent recourir à deux approches, en allant au-delà d'un simple « marketing territorial » : d'une part, créer des territoires durables, dans le but d'attirer et de retenir les ménages et, par conséquent, d'exercer une attraction, quelquefois indirecte, sur les investisseurs et créer des « *clusters* », dénommés dans certains pays, « *pôles de compétitivité* », destinés à renforcer la coopération entre tous les acteurs d'un même territoire, d'autre part[3].

Il apparaît donc que le développement durable est et sera, de plus en plus, un argument pertinent en matière de compétitivité et d'attractivité des territoires.

Ainsi, un système intégré et durable de la gestion des déchets ménagers incite les usagers de ce service public à procéder à un tri, permettant le recyclage de la plus grande partie de ces déchets, et par conséquent, à amorcer une dynamique de production tendant vers moins de déchets et de nuisances environnementales, plus de propreté et de perspectives industrielles.

2- De nouvelles perspectives industrielles

---

1 LOINGER, G., *op. cit.*, p 48.
2 POIROT, J., GÉRARDIN, H., *op. cit.*, p 30.
3 *Ibid.*, p 34.

Le territoire, comme espace de connaissance et de reconnaissance socio-économique, prône l'objectif de la « valorisation » et de la préservation de l'environnement, notamment par la création de nombreuses start-up innovantes dans le domaine de la gestion des déchets, de nouveaux emplois, de modes urbains et de services innovants, de l'émergence de l'écologie industrielle ou encore de circuits agro-alimentaires courts[1].

L'Homme a produit, de tout temps, des déchets et cherchant à s'en débarrasser. Aujourd'hui, autant qu'hier, les activités humaines produisent des déchets de sorte que les décharges en débordent, laissant chemin libre pour l'instauration d'une véritable industrie où c'est le déchet qui devient matériau à traiter et qu'il faut valoriser[2] pour plusieurs objectifs d'utilité.

En effet, l'accumulation des déchets permet de nouvelles perspectives industrielles, particulièrement en matière de recyclage. L'industrie du recyclage peut être considérée comme une composante majeure d'une industrie de l'environnement[3].

Par ailleurs, la revalorisation des déchets par recyclage contribue à la réconciliation du consommateur avec son environnement dans la mesure où il y a moyen d'inverser les termes du problème entre ressources non renouvelables et consommation.

De plus, les déchets constituent une matière première pour certaines activités et par conséquent, l'exploitation de ce gisement pourrait avoir des avantages considérables sur toute la chaîne de gestion des déchets comme des produits marchands à valeur économique en plus de la contribution à la génération de l'emploi et de ressources financières.

En outre, cette industrie des déchets peut s'articuler autour de plusieurs filières selon la proposition suivante[4] :

---

1 J.-M. CARDEBAT, D. UZUNIDIS, *op. cit.*, p 12.

2 M. LAMY, Au nom de l'écologie et du développement durable, Ed. Le Sang de la Terre, paris, 2010, p 211.

3 H. WITTMANN, M. VÉRONIQUE, M., « Le recyclage des déchets : approche économique d'une activité nouvelle », in : Revue française d'économie, Volume 11 n°3, 1996, pp 166-167.

4 M. LAMY, *op. cit.*, pp 217-218.

- filière papier, carton et journaux : déchets transformés en pâte à papier ;
- filière bouteilles et autres débris de verre : redeviennent du calcin, matière première en industrie verrière ;
- filière cannettes et autres éléments métalliques : réutilisés en partie pour la fabrication de carrosserie de voiture ou de cadres de bicyclette ;
- filière bouteilles en plastique : se transformeront en tuyaux, meubles de jardin, et même vêtements en fibre polaire.

Dans le même sens, un nouveau concept avait émergé, l'économie circulaire. Il englobe la réduction des déchets en amont par l'écoconception des produits, le remplacement de la vente de produits par la vente de services ou la location (économie de fonctionnalité), peu génératrice de déchets, le réemploi et enfin le recyclage[1]. Cette organisation consiste à rechercher au maximum la réutilisation des sous-produits de chaque processus de production ou de consommation pour réintégrer ces derniers et éviter leur dégradation en déchets, tout en les considérant comme des ressources potentielles.

Le développement de l'économie circulaire nécessite la mise en place de plusieurs mesures incitatives : mesures de labellisation et de normalisation et promotion d'une bourse des déchets.

En d'autres termes, l'avantage comparatif de ces produits et leur caractère écologique ne les dispensent pas des autres exigences et contraintes du marché. Cependant, cet atout peut être avantageusement mis à profit, comme argument de vente, pour le marketing des produits de recyclage. Dans cette perspective, une normalisation et une labellisation de certains produits contribueront grandement à l'organisation du secteur du recyclage au Maroc et au développement de ses activités[2]. La loi cadre 99.12 portant Charte de l'environnement et du développement durable a institué, par son article 31, un système

---

1 L. HAOUAOUI, F. LOUKIL, *op. cit.*, p 21.

2 MATEE, Développement du secteur de recyclage des déchets solides au Maroc, *op. cit.*, p 25.

d'écolabel visant la promotion des produits et des services ayant un impact réduit sur l'environnement.

Quant au deuxième volet, la promotion d'une bourse des déchets pour le développement des échanges commerciaux entre les opérateurs du secteur contribuerait à favoriser la récupération et la valorisation des déchets.

Les activités de recyclage des déchets ménagers au Maroc sont dominées par quatre principales filières : papier/carton, plastique, métaux et verre. Chacune de ces principales filières dispose de ses propres modes de gestion et d'organisation, de ses propres opérateurs et circuits commerciaux. Ces circuits, bien établis, aboutissent souvent, après le passage par plusieurs intermédiaires, à deux ou trois grossistes qui contrôlent la quasi-totalité de l'offre de la filière. Cette situation limite la concurrence, concentre les plus-values dans l'intermédiation, renchérit la valeur marchande des produits de récupération et freine ainsi le développement du marché des produits de recyclage.

Par ailleurs, la création d'une bourse virtuelle de déchets permettra de combler cette lacune et de promouvoir les échanges commerciaux entre les opérateurs du secteur. Elle aura pour objectif général l'organisation des circuits commerciaux du secteur par la mise en relation des opérateurs et la diffusion des informations relatives aux offres et aux demandes en matière des déchets valorisables[1].

D'autre part, et afin de réduire les charges liées au transport de ces « ressources » et par ricochet les éventuels gaz à effet de serre y afférents, il s'avère judicieux de promouvoir l'implantation des usines de retraitement et de valorisation et des déchetteries au plus près du lieu de production des déchets[2].

Le champ du développement durable est, en effet, à l'origine de nouvelles formes d'organisation industrielle qui transcendent les frontières sectorielles classiques au profit de logiques territoriales[3].

1MATEE, Développement du secteur de recyclage des déchets solides au Maroc, *op. cit.*, p 25.

2 M. LAMY, *op. cit.*, p 213.

3 J.-M. CARDEBAT, D. UZUNIDIS, *op. cit.*, p 12.

Cependant, ces formes de coopération et de fertilisation mutuelle sont impulsées par les pouvoirs publics qui ont pour objet de mettre en relation des acteurs initialement concurrents ou issus de mondes différents et qui s'ignorent[1].

3- De la promotion touristique

Il existe un véritable défi pour instaurer un développement durable à l'échelle planétaire. Il consiste à conjuguer progrès des sociétés, croissance économique équitable et préservation de l'environnement.

Par ailleurs, le tourisme, étant un des secteurs économiques, n'échappe pas à mener une réflexion de fond sur ses modes de production. Il va de soi qu'il doit prendre en compte les trois piliers du développement durable, vu les relations complexes qu'il entretient avec les territoires et étant à la fois un facteur de développement et une source de nuisances environnementales fortes.

L'impact environnemental du tourisme étant de plus en plus interrogé à l'échelle mondiale, l'écotourisme a fait son apparition à la fin du 20e siècle. Cette nouvelle forme de tourisme contribue à la protection de l'environnement et au bien-être (économique, social et culturel) des populations locales tout en permettant aux voyageurs de s'ouvrir au monde[2].

L'écotourisme est un exemple de politique permettant un développement durable sur un territoire local, régional ou national. C'est une option pour limiter au maximum la pollution de l'air, de l'eau et du sol et la production de déchets, à la fois, par les entreprises touristiques et les touristes[3].

De nouveaux modes de consommation et de gestion des entreprises touristiques, et tout particulièrement dans l'hôtellerie, doivent s'étendre pour limiter la production de déchets spécifiques.

Étant donné sa contribution à la limitation des risques de pollution ou de dégradation de l'environnement, à cause du

1 J.-M. CARDEBAT, D. UZUNIDIS, *op. cit,*.
2 E. LEROUX, « Vers un Tourisme Durable ou un écotourisme », in : Management & Avenir, 4/2010 (n° 34), p 234.
3 *Ibid.*

manque ou des faiblesses du système de gestion des déchets solides engendrés par les activités touristiques, la gestion intégrée et durable des déchets instaure les prémices d'un tourisme durable[1].

Au Maroc, le secteur des déchets ménagers n'a pas été spécifiquement identifié en tant qu'objectif stratégique dans la stratégie d'assistance de la Banque mondiale accordée au pays en 2005 (CAS-Maroc, 3 1879-MA du 14 juin 2005)[2] dans le cadre de l'opérationnalisation du PNDM. Nonobstant, l'opération proposée contribuera à l'achèvement du premier objectif stratégique du CAS, à savoir « l'amélioration de la compétitivité et du climat des affaires » à travers la stimulation de partenariats entre le secteur prive et les autorités locales et l'amélioration de la compétitivité du Maroc en tant que destination touristique[3].

En effet, les conséquences environnementales de la gestion intégrée et durable des déchets ménagers renforcent l'image de marque du territoire en question et le positionnent comme destination touristique favorite caractérisée par son image de ville propre et durable, ce qui contribue à la promotion de l'écotourisme. Ces propos puisent leurs fondements des exemples de villes marocaines propres et qui séduisent de plus en plus de touristes nationaux et internationaux rien que pour leur caractère propre (Ifrane, Chefchaouen ou Asilah, entre autres).

Ainsi, la réalisation d'un « territoire vert » constitue pour les décideurs politiques une innovation organisationnelle et institutionnelle radicale et son fonctionnement requiert des mécanismes de gouvernance et de pilotage formels, généralement pris en main par des équipes réduites spécialisées et volontaires[4].

Aujourd'hui, le Maroc dispose d'approches territoriales modernes et d'outils performants, permettant d'asseoir les bases

---

1 J.-M. CARDEBAT, D. UZUNIDIS, *op. cit.*, p 12.

2 Banque Mondiale, Prêt de Politique de Développement du Secteur des Déchets Ménagers, *op. cit.*

3Ministère de la Transition Énergétique et du Développement Durable, Programme National des Déchets ménagers (PNDM), *op. cit.*

4 J.-M. CARDEBAT, D. UZUNIDIS, *op. cit.*, p 12.

d'une opérationnalisation nationale/régionale ou locale du développement durable.

En effet, les mesures institutionnelles récentes ont contribué à renforcer le rôle des collectivités territoriales dans les processus de développement durable. Leurs attributions élargies dans le cadre de la régionalisation avancée leur permettent d'apporter une contribution déterminante au développement durable des territoires, par la valorisation des potentialités et des ressources propres à chaque région et le renforcement de la démocratie participative dans l'élaboration et la mise en œuvre de projets structurants.

D'importants projets et initiatives de partenariat ont été mis en place, notamment : la mise en œuvre des Agendas 21 locaux avec plus d'une vingtaine d'expériences menées et les processus engagés d'intégration systématique de la gestion environnementale dans la planification stratégique territoriale, etc.[1]

Par ailleurs, le développement territorial durable est confronté à plusieurs obstacles entravant sa diffusion ; premièrement, on peut citer le manque flagrant d'instruments de mesure et d'évaluation statistique de l'efficacité des politiques à fort marquage de développement durable sur le plan territorial, dont la politique de la gestion intégrée et durable des déchets ménagers. D'autant, l'absence de capacité d'anticipation des acteurs territoriaux constitue un deuxième handicap où il est souvent constaté la tendance de se limiter à la gestion à court terme, voire du quotidien. D'un autre côté, le manque d'outils en termes de débat démocratique, constituant un cadre d'expression approprié pour s'épanouir, reflète un autre obstacle à l'émergence d'un développement territorial durable[2].

Le statut des déchets ménagers relève du service public ; il s'agit d'une logique complexe et en évolution rapide nécessitant une modernisation profonde et urgente. Un service public de gestion des déchets ménagers ne peut plus opérer sans un acteur

1 Ministère de l'Energie, des Mines, de l'Eau et de l'Environnement, Département de l'Environnement, Développement durable au Maroc, Bilan et perspectives de Rio à Rio+20.

2 CH. VAN DERMOTTEN (sous la dir.), Le développement durable des territoires, Editions de l'Université de Bruxelles, 2002, Bruxelles, pp 48-49.

complémentaire destiné à jouer un rôle fondamental, c'est-à-dire le citoyen-consommateur qui, peu sollicité jusqu'à présent, devient le pivot de la réussite de l'opération[1].

Les efforts rationnels qui lui sont actuellement réclamés consistent en une implication individuelle dans le tri de ses déchets ; c'est sa contribution à la préservation de l'environnement. La notion de service rendu nécessite donc une réflexion préalable sur sa nature et sa destination[2].

Cette participation du citoyen-consommateur concerne aussi les déchets d'emballage par le renforcement de l'éducation sur la gestion des déchets ménagers en établissant une politique permanente de sensibilisation des citoyens et du secteur sur les questions liées à ce sujet. Il s'agit d'une nouvelle philosophie générale qui veut que l'on passe du « trier plus » actuel au « jeter moins » de demain avec la nécessité de modifier les attitudes comportementales de chacun vers l'écoconception.

En outre, le rôle de la participation publique dans la gestion des déchets ménagers gagne de plus en plus de place dans la politique nationale.

Ainsi, la question de la gestion des déchets ménagers n'est pas loin de cette tendance. Cela permet une approche intéressante et concrète du développement durable en cristallisant les problèmes environnementaux, sociaux et économiques sous une forme immédiatement perceptible dans un cadre territorial participatif[3].

Du fait, il n'existe pas de baguette magique, ni de solutions miraculeuses en matière de gestion des déchets ménagers, mais il devient primordial l'adoption d'une théorie et d'une pédagogie qui procèdent par encastrement à ce que les relations associant les acteurs de leurs territoires soient prises en compte. Dans cette perspective, cette tendance remplacerait l'ancien triptyque : *« Déchet, espace déchet et déchet social »* par un nouveau : *« Déchet valorisé, espace réhabilité et intégration des personnes en difficulté sociale*[4] ».

---

1 E. KAH, « La méthode d'évaluation contingente appliquée aux déchets urbains », L'Espace géographique, 2003/1 tome 32, p 48.

2 *Ibid.*

3 R. Guillet, *op. cit.*, p 35.

4 G. Bertolini, M. BRAKEZ, *op. cit.*, p 181.

CONCLUSION

Au terme de cet ouvrage, il en est déduit que de grandes avancées ont été enregistrées sur les plans institutionnel, réglementaire, technique et des incitations, permettant de doter le pays d'instruments nécessaires à la gestion des déchets.

Sur le plan juridique, divers instruments tendant vers un développement durable ont été instaurés. Il reste pour les collectivités territoriales de les traduire sur le plan territorial par une gestion intégrée et durable.

Le dispositif juridique mis en œuvre en appui du Programme national de gestion des déchets ménagers constitue les prémices d'une politique nationale qui favorise la gestion intégrée et durable des déchets ménagers.

Nonobstant, le manque de structures institutionnelles appropriées, surtout au niveau régional, comme instance fédératrice, et le financement limité empêchent ces programmes de fonctionner de manière optimale.

Par ailleurs, les compétences et l'expertise, particulièrement au niveau territorial, ainsi que les responsabilités claires et les systèmes de suivi et de surveillance, font tous encore défaut. En conséquence, les programmes risquent de ne pas être dûment réalisés, ou seulement partiellement[1].

Du fait, le Maroc n'a pas encore créé un système de surveillance sur les déchets. Des études pour évaluer l'impact des déchets sur l'environnement doivent être menées pour permettre d'établir des paramètres objectifs et des seuils à atteindre, afin de minimiser ledit impact à travers la définition et la mise en œuvre des mesures politiques correctives[2].

D'ailleurs, si le droit des déchets ménagers doit s'adapter en fonction de certaines évolutions technologiques, voire de la prise de conscience de la réalité de certains problèmes, il est recommandé qu'il vise un maximum de sécurité juridique dans

1 Commission Économique des Nations Unies pour l'Europe, *op. cit.*
2 *Ibid.*

le temps et de ne pas sombrer dans certaines formes de « dérégulation »[1].

En outre, il existe un autre volet qu'on n'a pas pu évoquer, étant donné qu'il pourra faire l'objet d'une étude particulière et qui ne relève pas du droit, mais qu'on considère déterminant et transversal dans toute politique, il s'agit du volet socioculturel.

En effet, l'éducation relative à l'environnement et au développement durable est la clef de voûte pour la réussite des autres facteurs. Dans ce cadre, l'éducation, l'information et la sensibilisation des citoyens, ainsi que l'ouverture d'un débat public sont indispensables. Mais, quelles difficultés pour réussir les objectifs à atteindre, est-ce : moins de déchets, plus de valorisation, moins de pollutions dues au stockage et traitement des déchets, plus de responsabilité de chacun (individu, famille, entreprise, quartier, territoire …) par rapport à « ses » déchets !

Dans ce contexte, informer, former et sensibiliser le public à la gestion des déchets et au développement durable est l'affaire de tous les acteurs territoriaux.

La gestion des déchets doit être appréhendée en tant que préoccupation citoyenne à responsabilité partagée dont la participation de la société civile devrait être encouragée à travers la mise en place d'un cadre incitatif permettant la mobilisation de l'ensemble des acteurs de proximité.

Finalement, la question des déchets ménagers, dans une perspective de développement territorial, doit être envisagée dans sa globalité et dépasser la logique de gestion pour une logique de Politique intégrée des produits (PIP).

D'abord formulé par certains milieux d'affaires, le concept PIP, résumé dans la politique européenne de déchets, met en exergue l'opportunité d'une approche globale qui recouvre tous les impacts environnementaux susceptibles d'être générés tant par la production que par la consommation en visant l'implication de tous les acteurs de la chaîne production-consommation dans la recherche de solutions écologiques et à intégrer tous les instruments d'intervention publique.

---

1 ACR+ (Association des Cités et Régions pour le recyclage et la gestion durable des ressources), *op. cit.*, p 67.

Ainsi, cette politique s'articule autour de cinq principes : cycle de vie du produit, coresponsabilité, intégration des instruments politiques, amélioration continue et développement durable.

Enfin, les propos avancés ne remettent pas en cause le droit actuel des déchets ménagers, mais poussent à la réflexion afin d'élaborer un dispositif réglementaire et fiscal complet, efficace et cohérent[1], avec les objectifs et principes de développement durable ; dispositif à même d'être appliqué, au demeurant, dans un cadre territorial et contenant les outils de sa mise en effectivité réelle.

1 M. ATTAR, « Les enjeux de la gestion des DM en France en 2008 », In : NOTES D'IENA, Conseil économique et social, N° 298, 18 avril 2008, Paris, p 1.

BIBLIOGRAPHIE

I. Ouvrages :

- **Ouvrages généraux :**

- Agence de l'environnement et de la maitrise de l'énergie, **Pollutions olfactives**, Dunod, 2e édition, Paris, 2008, 390 p.
- L. CHAUVEAU, **Le développement durable, produire pour tous, protéger la planète**, Petite Encyclopédie Larousse, 3ème édition, Paris, 2009, 128 p.
- B. COLAS, **L'OCDE et l'évolution du droit international de l'économie et de l'environnement**, Éditions OCDE, 2012, 402 p.
- J. M. DEBLONDE, **Le développement durable, une réponse à une crise globale**, Edition Ellipses, Paris, 2011, 212 p.
- F. DIGNEFFE, T. MOREAU, **La responsabilité et la responsabilisation dans la justice pénale**, De Boeck et Larcier, Bruxelles, 2006, 600 p.
- A. EL HAJJAMI (sous dir.), **Vers un cadre juridique des contrats de partenariat public-privé au Maroc**, ÉditionsBouregreg, Rabat, 2014, 142 p.
- J. FIALAIRE, **Les stratégies de développement durable**, L'Harmattan, Paris, 2008, 419 p.
- S. GUERIN (coord.), **Le choix du mode de gestion des services locaux**, Groupe Moniteur, Paris, 2005, 304 p.
- Ph. Ch.-A. GUILLOT, **Droit de l'environnement**, Elllipses Edition, 2e Ed., Paris, 2010, 320 p.
- B. GUY et al., **Le développement territorial en Europe : concepts, enjeux et débats**, PUR, Rennes, 2011, 281 p.
- M. LAMY, **Au nom de l'écologie et du développement durable**, Ed. Le Sang de la Terre, paris, 2010, 287 p.
- Y. LEROY, **L'effectivité du droit au travers d'un questionnement en droit de travail**, LGDJ, LextensoÉditions, Paris, 2011, 493 p.
- P. LE TOURNEAU, **La responsabilité civile**, Presses Universitaires de France, 2003, 128 p.
- S. MALJEAN-DUBOIS, **Quel Droit pour l'environnement ?**, Hachette, Paris, 2008, 159 p.
- P. MARTIN-BIDOU, **Droit de l'environnement**, VUIBER, Paris, 2010, 357 p.

- A. MASSIERA, **De la croissance économique au développement durable**, L'Harmattan, Paris, 2009, 202 p.
- P. MATAGNE (Dir. Sous), **Les enjeux du développement durable**, L'Harmattan, Paris, 2005, 217p.
- J. MORAND-DEVILLER, **Le droit de l'environnement**, Presses Universitaires de France, « Que sais-je ? », Paris, 2010, 128 p.
- B. NADIR, **Environnement et développement durable : les nouvelles alternatives**, Textes réunis, Université Med V Souissi, Rabat, 2014,
- R. NERAC-CROISIER, **Sauvegarde de l'environnement par le droit pénal**, L'Harmattan, Paris, 2005, 373 p.
- F. OST, S. GUTWIRTH, **Quel avenir pour le droit de l'environnement?**, Actes du colloque organisé par le CEDRE (Centre d'étude du droit de l'environnement-FUSL) et le CIRT (Centrum interactierecht en technologie-VUB), Publications Fac St Louis, 1996.
- Y. PETIT, **L'économie verte, un défi pour l'Europe**, La Documentation Française, Paris, 2009, 102 p.
- A. POZZI, **Les métiers de l'environnement et de l'écologie**, Éditions des Puits Fleuri, 2009, Héricy, 322 p.
- M. PRIEUR, **Droit de l'environnement**, 4ème édition, Dalloz, Paris, 2001.
- M. PRIEUR et al., **Mesurer l'effectivité du droit de l'environnement**, Peter Lang, Bruxelles, 2021, 268 p.
- O. RAYMUNDIE, **Gestion déléguée des services publics : En France et en Europe**, 3ème édition, Le Moniteur, 2003.
- C. ROCHE, **Le Droit de l'environnement**, GualinoEditeur, 2e Ed., Paris, 2006, 307 p.
- R. ROMI et al., **Droit international et européen de l'environnement**, LGDJ, Paris, 2006, 368 p.
- V. SANSÉVÉRINO-GODFRIN, **Le cadre juridique de la gestion des pollutions et des risques industriels**, Technique & Documentation - Lavoisier, 2010, 150 p.
- P. STOOKES, **A pratical approach to environmental law**, Oxford, New York, 2005, 791 p.
- G. TOURÉ, **La politique de l'environnement dans les capitales africaines : le cas de la ville d'Abidjan en Côte d'Ivoire**, Éditions Publibook, 2006, 295 p.
- P. THIEFFRY, **Droit de l'environnement de l'Union Européenne**, Bruylant, Bruxelles, 2011, 1317 p.

- Ch. VAN DERMOTTEN, **Le développement durable des territoires,** Éditions de l'Université de Bruxelles, Bruxelles, 2002, 231 p.
- Y. VEYRET (sous la dir.), **Le développement durable : approches plurielles**, Edition HATTIER, Paris, 2005, 285 p.
- C. VIAL, **Protection de l'environnement et libre circulation des marchandises**, Bruylant, Bruxelles, 2006, 620 p.
- A. ZANANE, B. NADIR, M. ZOUITEN, M., **Administration de proximité et cohésion sociale**, Imprimerie El Mâarif Al Jadida, Rabat, 2012.
- H. ZAOUAL (dir. Sous), **Développement durable des territoires**, Économie sociale, Environnement et Innovation, Edition L'Harmattan, Paris, 2008, 233 p.
- أشرقي، ع. 2006، **الشرطة الإدارية، الممارسون لها والنصوص القانونية والتنظيمية المتعلقة بها**، مطبعة النجاح الجديدة، الدار البيضاء، 466 ص.

▪ **Ouvrages spécifiques :**

- M. ANDRIEU et al., **Lexique à l'usage de la gestion des déchets**, Collection « RéférenceS », Paris, 2012, 44 p.
- J. M. BALET, **Gestion des déchets,** Aide-mémoire, DUNOD, 2e Ed., Paris, 2008, 240 p.
- J. C. BEAUNE, **Le déchet, le rebut, le rien**, Seyssel : Champ Vallon, Lyon, 1999, 232 p.
- J.-P. BOIVIN, J. RICOUR, **Sites et sols pollués**, Ed. Le Moniteur, Paris, 2005.
- L. BONTOUX, F. LEONE, **La définition juridique du Déchet et son impact sur la gestion de Déchets en Europe**, EOPOCE, Bruxelles, 1997, 132 p.
- H. BOTTA et al., **Enjeux de la propreté urbaine**, PPUR presses polytechniques, Lyon, 2002, 180 p.
- D. DIETMANN, **Déchets ménagers, le jardin des impostures,** L'Harmattan, Paris, 2005, 160 p.
- M. R. GILLET, **Traité de gestion des déchets solides et son application aux pays en voie de développement**, Vol. 1 et 2, 1986, 538p.
- C. LE JALLE (Coord.), **Gestion durable des déchets et de l'assainissement urbain**, MINISTERE DES AFFAIRES ETRANGERES, Paris, 2004, 191 p.
- S. LUPTON, **Économie des déchets : approche institutionnelle**, De Boeck, Bruxelles, 2011, 272 p.
- R. MOLETTA, **Le traitement des déchets,** Lavoisier, Cachan, 2009, 715 p.

- Ch. NGÔ, A. REGENT, **Déchets et pollution, Impact sur l'environnement et la santé**, Ed. DUNOD, Paris, 2004, 134 p.
- P. MAGALI (coord.), **Les déchets ménagers, entre public et privé,** L'Harmattan, Paris, 2002, 189 p.
- B. SOUDI, H. CHRIFI, **Options de gestion des déchets solides et municipaux adaptées aux contextes des Pays du Sud**, Programme d'Appui aux Initiatives de Gouvernance Environnementale et Territoriale, Éditions Enda Maghreb, Rabat, 2008, 82 p.
- F. ZETNER, **Déchets ménagers : contribution à l'étude d'un problème de société**, Éditions L'Harmattan, Paris, 2002, 270 p.
- B. ZUINDEAU, **Développement durable de territoire**, Presses Universitaires du Septentrion, Paris, 2000, 297 p.

II. Thèses de doctorat :

- H. ABSI-BERRAHOU, « *Développement durable et gestion des déchets en droit marocain* », thèse de doctorat d'État, 2001, Université Cadi Ayyad, Marrakech, 493 p.
- S. ABOULAM, *« Recherche d'une méthode d'analyse du fonctionnement des usines de tri-compostage des déchets ménagers. Fiabilité des bilans matière »*, thèse de doctorat, 2005, Institut National Polytechnique de Toulouse, 123 p.
- M. BRAKEZ, *« La gestion des déchets au Maroc : une approche par le développement territorial durable »*, thèse de doctorat, 2007, Université du Littoral-Côte d'Opale, 354 p.
- R. T. DE VASCONCELOS BARROS, *« Enjeux d'une gestion durable de déchets solides ménagers dans les villes moyennes du Minas Gerais (Brésil) »*, thèse de doctorat, 2003, Institut National des Sciences Appliquées de Lyon, 464 p.
- S. LE MAITRE, *« Gestion des déchets ménagers : du consommateur à l'"acteur-citoyen" entre contrainte et persuasion »*, thèse de doctorat, 2009, Université de la Méditerranée (Aix-Marseille II), 231 p.
- L. ROCHER, *« Gouverner les déchets, Gestion territoriale des déchets ménagers et participation publique »*, thèse de doctorat, 2006, Université François Rabelais, Tours, 444p.

III. Articles scientifiques :

- A. AJIR, *Gestion des déchets solides au Maroc ; Problématique et approche de développement*, « Proceedings of International Symposium on Environnemntal Pollution Control and Waste Management », 7-10 Janvier 2002.
- O. ALAOUI, *« Développement territorial rural, Concepts et outils »*, in LAPEZE, J., et al., N., Éléments d'analyse sur le

développement territorial, L'Harmattan, Paris &Économie critiques, Rabat, 2007, pp 59-83.
- V. ANGEON et al., *« Des liens sociaux à la construction d'un développement territorial durable : quel rôle de la proximité dans ce processus ? »*, in : Développement durable et territoires [En ligne], Dossier 7 | 2006.
- M. ANWAR, *« L'impact de la gestion déléguée sur le développement local »*, REMALD, n° 89, 2009.
- M. ATTAR, « *Les enjeux de la gestion des DM en France en 2008* », In : NOTES D'IENA, Conseil économique et social, N° 298, 18 avril 2008.
- J.-B. BAHERS, M. DURAND, H. BERAUD, *« Quelle territorialité pour l'économie circulaire ? Interprétation des typologies de proximité dans la gestion des déchets »*, Flux, vol. 109-110, no. 3-4, 2017, pp. 129-141.
- F. BAILLEAU et al., « *La criminalisation des mineurs et le jeu des sanctions* », In : Déviance et Société 3/2009 (Vol. 33), pp 255-269.
- M. BEN LETAIEF, *« Le partenariat public privé : Contexte, concepts et controverses »*, in EL HAJJAMI, A. (sous dir.), Vers un cadre juridique des contrats de partenariat public-privé au Maroc, Éditions Bouregreg, 2014, Rabat, pp 17-46.
- G. BERTOLINI, M. BRAKEZ, « *Gestion des déchets, innovations et territoires*, In : Développement durable des territoires », ZAOUAL, H. (dir.), L'Harmattan, Paris, 2008, pp. 151-181.
- G. BERTOLINI, *« Les déchets : rebuts ou ressources ? »*, In : Économie et statistique, N° 258-259, Octobre-Novembre 1992, pp 129-134.
- G. BERTOLINI, « *Le service public local des déchets ménagers à la recherche d'indicateurs de performance »,* In : Annales des Mines – Réalités industrielles, février 2008, pp. 80-88.
- G. BERTOLINI, « *L'or et l'ordure, le déchet et l'argent »,* pp. : 37-49, In : BEAUNE, J. C. (sous dir.), Le déchet, le rebut, le rien, Seyssel : Champ Vallon, Lyon, 1999, 232 p.
- Ph. BILLET, *« L'efficacité du droit de l'environnement : la relativité des choses »*, In : L'efficacité du droit de l'environnement, mise en œuvre et sanctions, BOSKOVIC, O. (Dir), DALLOZ, CRJ POTHIER, Paris, 2010, pp 127-136.
- Ph. BILLET, *« Les métamorphoses juridiques du déchet »,* In : Raison présente, vol. 220, no. 4, 2021, pp. 29-37.

- D. BLAIN, G. FRIES, *« Responsabilité environnementale et sociétale des entreprises internationales de traitement et de valorisation des déchets »*, In : des Mines - Responsabilité et Environnement 2/ 2009 (N° 54), pp. 45-51.
- C. CANS, *« Environnement et développement durable »*, In : Droit et politiques de l'environnement, La documentation Française, Les Notices2009, pp 7-18.
- C. CANS, *« Le développement durable en droit interne : apparence du droit et droit des apparences »*, In : AJDA, n° 5, 2003.
- J.-M. CARDEBAT, D. UZUNIDIS, *« Introduction générale »*, In : Marché et organisations, 2/2012 (N° 16), pp 9-20.
- Y. CONDÉ, *« La France et ses déchets : contribution à un nouveau dispositif pour un territoire durable »*, In : Annuaire des collectivités locales. Tome 22, 2002, pp. 111-128.
- L. CORINNE, « *Les véritables lacunes du droit de l'environnement* », In : Pouvoirs4/2008 (n° 127), pp 123-133.
- P. DE CONINCK, « *Une approche systémique de la gestion intégrée des déchets et des résidus »*, In : RUPTURE, Vol.3, n°1, 1996, Montréal, pp. : 30-41.
- C. DEFEUILLEY, P. QUIRION, *« Les déchets d'emballages ménagers : une analyse économique des politiques allemande et française »*, In : Économie et statistique, N°290, 1995. pp. 69-79.
- A.-C. DOUILLET, *« Les élus ruraux face à la territorialisation de l'action publique »*, In : Revue française de science politique, 4/2003 (Vol. 53), pp 583-606.
- M. DURAND, *« Gestion des déchets et inégalités environnementales et écologiques à Lima (Pérou), entre vulnérabilité et durabilité »*, In : Mappemonde, décembre 2011, N° 103, pp. 15-23.
- N. EL KADIRI, *« Genèse et développement de l'approche territoriale au Maroc »*, In : LAPEZE, J., et al., N., Éléments d'analyse sur le développement territorial, L'Harmattan, Paris &Économie critiques, Rabat, 2007, pp 15-28.
- M. EL YAAGOUBI, *« Le service public entre la crise et les défis, in Le service public face aux nouveaux défis »*, In : REMALD, n° 35, « Thèmes actuels », 2002.
- A. FLUECKIGER, « *La distinction juridique entre déchets et non-déchets »*, In : Le droit de l'environnement dans la pratique, vol. 13, no. 1, 1999, pp. 90-13.
- L. FONBAUSTIER, *« L'efficacité de la police administrative en matière environnementale »*, In : L'efficacité du droit de

l'environnement, mise en œuvre et sanctions, BOSKOVIC, O. (Dir), DALLOZ, CRJ POTHIER, Paris, 2010, pp 109-125.

- Ch. GAGNON et al., *« Développement territorial viable, capital social et capital environnemental : quels liens ? »*, In : VertigO - la revue électronique en sciences de l'environnement [En ligne], Volume 8 Numéro 2 | octobre 2008, mis en ligne le 05 juin 2008.
- D. GAILLARDOT. « *Les sanctions pénales alternatives* », In : Revue internationale de droit comparé, Vol. 46, N°2, Avril-juin 1994, pp 683-693.
- M. GILLET, « *Économie sociale et gestion des déchets ménagers », In :* Reflets perspectives de la vie économique, 2002/1Tome XLI, pp. 75-88.
- L. GRINFOGEL, *« Vers une nouvelle doctrine administrative en matière d'installations de traitement de déchets »*, In : BDEI, N° 33, Mai 2011, pp 43-46.
- R. GUILLET, « *Déchets et développement durable* », In : *annales des mines, Responsabilités et environnement* Juillet 2005. pp. 35-41.
- L. HAOUAOUI, F. LOUKIL, « *Évaluation du système de gestion des déchets ménagers en Tunisie »,* Cinquième colloque international « Énergies, changements climatiques et développement durable », Hammamet, Tunisie, 14 et 17 Juin 2009.
- L. N. HARADA, « *Qualification juridique du déchet : à la recherche des critères perdus* », (première partie), In : BDEI, N°2, Mars 2006, pp 19-21.
- L. N. HARADA, « *Qualification juridique du déchet : à la recherche des critères perdus* », (deuxième partie), In : BDEI, N°3, Mai 2006, pp 17-21.
- V. JAWORSKI, « *L'état du droit pénal de l'environnement français : entre forces et faiblesses* », In : Les Cahiers de droit, Volume 50, numéro 3-4, septembre-décembre 2009, p. 889-917.
- E. KAH, *« La méthode d'évaluation contingente appliquée aux déchets urbains »*, L'Espace géographique, 2003/1 tome 32, pp 47-59.
- K. KOOP et al., « *Pourquoi croire au modèle du développement territorial au Maghreb ? Une approche critique* », in : EchoGéo [En ligne], 13 | 2010, mis en ligne le 20 septembre 2010.
- A. LANGLAIS, « *Quel statut juridique pour les déchets agricoles ?* », Ruralia [En ligne], 10/11/2012, mis en ligne le 25 juin 2003.

- P. LASCOUMES, E. SERVERIN, « *Théories et pratiques de l'effectivité du droit* », In : Droit et Société, n° 2, 1986.
- E. LE DORLOT, « *Les déchets ménagers : pour une recherche interdisciplinaire* », Strates [En ligne], 11| 2004, mis en ligne le 14 janvier 2005.
- C. LEPAGE, « *Les véritables lacunes du droit de l'environnement* », In : Pouvoirs, 4/2008 (n° 127), pp 123-133.
- E. LEROUX, « *Vers un Tourisme Durable ou un écotourisme* », in : Management & Avenir, 4/2010 (n° 34), pp 234-238.
- M.J. LITTMANN-MARTIN, « *Le Droit pénal des déchets en France* », In : Revue internationale de droit comparé, Vol. 44 N° A, Janvier-mars 1992, pp 183-213.
- G. LOINGER, « *La notion de développement durable dans le champ de l'aménagement du territoire* », in VAN DERMOTTEN, CH., (sous la dir.), Le développement durable des territoires, Éditions de l'Université de Bruxelles, 2002, Bruxelles, 231 p.
- N. MADANI, « *Droit marocain des déchets municipaux et développement durable* », in LEAD (Law, Environment and Development Journal), 11/2, Décembre 2015, Londres, p 3.
- N. MADANI, « *The concept of waste in Moroccan law: from the absence to the legal recognition* », in IJAR (International Journal of Advanced Research), Volume 3, Issue 8, p 431.
- N. MADANI and B. NADIR, « The Local Development Corporation, for an effective management of municipal waste in Morocco », in IJAR (International Journal of Advanced Research), Volume 3, Issue 12, December 2015, p 450.
- R. MTIBAA, J. MÉRY, A.TORRE, A. « *La problématique du stockage des déchets ménagers face au changement d'échelle de planification en Région Île-de-France* ». In : Développement durable et territoires [En ligne], Vol. 3, n° 3 | décembre 2012, mis en ligne le 25 octobre 2012.
- J. MORAND-DEVILLER, « *L'environnement dans les constitutions étrangères* ». In : Les Nouveaux Cahiers du Conseil constitutionnel 2014/2 (N° 43), pp. 83-95.
- J. MORAND-DEVILLER, « *Où va le droit de l'urbanisme et de l'environnement ?* », In :La Revue Administrative, vol. 51, no. 301, 1998, pp. 151–163.
- B. NADIR, « *La gestion des déchets solides ménagers et assimilés : le développement d'une nouvelle politique territoriale environnementale* », In : REMALD, Imprimerie El Mâarif Al Jadida, Rabat, 2009, pp 63-88.

- B. NADIR, « *Le dispositif juridique de lutte contre la pollution de l'eau au Maroc : ambitions et ambiguïtés* », In : Revue de recherche scientifique dans le domaine du droit de l'environnement, n°1, octobre 2013.
- B. NADIR, « *Politique de proximité et environnement : quelles avancées* », In : Administration de proximité et cohésion sociale, textes réunis par ZANANE, A., et al., Université Med V Souissi, Rabat, 2012, pp 41-53.
- B. NADIR, « *Région et environnement : vers un renouveau* », In : NADIR, B. (dir.), Environnement et développement durable : les nouvelles alternatives, Université Med V, Rabat, 2014, pp 196-205.
- B. NADIR, N. MADANI, « L*a protection de l'environnement et développement local durable : cas du bassin minier de Khouribga* », in B. NADIR (sous dir.), Environnement et développement durable : les nouvelles alternatives, Université Med V, Rabat, 2014, pp 207-229.
- F. OST, « *La responsabilité, fil d'Ariane du droit de l'environnement* », in : Droit et Société, 1995, pp 281-322.
- L. PANAFIT, « *Les déchets, un bien public, un mal privé* », In : MAGALI, P. (Coord.), Les déchets ménagers, entre public et privé, L'Harmattan, 2002, Paris, pp 18-26.
- J. POIROT, H. GÉRARDIN, « *L'attractivité des territoires : un concept multidimensionnel* », in : Mondes en développement, 1/2010 (n° 149), pp 27-41.
- L. PRFONTAINE, V. BOURNIVAL, « *La gestion des risques dans les projets de collaboration publique-privée pour la prestation des services publics : une étude nationale* », communication présentée au Colloque en gestion de projet, UQAM, 2004.
- L. ROCHER, « *Les contradictions de la gestion intégrée des déchets urbains : l'incinération entre valorisation énergétique et refus social* », Flux 4/ 2008 (n° 74), pp. 22-29.
- A. SERANI, F. CANSELL, « *Caractérisation des déchets* », In : MOLETTA, R. (coord.), Le traitement des déchets, Lavoisier, Cachan, 2009, pp 3-24.
- S. SOUABI et al., « *Triage et valorisation des déchets solides à la décharge publique de la ville de Mohammedia* », In : Les technologies du laboratoire, Volume 6, N° 25, 2011, PP 121-130.
- C. SPEIRS, « *Le développement durable dans la ville* », in MATAGNE, P. (Dir. Sous), 2005, Les enjeux du développement durable, L'Harmattan, Paris, pp 122-146.

- J. THEYS, *« L'approche territoriale du " développement durable ", condition d'une prise en compte de sa dimension sociale »*, In : Développement durable et territoires [En ligne], Dossier 1 | 2002, mis en ligne le 01 septembre 2002.
- F. TORO, F. VANHAMME, « *Nuisance environnementale et traitement institutionnel : Le cas de la gestion problématique de déchets* », In : Justice ! Entre pénalité et socialité vindicatoire, Actes du Séminaire Modèles de justice et socialité vindicatoire, Laboratoire d'études et de recherches sur la justice (LERJ), 2011.
- J. TRICART, « *Dangers et risques naturels et technologiques »*, In : *Annales de géographie*, Armand Colin, 1992, pp. 257-288.
- M. ULIESCU, « *La responsabilité pour les dommages écologiques* », In : Revue internationale de droit comparé. Vol. 45 N°2. Avril-juin. pp 387-394.
- L. VERDELLI, « *Le développement durable : des définitions, aux outils, aux mises en œuvre opérationnelles en Indre-Et-Loire* », in : Les espaces périphériques urbains et le développement durable : analyse à partir du cas de l'agglomération tourangelle, SERRANO, J. (dir. Sous), Programme interdisciplinaire développement urbain durable, CNRS, Université de Tours, volume 2 : recueil de travaux, décembre 2007.
- H. WITTMANN, M. VÉRONIQUE, *« Le recyclage des déchets : approche économique d'une activité nouvelle »*, in : Revue française d'économie, Volume 11 N°3, 1996, pp 165-191.
- N. ZARROUK, *« Gestion des services publics communaux »*, in Actes de la journée d'étude sur la problématique d'eau potable en milieu rural, Ministère de l'Intérieur, DGCL, 2005, Rabat.

IV. Rapports et documents :

- ACR+ (Association des Cités et Régions pour le recyclage et la gestion durable des ressources), Déchets municipaux en Europe. Vers une société européenne de recyclage, Victoires Éditions, Collection Environnement, 2009, Paris, 254 p.
- Banque Mondiale, Prêt de Politique de Développement du Secteur des Déchets Ménagers, Document de Programme pour une proposition de crédit d'un montant 100 millions d'euros consentie au Royaume du Maroc, 24 février 2009, Rapport No. 47535-MA.

- Banque Mondiale, Projet Régional de Gestion des Déchets Solides dans les Pays du Mashreq et Maghreb, Rapport final du pays Maroc, METAP, 2004.
- Banque Mondiale, Stratégie de participation du secteur privé dans la gestion des déchets solides au Maroc, Rapport R1, Version provisoire, Avril 2009.
- CIUDAD, « Promotion d'une gestion intégrée et durable des déchets solides dans les pays du maghreb», Union Européenne, consulté le 15 juin 2013.
- CNE, Les instruments économiques au service de la protection de l'environnement au Maroc, 6ème session, Mai 2009, Rabat.
- CNE, Programme National de gestion des Déchets ménagers, 5ème session, Avril 2007, Rabat.
- Conseil de l'Europe, Convention sur la protection de l'environnement par le droit pénal : rapport explicatif, 2000.
- Conseil Économique, Social et Environnemental (CESE), Intégration des principes de l'économie circulaire aux traitements des déchets ménagers at aux eaux usées auto-saisine, février 2022, 50 p.
- CESE, Rapport sur la gestion déléguée des services public au service de l'usager, Saisine N°18/2015, 2015, 85 p.
- Cour des Comptes, La Gestion Déléguée des Services Publics, Synthèse du rapport, Octobre 2014, Rabat.
- DUFEIGNEUX, J-L., TETU, A., RISSER, R., et al., Rapport de l'instance d'évaluation de la politique du service public des déchets ménagers, 2003.
- HANNEQUART, J. P. Gestion intégrée et durable des déchets, Rapport introductif, Rabat, 16 juin 2008.
- Le Réseau Régional d'Échange d'Informations et d'Expertise dans le secteur des déchets dans les pays du Maghreb et du Mashreq (REME), RAPPORT PAYS SUR LA GESTION DES DECHETS SOLIDES AU MAROC, Avril 2014, 57 p.
- MATEE, Développement du secteur de recyclage des déchets solides au Maroc, ADS Maroc, Août 2005, 54 p.
- MATEE, SEE &GTZ, Manuel pratique : de la collecte à l'élimination des déchets, 2e Ed., 2004, Phénixa, 121 p.
- Ministère de la Transition Energétique et du Développement Durable, 4ème Rapport sur l'état de l'environnement du Maroc, 2020, 283 p.
- Ministère de l'Intérieur et ministère de l'Énergie, des Mines, de l'Eau et de l'Environnement, Département de l'Environnement, Guide pour l'élaboration de plans directeurs

provinciaux/préfectoraux de gestion des déchets ménagers au Maroc, GTZ, mai 2011.
- Ministère de l'Énergie, des Mines, de l'Eau et de l'Environnement, Département de l'Environnement, Indicateurs de développement durable au Maroc, Phénixa, 2011, 164 p.
- Ministère délégué auprès du ministre de l'Énergie, des Mines, de l'Eau et de l'Environnement chargé de l'Environnement, Valorisation et gestion durable des déchets au Maroc, 2 juin 2014.
- SEEE, Manuel de formation sur la gestion des déchets solides, Formation des associations dans le domaine de l'environnement, 2010, 80 p.
- Ministère de la Transition Énergétique et du Développement Durable, Programme National des Déchets ménagers (PNDM), consulté le 16 juillet 2023.

TABLE DES MATIERES

Structures éditoriales du groupe L'Harmattan

L'Harmattan Italie
Via degli Artisti, 15
10124 Torino
harmattan.italia@gmail.com

L'Harmattan Hongrie
Kossuth l. u. 14-16.
1053 Budapest
harmattan@harmattan.hu

L'Harmattan Sénégal
10 VDN en face Mermoz
BP 45034 Dakar-Fann
senharmattan@gmail.com

L'Harmattan Cameroun
TSINGA/FECAFOOT
BP 11486 Yaoundé
inkoukam@gmail.com

L'Harmattan Burkina Faso
Achille Somé – tengnule@hotmail.fr

L'Harmattan Guinée
Almamya, rue KA 028 OKB Agency
BP 3470 Conakry
harmattanguinee@yahoo.fr

L'Harmattan RDC
185, avenue Nyangwe
Commune de Lingwala – Kinshasa
matangilamusadila@yahoo.fr

L'Harmattan Congo
219, avenue Nelson Mandela
BP 2874 Brazzaville
harmattan.congo@yahoo.fr

L'Harmattan Mali
ACI 2000 - Immeuble Mgr Jean Marie Cisse
Bureau 10
BP 145 Bamako-Mali
mali@harmattan.fr

L'Harmattan Togo
Djidjole – Lomé
Maison Amela
face EPP BATOME
ddamela@aol.com

L'Harmattan Côte d'Ivoire
Résidence Karl – Cité des Arts
Abidjan-Cocody
03 BP 1588 Abidjan
espace_harmattan.ci@hotmail.fr

Nos librairies en France

Librairie internationale
16, rue des Écoles
75005 Paris
librairie.internationale@harmattan.fr
01 40 46 79 11
www.librairieharmattan.com

Librairie des savoirs
21, rue des Écoles
75005 Paris
librairie.sh@harmattan.fr
01 46 34 13 71
www.librairieharmattansh.com

Librairie Le Lucernaire
53, rue Notre-Dame-des-Champs
75006 Paris
librairie@lucernaire.fr
01 42 22 67 13